Gerhart Prell
TOTES GEBIRGE
Die Alpen zwischen Traun und Steyr

Für besondere schulische Leistungen in der
STAATLICHEN WIRTSCHAFTSSCHULE
Neuburg a.d. Donau

Neuburg a.d. Donau, den 22. Juli 1983

Gerhart Prell

TOTES GEBIRGE

Ein Landschaftsbuch
über die Alpen zwischen Traun und Steyr

mit Tourenvorschlägen für Bergsteiger und Skiläufer

Oberösterreichischer Landesverlag

Mit Rat und Tat

unterstützten mich bei der Arbeit an diesem Buch in so liebenswürdiger Weise: Frau Ernestine Eitzenberger, Steyr, Frau Maria Rieger, Hinterstoder, Frau Leopoldine Stahrl, Gmunden, Frau Marianne Strauß, Steyr, sowie die Herren Doz. Dr. Lothar Beckel, Bad Ischl, Ing. Ernst Bernt, Innsbruck, Alois Dengg, Steyr, Fritz Eichmeir, Wels, Kommerzialrat Wilhelm Ennsthaler, Steyr, Prof. Sepp Friedhuber, Haid, Dipl.-Ing. Otto Gallistel, Roßleiten, Max Geier, Steyr, Hofrat Dipl.-Ing. Hermann Goldbacher, Steyr, Gustav Gressenbauer, Kirchdorf, Klaus Hoi, Öblarn, Dkfm. Walter Harather, Steyr, Vizebürgermeister Huber, Hinterstoder, Robert Kittl, Linz, Hofrat Dr. Ludwig Krenmayr, Wels, Dr. Hans Ledwinka, Steyr, Prof. Rudolf Walter Litschel, Linz, Heinz Mayr, Windischgarsten, Adolf Mokrejs, Wien, Prof. Dr. Roman Moser, Wels, Hans Pilz, Linz, Rudolf Pimsl, Steyr, Ludwig Pullirsch, Steyr, Wolfgang Retschitzegger, Windischgarsten, Gustav Schachinger, Erlangen, Franz Stamberg, Steyr, Heiner Thaler, Steyr, und Karl Topolanek, Wels.

Ihnen allen gilt mein herzlicher Dank! Ebenso danke ich dem Oberösterreichischen Landesverlag für die großzügige Ausstattung des Buches. Möge es allen Freunden des Toten Gebirges recht viel Freude bereiten!

Gerhart Prell

CIP-Kurztitelaufnahme der Deutschen Bibliothek

Prell, Gerhart
Totes Gebirge : e. Landschaftsbuch über d. Alpen zwischen Traun u. Steyr ; mit Tourenvorschlägen für Bergsteiger u. Skiläufer. – 1. Aufl. – Linz : Oberösterreichischer Landesverlag, 1978.
ISBN 3-85214-190-7

Copyright © by Oberösterreichischer Landesverlag
Gesamtherstellung: Oberösterreichischer Landesverlag
Einband- und Schutzumschlaggestaltung: Herbert Friedl

„Frei ist der Atem, und man denkt sich auch frei, da man so hoch über die übrigen erhoben ist."

Erzherzog Johann auf dem Rabenstein im Toten Gebirge, 1810

Zum Geleit

Seit nahezu zwei Jahrzehnten durfte ich mit bewährten Freunden, mit meiner Frau und meinen Kindern und gelegentlich auch allein kreuz und quer durch das Tote Gebirge streifen. Dabei erlebten wir viele köstliche Stunden beim Wandern, Klettern, auf Pisten, Loipen und im Tiefschnee ebenso wie im Wildwasserkajak. Immer von neuem hat mich auf allen diesen Wegen die Vielfalt der alpinen Möglichkeiten im Toten Gebirge fasziniert, und immer neue Begegnungen mit Kultur und Brauchtum, mit heimatverbundenen Menschen und einer erstaunlich unverdorbenen Natur ließen eine große Liebe reifen. Aus dieser Liebe entstand das vorliegende Buch.
„Zurück zur Natur" empfahl schon Jean Jacques Rousseau seinen Zeitgenossen im 18. Jahrhundert, „Zurück in die Berge" rät Reinhold Meßner, einer der fähigsten Bergsteiger unserer Tage. Für beides brauchen Sie, verehrter Leser, nicht unbedingt in den Himalaya oder nach Südamerika zu fahren. Versuchen Sie es vor unserer Haustür: Sie können auch im Toten Gebirge noch das wahre Leben und Erleben finden! Heute ebenso wie vor hundert Jahren, als Gottfried Hauenschild, einer der ersten Rufer in dieser Steinwüste, sagte: „Und nun wünsche ich, daß manches junge steiglustige Gemüth dieselben Genüsse und Freuden hier erlebe, die ich erlebt, und daß stubensaure Gesichter hier wieder sich aufhellen in einer kerngesunden Alpennatur, welche noch nicht jenen Duft von Jungfräulichkeit verloren hat, der nur selten besuchte Höhen schmückt, aber auch nicht Beschwerden darbietet, welche höhere Kraftanstrengungen erfordern und dadurch vielen die Freude und den Genuß verleiden."
In diesem Sinne wünsche auch ich Ihnen von Herzen Berg Heil!

Steyr/Oberösterreich,
im Frühling 1978   *Gerhart Prell*

Inhalt

Die 75 Kapitel des Buches sind als Rundwanderung durch das Tote Gebirge angeordnet.

	Seite
Mit Rat und Tat	IV

	Beitrag Nr.
Totes Gebirge – Steinerne Urlandschaft über lieblichen Tälern	1
Hauptsach', man weiß, wo der Berg steht!	2
Lob der Gegensätze	3
Friedrich Simony zeichnet das erste Panorama	4
Steyerisches Rasplwerk – von Konrad Mautner in Gößl erlauscht	5
Am Loser ist allerhand los	6
Die Trisselwand – Himmelsleiter über dem Altausseer See	7
Gotik im Gebirge	8
Der Hohe Sandling – ein gesalzener Kletterberg	9
Holzbringung einst und jetzt	10
Lebendiges Brauchtum	11
Wanderungen zwischen Wildenkogel und Warscheneck	12
Auf der Alm, da gibt's koa Sünd...	13
Die Röll – Tal der rollenden Steine	14
Auf Erzherzog Johanns Spuren	15
Die Pühringerhütte ist die gemütlichste Hütte der Ostalpen	16
In der Mittn da See schaut so grean und klar aus	17
... und Wasser standen über den Bergen – 104. Psalm, Vers 6	18
Phänomen Karst	19
Karsttische – Relikte der Eiszeit	20
Die Nordwand des Schermbergs	21
Die alpine Gilde „D' Schermbergler" in Wels	22
Der Große Priel, der Hausberg der Oberösterreicher	23
Stützpunkte und Wege auf den Großen Priel	24
Sommerliche Schneefelder und ihre Tücken	25
Kletterrouten am Großen Priel	26
Zwanzig Zweitausender in zwei Tagen	27
Kleiner Priel – Einsamkeit neben der Heerstraße	28
Die Spitzmauer, schönster Berg des Toten Gebirges	29
Die Spitzmauer bietet mehr als 35 Routen	30
Die schönsten Klettertouren im Toten Gebirge	31
Ostrawitz – der heilige Berg der Jäger	32
Robert Damberger sammelte Erstbegehungen	33
Die rettenden Engel kommen aus der Luft	34
Anekdoten und Histörchen aus dem Toten Gebirge	35
Heißt der Kogel jetzt Hebenkas oder Kraxenberg?	36
Totes Gebirge – ein Eldorado für Höhlenforscher	37
Die Stöderer in Haus und Sitte, Geschäft und Lebensweise	38
A Buschn Almbleamerl	39
Ritt auf wilden Wassern – Kajakflüsse im Toten Gebirge	40
Der Alpenmaler E. T. Compton und das Stodertal	41
Pyhrnerkampl, Ostrawitz, Baumschlagerreit	42
Sagen aus dem Stoder- und Garstnertal	43
Die Schwarzen Grafen	44
Ikarus am Wurbauerkogel	45
Der Bischof von Bamberg baute am Pyhrn	46
Das Warscheneck – behäbiger Koloß über dem Garstnertal	47
Gipfelfressen ist kein Kinderspiel	48
Schwierigkeitsgrad VI, A 3	49
Auf der Wurzeralm können die Steine reden	50
Es lächelt der See	51
Wetterbäume soll man meiden – Gewittererlebnis unterm Pyhrnerkampl	52
Hoch über Tal und Wolken – Kammwanderung Schrocken–Hochmölbing	53
Bäume aus dem Mittelalter	54
Die lutherischen Salzpascher	55
Das steirische Kripperl	56
Vom Sturzhahn zur Eiger-Nordwand	57
Im Freigebirg war das Jagen frei	58
Ein Mathematikprofessor zirkelt die ersten Skischwünge	59
Pistenzentrum Tauplitzalm	60
Pistenzentrum Hinterstoder	61
Pistenzentrum Wurzeralm	62
Pistenzentrum Loser/Altaussee	63
Skitouren im Toten Gebirge	64
In der Länge liegt die Würze!	65

Drei Generationen schwärmen vom Loigistal 66	Geschwindigkeit ist keine Hexerei 74
Geheimtip für Tiefschneefahrer – die Wilde 67	Die Erschließer 75
Die Dietlhölle – Steilabfahrt für Teufelskerle 68	
Sigistalabfahrt – eine Verlobungstour abseits der Piste 69	Seite
	Bergführerverzeichnis IX
Ski-Leckerbissen für Extreme 70	Die Schutzhütten im Toten Gebirge XI
Firngleiter verlängern das Skivergnügen 71	Literaturhinweise XII
Windischgarsten lockt die Langläufer 72	Stichwortverzeichnis XV
Am Kühboden berühren sich die Extreme 73	Bildnachweis XVII

Inhalt nach Sachgebieten

Erschließungsgeschichte 4, 15, 21, 23, 33, 59, 75
Landschaft und Berge 1, 2, 3, 6, 7, 9, 14, 17, 28, 29, 32, 34, 47, 55
Menschen und Brauchtum 10, 11, 13, 22, 25, 35, 38, 43, 44, 58
Kunst und Kultur 5, 8, 36, 41, 42, 46, 50, 56
Flora, Fauna, Geologie 18, 19, 20, 37, 39, 52, 54
Bergwandern 12, 16, 24, 48, 51, 53
Klettern 26, 27, 30, 31, 49, 57
Pistenskilauf 60, 61, 62, 63
Skitouren 64, 65, 66, 67, 68, 69, 70, 71
Skilanglauf 72, 73, 74
Wildwassersport und Drachenfliegen 40, 45

Totes Gebirge –
Steinerne Urlandschaft über lieblichen Tälern

Wer jemals in seinem Bergsteigerleben aus der lieblichen Idylle des Stodertales hinaufsteigt zum Großen Priel, dem erschließt sich, sobald er die Brotfallscharte erreicht hat, gleichsam mit einem Blick das Wesen dieser großartigen alpinen Landschaft: Totes Gebirge. Vor den aus weiter Ferne blinkenden Gletschern des Dachsteinmassivs erstreckt sich unter seinen Füßen in durchschnittlich 2000 Meter Höhe ein rund 400 Quadratkilometer umfassendes Karrenplateau, wild und zerrissen wie eine Mondlandschaft, aus dem einzelne Kalkgipfel bizarr in den Himmel ragen.

„Das Todte Gebirge ist der Prototyp aller Kalkmassive der Nordalpen: in ihm gelangt die Hochplateaubildung mit allen ihren Eigenthümlichkeiten zur ausgedehntesten und vollständigsten, aber auch wildesten und trostlosesten Entfaltung. An Unwirthlichkeit und Öde hat das Todte Gebirge keinen Rivalen." So schreibt August Böhm 1886 in seiner „Eintheilung der Ostalpen".

Was Wind, Temperaturgegensätze und Wasser hier als „todtes Gebirge" zwischen Aussee und Stoder schufen, schildert der große Geologe und Alpenforscher Friedrich Simony wie kein zweiter mit den Worten: „Kaum vermögen die zerklüftetsten Eismeere der Centralalpen einen abschreckenderen Eindruck hervorzubringen, als diese grauen Steinwüsten, welche selbst der leidenschaftlichste und geübteste Bergestürmer nur mit Zaudern und Unlust betritt. Aus der Ferne gesehen fällt zunächst nur die Pflanzenarmuth, ja völlige Kahlheit des Gebirges und zwar schon in Höhen auf, wo anderwärts noch ein kräftiger Kräuterwuchs herrscht. Verfügt man sich in jene Felsenöden selbst, so schweift das Auge über eine Wüste grausigster Art. Das ganze Terrain ringsum zeigt ein Aussehen, als hätte es durch Jahrhunderte lang ätzende Säuren auf das Gestein herabgeregnet; so zernagt, durchfressen, ausgehöhlt erscheint dasselbe. Unzählige Runsen und Risse, bald parallel, bald wirr durcheinanderlaufend, durchziehen dasselbe; dazwischen starren messerscharfe Grate und Zacken so schauerlich dräuend empor, daß nur ein sicherer Fuss sie ohne Gefahr zu überschreiten vermag. Auf weite Strecken gleicht der Boden einer in Stein verwandelten, wild ineinandergeschobenen, ins Kleinste zerklüfteten Gletschermasse. Und wie die Oberfläche so erscheint auch das Innere des Gebirges den Mächten der Zerstörung anheimgegeben. Vergeblich sucht der ermattete Wanderer in diesen sonnendurchglühten Steinkaren nach einer Quelle, um seinen in der trockenen Bergluft zur Unerträglichkeit gesteigerten Durst zu löschen, und er mag sich glücklich preisen, wenn er endlich bei irgend einer Schneegrube angelangt ist, an welcher er vielleicht einige Tropfen labenden Schmelzwassers aufzufangen vermag."

Und trotzdem, gerade diese „Unwirthlichkeit und Öde", der Zauber dieser jahrtausendelang von Menschen gemiedenen, ja gefürchteten Urlandschaft, nahezu unberührt seit der Genesis, sie strahlten plötzlich magische Anziehungskräfte aus, wenn auch vorerst nur auf einige wenige. Zu diesen zählte der nicht nur als Sproß des österreichischen Kaiserhauses, sondern ebenso als Weidmann und Bergsteiger von seinen Landsleuten heiß geliebte Erzherzog Johann, der „steirische Prinz", der bereits im Jahre 1810 als 28jähriger auf Grund eigener Anschauung in sein Tagebuch schrieb: „Wer ein guter Bergsteiger ist, dem rate ich, diese Wüstenei zu besuchen. Ich hatte auf dem Rabenstein ein herrliches Schauspiel! So viele Quadratmeilen vor meinen Augen, unter mir kahle Ketten, weit und breit herum Tiefen und Höhen; keinen Vogel, kein lebendes Wesen hört man; die Nebel streichen unten und öffneten zuweilen die Übersicht mancher Gegend ... Jeder Gedanke an die große Welt, jeder Kummer schwindet hier."

Das Tote Gebirge beim Anflug von Nordost. Im Vordergrund Kreuz und Zwillingskogel, links darüber Schermberg, im Hintergrund Dachstein und Hohe Tauern.

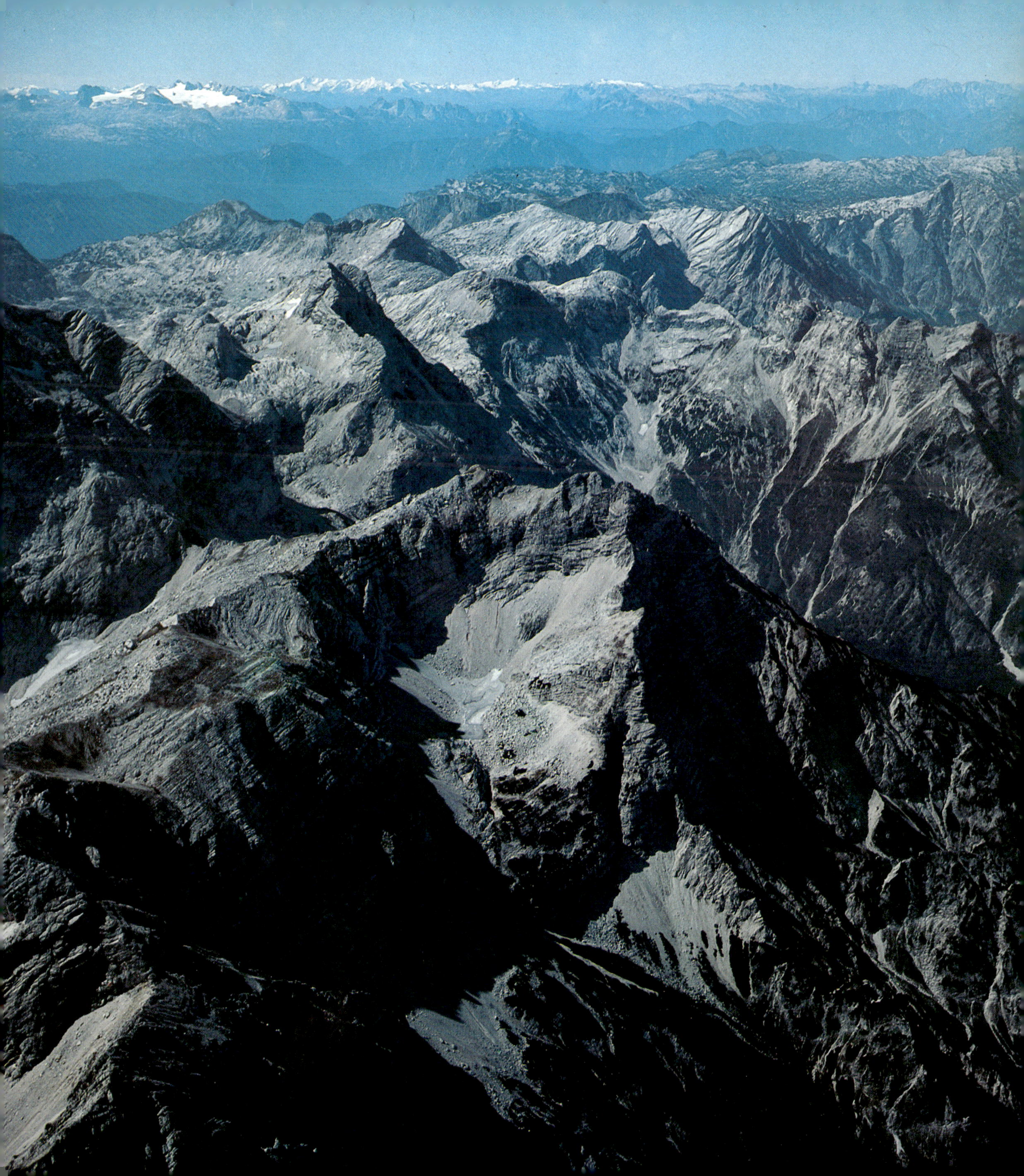

Hauptsach', man weiß, wo der Berg steht!

Diesen Ausspruch des berühmten Berchtesgadener Bergführers und Watzmann-Ostwand-Bezwingers Johann Grill, vulgo Kederbacher, unter dem vor kurzem der Wiener Karl Lukan eine Sammlung köstlicher alpiner Anekdoten veröffentlichte, könnte man durchaus bereits in München und erst recht nördlich des Mains abwandeln in die Glosse: Hauptsach', man weiß, wo das Tote Gebirge steht!

Nun, verehrter Leser, Sie wissen es natürlich ganz genau, Uneingeweihten aber diene die nebenstehende Großraumskizze.

Der erste, der Lage und Grenzen des Toten Gebirges vor mehr als hundert Jahren nach vielen Streifzügen und Entdeckungsfahrten exakt beschrieb, war Georg Geyer. Er verfaßte 1878 eine 200 Seiten umfassende, grundlegende „monographische Abhandlung" unter dem Titel „Das Todte Gebirge", die bis heute als einziges Standardwerk gelten muß und zu einer bibliophilen Kostbarkeit wurde. Folgen wir daher bei unserer topographischen Übersicht in dankbarem Gedenken den Worten Georg Geyers:

„Zieht man die Grenze des Gebirgsstockes, wie es so üblich und auch durch die Natur begründet ist, nach den Gewässern, so stellt sie sich folgendermassen dar: Von Aussee als Ausgangspunkt führt dieselbe in die Grundlsee-Traun zum Grundlsee und nach Gössl, von hier über das Joch des Bergls an die Salza und mit ihr nach Mitterndorf. Das Mitterndorfer Becken der Länge nach durchschneidend, läuft die Grenze nun an den Grimmingbach, dann in die Enns bis Liezen, von wo sie mit dem Pyhrnbache zum Pyhrnsattel ansteigt, um jenseits mit der Teichl in die Steyr zu ziehen. Bei Klaus verlässt sie das Thal wieder und läuft längs der Steyrling auf ein weiteres Joch und dann längs des Hetzaubaches in's Almthal, das sie mit dem Weissenbach verlässt, über einen niederen Sattel dem Offensee zustrebend. Nun führt sie durch den Frauenweissenbach in die Traun, hinauf nach Ischl und durch den Rettenbach in die Rettenbachalpe, wo sie über eine ganz flache Wasserscheide zum Augsbache überspringt, längs desselben und der Altausseer Traun zum Ausgangspunkte zurückkehrend."

Übersichtsskizze Totes Gebirge, gezeichnet von Herbert Friedl.

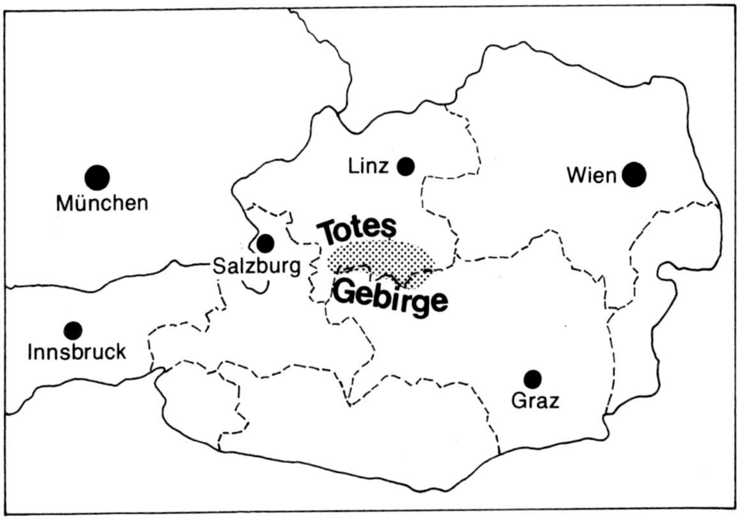
Linz
Wien
München
Totes
Salzburg
Gebirge
Innsbruck
Graz

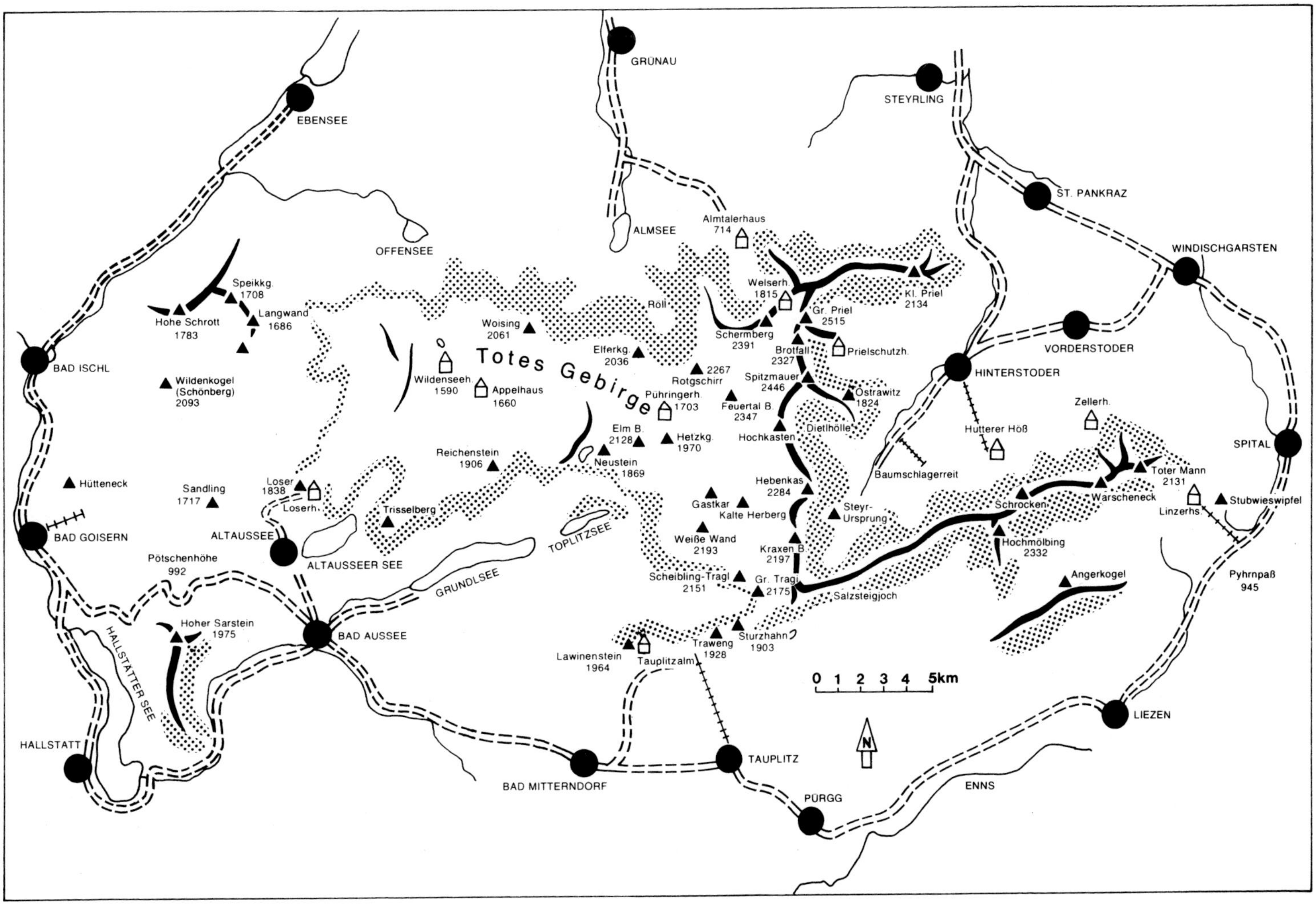
GRÜNAU
EBENSEE
STEYRLING
ST. PANKRAZ
ALMSEE
Almtalerhaus
714
OFFENSEE
WINDISCHGARSTEN
Speikkg.
1708
Welserh.
1815
Kl. Priel
2134
Gr. Priel
2515
Hohe Schrott
1783
Langwand
1686
Röll
Woising
2061
Schermberg
2391
VORDERSTODER
BAD ISCHL
Elferkg.
2036
Brotfall
2327
Prielschutzh.
Totes Gebirge
Wildenseeh.
1590
Appelhaus
1660
2267
Rotgschirr
Spitzmauer
2446
Ostrawitz
1824
HINTERSTODER
Wildenkogel
(Schönberg)
2093
Pühringerh.
1703
Feuertal B.
2347
Zellerh.
Elm B.
2128
Hetzkg.
1970
Hochkasten
Dietlhölle
Hutterer Höß
SPITAL
Reichenstein
1906
Neustein
1869
Baumschlagerreit
Toter Mann
2131
Hütteneck
Sandling
1717
Loser
1838
Loserh.
Hebenkas
2284
Gastkar
Kalte Herberg
Schrocken
Warscheneck
Linzerhs.
Stubwieswipfel
Trisselberg
Steyr-
Ursprung
BAD GOISERN
ALTAUSSEE
ALTAUSSEER SEE
TOPLITZSEE
Weiße Wand
2193
Kraxen B.
2197
Hochmölbing
2332
Pötschenhöhe
992
GRUNDLSEE
Scheibling-Tragl
2151
Gr. Tragl
2175
Salzsteigjoch
Angerkogel
Pyhrnpaß
945
Hoher Sarstein
1975
BAD AUSSEE
HALLSTÄTTER SEE
Sturzhahn
1903
Traweng
1928
Lawinenstein
1964
Tauplitzalm
0 1 2 3 4 5km
LIEZEN
HALLSTATT
N
TAUPLITZ
BAD MITTERNDORF
ENNS
PÜRGG

Lob der Gegensätze

Todesstarrende Öde aus geborstenem Kalk, sonnendurchglühte und sturmumbrauste Einsamkeit in der Höhe, darunter und dazwischen üppigste Almen und Wälder, kristallklare Bäche und spiegelnde Seen – das Tote Gebirge lebt von seinen Gegensätzen. An den westlichen und östlichen Eingangspforten, im Ausseer Land und im Stodertal, äußert sich die Polarität der Landschaft am eindrucksvollsten und faszinierte noch jeden, der sie mit offenem Herzen in sich aufnahm:

„Die Gegend von Aussee möchte gewiß mit zu den schönsten unseres Alpenlandes zu rechnen sein: Lieblichkeit, Grossartigkeit bis zum wildesten Ernst vereinigt sich hier zu einer seltenen Harmonie, wozu noch der schöne, blühende Menschenschlag und dessen Gemüthlichkeit nicht wenig beiträgt."
Adolph Schaubach, 1865

„Vom Ufer smaragdgrüner Seen, mit prachtvollen, hochalpinen Scenerien reich ausgestattet, emporsteigend, hat man verhältnismäßig nur geringe Zeit in der Waldregion zu verweilen, um zu den herrlichsten Aussichtspunkten zu gelangen. Steigt man noch höher hinauf durch eine Scharte zwischen riesigem, senkrecht abstürzenden Kalkgemäuer auf das Plateau, so ändert sich die Scene oft wie mit einem Schlage; so schön und lieblich das Bild vorhin gewesen ist, so wild und schrecklich ist es plötzlich geworden."
Georg Geyer, 1878

„Der wundersame Reiz des Todten Gebirges besteht in seinen Gegensätzen. Das fühlten wir an den Ufern des Augstsees. Hier stehen Bilder des Lebens und der Zerstörung nebeneinander. Als Hintergrund eine Trümmerburg, nach vorne ringsum die schönsten, saftigsten Matten, über und über mit Alpenblumen geziert."
Ferdinand Walcher, 1875

„Auch im Jahre 1870 hat es mich – ich glaube, es war mein 8. Besuch dort – hineingezogen in das nach meinem Urtheile schönste Kalkalpenthal Oesterreichs, nach Innerstoder. – Die Partie zählt wegen der Abwechslung und der Großartigkeit der sich auf ihr darbietenden Bilder zu den denkbar interessantesten in den österreichischen Alpen."
Anton von Ruthner, 1871

„In Stoder ist das Gebirge von überwältigender Größe und die Szenerien einer Polsterlucke oder Dietlhölle suchen ihresgleichen."
Fritz Benesch, 1912

„Hier verbindet sich das Zarte mit dem Wilden auf eine wunderbar erregende Art, und die Fülle der Bilder wird an jeder Stelle gebändigt durch den unaufdringlichen Zauber versteckter Schönheiten: Plätze idyllischen Friedens oder die Märchenstille scheinbar nie betretener Elfenwiesen."
Frank Thiess, 1958

Ölgemälde von Ferdinand Waldmüller (1793–1865), „Ausblick von der Hütteneckalm gegen Hallstätter Gletscher und Dachstein".

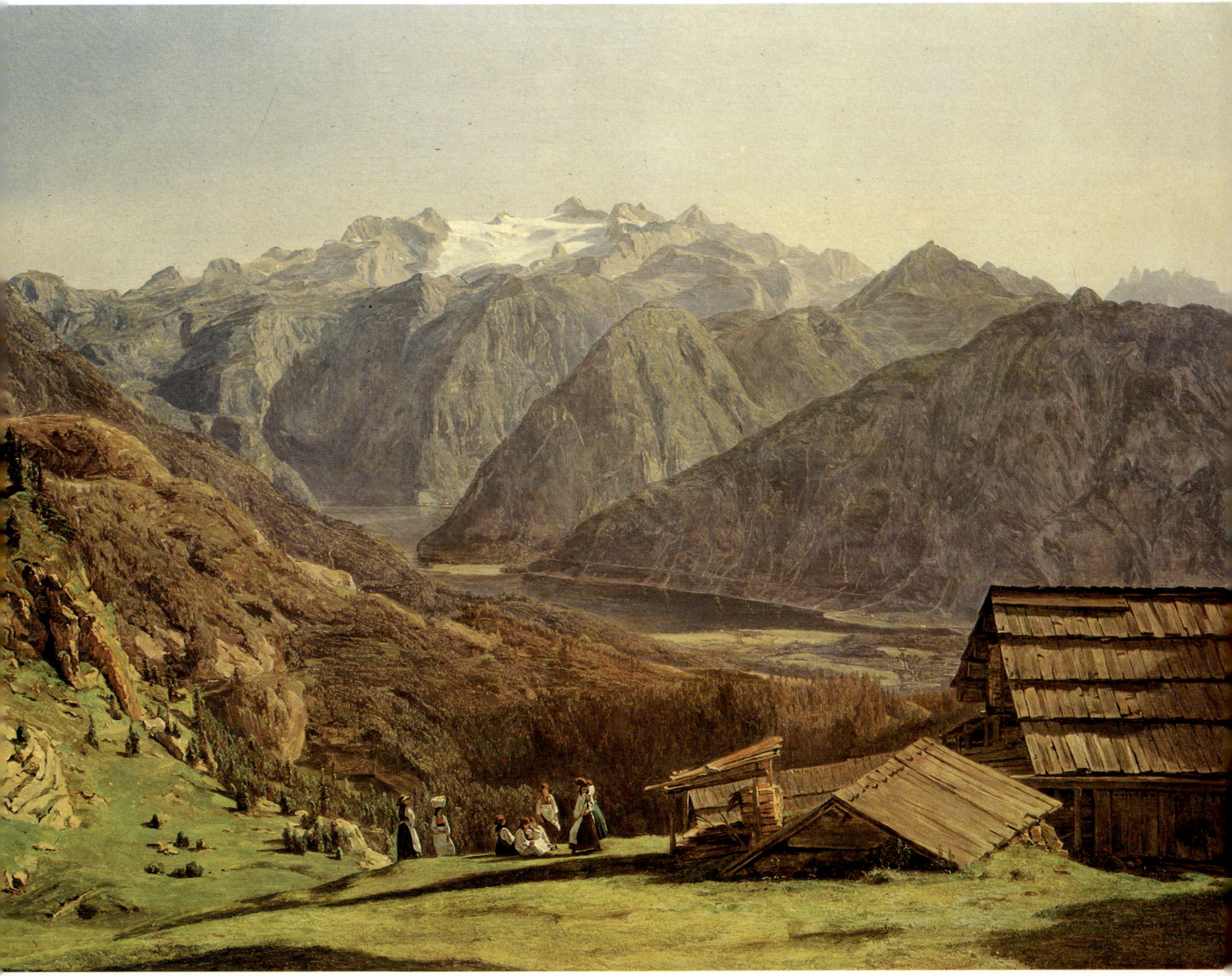

Friedrich Simony zeichnet das erste Panorama

Prof. Friedrich Simony (1813–1896) wurde als Wissenschafter wie als Bergsteiger vor allem bekannt durch seine langjährigen Forschungen am Dachstein, die er bis ins hohe Alter von Hallstatt aus betrieb und u. a. in seinem reich bebilderten, grandiosen Lebenswerk „Das Dachsteingebiet", Wien 1895, niederlegte. Darüber gerieten Simonys Arbeiten über das Tote Gebirge etwas in Vergessenheit, obwohl er hier ebenfalls sehr früh tätig wurde. Am 3. Mai 1846 erschien in der führenden „Wiener Zeitung" aus der Feder Simonys die allererste, wissenschaftlich motivierte Darstellung des „todten, d. h. pflanzenarmen Gebirges". Herr Biedermeier konnte darin mit leichtem Gruseln am Frühstückstisch lesen:

„Versetzen wir uns einmal in die große Einöde des Ausseer todten Gebirges, zwischen dem Elm und Hochpriel, dem Rabenstein und den Tragcln – welch ein Gemälde von Abgestorbenheit und Zerstörung bietet sich da unserem Auge dar! – Die Hochzinnen des Gebirges tauchen als wachsende Kolosse immer höher aus dem welligen Terrain empor und beengen den Horizont, welcher dem Auge nichts mehr bietet als einzelne Gipfel ferner Bergzüge, die durch ihre reichen, duftigen Farbentöne mit der gespenstigen Farblosigkeit des Vordergrundes einen eigentümlichen Gegensatz bilden – wir sind im Herzen des todten Gebirges. Nichts gewahrt nun mehr der suchende Blick von der bewohnten Erde. Ebene, Täler, Städte, Dörfer, Felder, Wiesen, Wälder, Alpen, sie alle sind dem Aug' entrückt, kein Laut aus der lebenden Welt, kein Glockenschall, nichts mahnt mehr an die fernen Sitze der Menschen."

Aber auch mit dem Zeichenstift (und bald auch mit der Kamera als einer der ersten Hochgebirgsfotografen!) war Simony häufig unterwegs und schuf bereits 1864 das erste topographisch exakte Panorama des Toten Gebirges mit dem Titel „Südwestliche Ansicht des Todten Gebirges vom Sarstein am Hallstätter See". Dieses recht seltene Blatt liegt als Fotolithographie unter der Nummer LIII in zweifacher Ausfertigung (mit und ohne Nomenklatur) dem Dachstein-Atlas bei.

Auf dem nebenstehenden Ausschnitt sind links der Altausseer See, rechts der Grundlsee klar zu erkennen, dazwischen der steile Westabfall der Trisselwand. Im Hintergrund reihen sich am Horizont von links nach rechts Woising, Rabenstein (= Zwölferkogel), Schermberg, Großer Priel, Spitzmauer und die beiden Hochkästen bis zur Weißen Wand. Die mit wissenschaftlicher Akribie gefertigte Panoramazeichnung läßt sehr schön den typischen Anstieg des Toten Gebirges von Südwesten nach Nordosten mit dem äußersten Kulminationspunkt des Großen Priel erkennen.

Panoramazeichnung von Friedrich Simony (1813–1896). Links Altausseer See, rechts Grundlsee. Am Horizont die Gipfelkette vom Woising über Großen Priel bis zur Weißen Wand.

SÜDWESTLICHE ANSICHT DES TODTEN GEBIRGES VOM SARSTEIN AM HALLSTÄTTER SEE.

Steyerisches Rasplwerk – von Konrad Mautner in Gößl erlauscht

Das Ausseer Land wird schon von den Reiseschriftstellern des frühen Biedermeier wie J. A. Schultes, Sartori, Julius von der Traun oder Adolph Schaubach wegen seiner freundlichen, sangeslustigen Bewohner hervorgehoben. F. C. Weidmann schreibt 1834: „Diesen herrlichen Strich Landes bewohnt ein Schlag von Menschen ausgezeichneter Art: groß, schlank, gesund, schön, kräftig, fromm, redlich, treu, arbeitsam und fröhlich, ganz eigen in Bildung, Sprache und Kleidung, ganz eigenthümlich sich auszeichnend in Sitte und Lebensweise!"

Die Ortschaft Gößl am Ostufer des Grundlsees gilt noch heute als Hort unverfälschten Brauchtums aus einer hier ausnahmsweise einmal wirklich „guten alten Zeit". Hier konnte Konrad Mautner um 1900 noch einen Schatz von Kinderversen, Ludlern (= Jodlern), Almschreien, Tanzweisen, Liedern und Gaßlreimen zusammentragen und in seinem unübertroffenen, bibliophil aufgemachten „Steyerischen Rasplwerk" sowie in der Sammlung „Alte Lieder und Weisen aus dem Steyermärkischen Salzkammergute", Graz 1919, veröffentlichen.

Man erfährt darin aus authentischer Quelle, wie Holzknechte, Jäger und Wildschützen, aber auch Bauern und Almdirndln lebten und vor allem fühlten. „Dem unberechtigten Stolz auf Bildung, welchem nur allzuoft eine Armuth an Gemüth entspricht, stellen ja die bescheidenen Äußerungen der Volksseele, oft in kurzen vier Zeilen, einen unbewußten Reichtum an Gemüth und Witz entgegen, der unendlich schätzbarer erscheint." (Konrad Mautner)

„Rasplwerk" gaben die vor den Fenstern ihrer Mädchen Einlaß begehrenden Burschen, die „Gaßlbuam", von sich, und solches Rasplwerk war ebenso auf den Almen im Toten Gebirge zu hören. Als ein Beispiel für viele sei die Bitte eines Jägers „Erlaub mir, schöne Sendarin . . ." gebracht, wie sie Mautner 1896 in Gößl aufzeichnete.

Erlaub mir, schöne Sendarin, zu sein heint Nacht bei dir!
Die Nacht hat überfallen mich, sist woaß i koan Quartier.
Geh laß mi in dein Hüttn ein und laß mi heint Nacht bei dir sein!
I bin mein Lebn nia gwest allhier. Sist woaß i koan Quartier.
O Jäger, was valangst denn du? Das kann bei mir nicht sein,
Ich hab ein vül zu schlechtes Ort, ist alles viel zu klein.
Ich hab ein vül zu schlechtes Bed, du hietst koan Blatz zan Schlafn nid.
Du hietst koan Blatz zan Schlafn nid, Jaga, gib mir an Frid.
Ich brauch kein Bett zum Schlafen nicht, wenn ich nur hab ein Ort.
Frühmorgens, wenn der Tag anbricht, geh ich schon wiederum fort.
Da zündt i mir a Feuerl an. Damit bin ich vergnüget schan.
O Sendarin, o fürcht dich nid. Van mir hast schan an Frid.
O Jäger, wanns du bist allein, so mach i da schan auf.
Und laß di in mein Hüttn ein, wia s z Alma is der Brauch.
Du muaßt di halt schen stülla habn, sist thad ins glei da Küahbua gwahrn.
Sist thad ins glei da Küahbua gwahrn, er machts en Bauan sagn.
Der Jäger und die Sendarin, die wurden gleich bekannt.
Sie lagen so die ganze Nacht wie Mann und Weib beinand.
Und wia sie so die ganze Nacht in schensta Still habn zuagebracht,
Kochts eahm a Koh mid Zuga dran. Das war dafür sein Lahn.
Pfiat di Got, mein liawe Sendarin, mid dir bin i heint pfridn,
Und hab i dir zu viel gethan, so sagst an andern an.

Die Hütten der Wildenseealm mit dem Dachstein im Hintergrund. Die Wildenseealm beherbergte einst das größte Almendorf im Toten Gebirge.

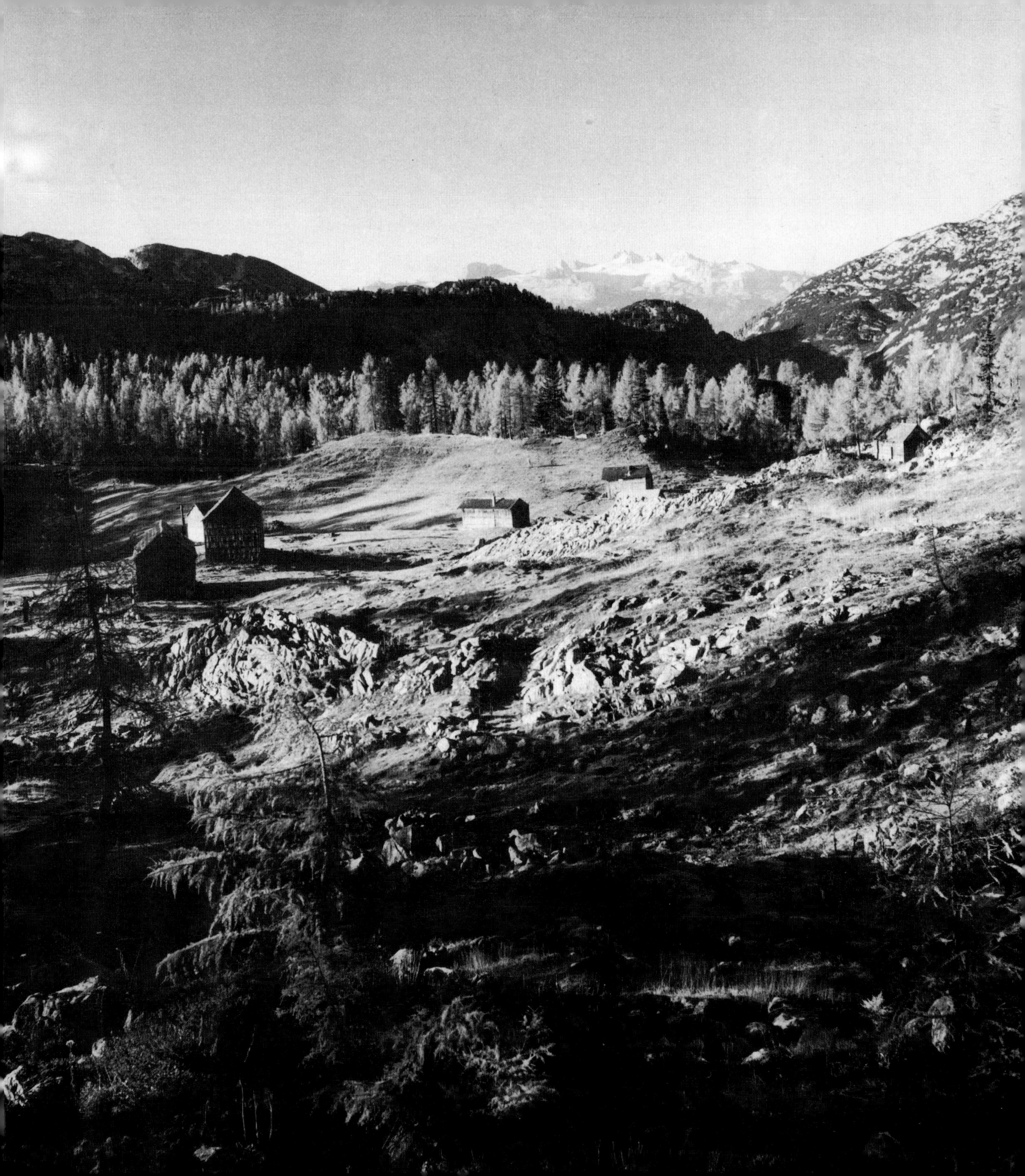

Am Loser ist allerhand los

Der Loser (1838 m) ist der mit Abstand bekannteste und meistbesuchte Gipfel des Ausseer Landes, der klassische Hausberg des gesamten steirischen Salzkammergutes. Seine relativ leichte Ersteigbarkeit und vor allem sein Ruf als Aussichtsberg ersten Ranges machten ihn schon in der Frühzeit der Touristik berühmt. Erzherzog Johann führte 1852 noch als 70jähriger seinen Sohn Franz, den späteren Grafen von Meran, auf die höchste Zinne dieses eindrucksvollen Felskastells, um dem dreizehnjährigen Buben die herrliche Heimat seiner Mutter Anna Plochl, der Postmeisterstochter von Aussee, zu zeigen, und ihm so die Liebe zu den Bergen ins jugendliche Herz zu pflanzen. Unwillkürlich fällt einem dabei das bekannte, zutiefst ergreifende Ölgemälde von Fischbach „Der alte Schütz und sein Sohn" ein, wozu diese Loserbesteigung als Anregung gedient haben mag.

Was für die kaiserliche Familie recht war, mochte die gebildete Welt im letzten Drittel des 19. Jahrhunderts nicht missen. In einem der ersten Jahrbücher des Steirischen Gebirgsvereins (Band III, 1875) berichtet ein gewisser Prof. Ferdinand Walcher bereits sehr ausführlich über den Loserstock bei Aussee, den der Herr Professor insgesamt 18mal in Begleitung seiner rüstigen Gattin bestiegen hatte, um nach „eingehenden orographischen Studien den Entwurf eines Loser-Panoramas" anzufertigen. Daneben warb er mit der durchaus aktuellen Bemerkung: „Die Bergbesteigung ist keinesfalls gefährlich, ja selbst nicht beschwerlich und wird daher der prächtigen Rundsicht halber auch von den Damen häufig unternommen. Die Zahl der männlichen Besteiger dürfte jährlich eine ganz bedeutende Höhe erreichen." Vor Neid auf ihre Urgroßmütter müssen unsere rucksackschleppenden Ehefrauen von heute erblassen, wenn sie hören: „Sesselträger für etwaige Damenbegleitung (16 Gulden für 4 Mann, Trinkgeld pro Mann 40 Kreuzer) sind bei Herrn Alois Sendlhofer, Tragsesselinhaber und Fremdenführer in Aussee, zu erhalten."

Das Tragsesselgeschäft des Herrn Alois Sendlhofer zum Loser muß zumindest während der Zeit der Sommerfrische durchaus floriert haben, denn schon 1882 erbaute die junge Sektion Aussee des damaligen Deutschen und Österreichischen Alpenvereins ein Unterkunftshaus in prächtiger Lage am Südostfuß des Gipfelaufbaues. Die Loserhütte (1497 m) stellt somit die älteste hochalpine Schutzhütte im gesamten Toten Gebirge dar und blickt in Bälde auf ein stolzes Jahrhundert ihres Bestehens zurück!

Am Loser war also schon immer was los, zur Freude der Hüttenpächter und erst recht des verehrten Bergpublikums. Georg Geyer, wohl der bedeutendste Erschließer der Gruppe, gesteht 1878: „Als ich meine Touren im Todten Gebirge begann, galt mein erstes Sehnen der Loserspitze, vielleicht lediglich deshalb, weil auch Vater Schaubach den Reigen seiner Ausseer Parthien mit dem Loser eröffnete." Eine Generation später begründet Sepp Huber in seinem „Führer durch das Tote Gebirge", Wels 1926, die Beliebtheit dieses Berges mit dem Hinweis: „Ich fühle mich veranlaßt, die Aussicht vom Loser als ganz hervorragend zu bezeichnen, da er bei so geringer Mühe des Anstiegs einen so außerordentlich günstigen allgemeinen Überblick auf zwei Gebirgsstöcke, das Tote Gebirge und den Dachsteinstock, bietet, überdies reizende Tiefblicke auf die reich bevölkerten Täler."

Und wie steht es heute? Es kam, wie es kommen mußte: eine Panoramastraße (mautpflichtig) führt von Altaussee durch den Wald hinauf zum Almenrevier um den Augstsee auf 1643 Meter Höhe, mit Restaurant und geräumigem Parkplatz. Sie bürgt dafür, daß auch in Zukunft am Modeberg Loser wie seit eh und je allerhand los sein wird. Der Autor findet – mit Verlaub! – absolut nichts, was dagegen einzuwenden wäre.

Der Loser, 1838 m, der Hausberg des Ausseer Landes, von Westen (Ramsau) aus.

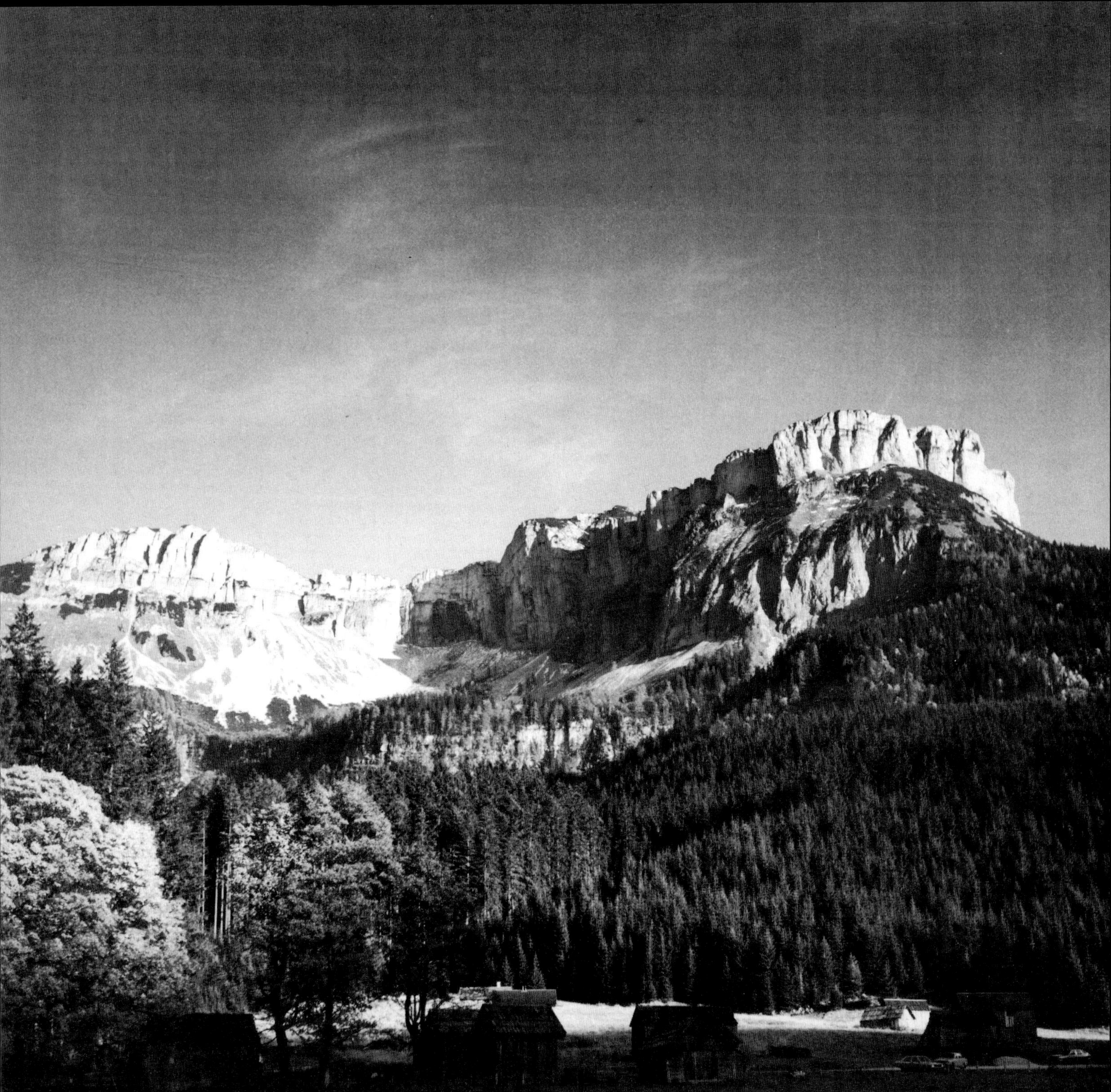

Die Trisselwand – Himmelsleiter über dem Altausseer See

Im steirisch-oberösterreichischen Salzkammergut löst sich der Westabfall des Toten Gebirges in einzelne Berggruppen auf, die kaum mehr die Zweitausend-Meter-Grenze erreichen und mit ihren weiten Waldgürteln und Almen der Landschaft im Gegensatz zur felsenstarrenden Hochfläche des Ostens einen ungemein lieblichen Charakter verleihen. Um so mehr kommen in dieser Umgebung die wenigen großen Steilwände zur Geltung, mit denen etwa der Hohe Sandling (1717 m), der Backenstein (1772 m), der Reichenstein (1912 m) und insbesondere der Trisselberg (1755 m) in meist südwestlicher Richtung abfallen. ,,Diese Kalkmassen ragen aber hier wie Säulen des Himmels in einzelnen Gruppen auf, welche durch Zwischenräume getrennt werden, und erscheinen dadurch um so grossartiger. Das Weisse und Glatte der hiesigen Kalkwände fällt vor allem an der Trisselwand auf." So sah es schon der weitgereiste Adolph Schaubach im Jahr 1866.

,,Das Weisse und Glatte" der Trisselwand, wie lockt es den passionierten Felskletterer, wenn der warme Schein der Nachmittagssonne aus dieser steinernen Himmelsleiter über dem smaragdgrünen Altausseer See Pfeiler und Kanten, Risse, Kamine und Bänder herausmeißelt und dem kundigen Auge damit die Sprossen anzeigt, die 600 Höhenmeter hinaufführen ins höchste Kletterglück! Der Gmundner Sepp Stahrl, als Bergsteiger wie Bergfotograf gleichermaßen bekannt und von den Jungen verehrt, erzählt, er habe mehr als siebzigmal diese Wand auf den verschiedensten Routen durchstiegen. Welche Liebe und Begeisterung spricht aus solchen Taten! Wie beneidet man als Epigone einen Ing. Hans Reinl, der ab der Jahrhundertwende von seinem Wohnsitz Hallstatt aus vor allem die Dachstein- und Prielgruppe durchstreifte und neben so prächtigen Felsfahrten wie etwa der Kopfwandkante im Gosaukamm auch die Trisselwand als erster für sich buchen konnte! Mit seinen Freunden Greenitz und Kleinhaus von der Gilde ,,Grober Kletterschuh" eröffnete er am 13. Mai 1906 seinen Reinlweg über das Untere Neunerbrett, Schwierigkeitsgrad III, auch heute noch der beliebteste Anstieg durch die Südwestwand. Diese Route besticht weniger durch bergsteigerische Raffinessen als vor allem durch die einmaligen Tiefblicke auf den Altausseer See, die Aussicht zum gegenüberliegenden Loser und südwestlich zum Nordabfall des Dachsteinmassivs. Klettertechnisch noch eleganter ist der Stügerweg (III +), der unmittelbar am Gipfelgrat mündet und kaum Steilschrofen aufweist, während im Hoferweg (IV +) durch die Gipfelschlucht gelegentlich Steinschlaggefahr droht. Es darf beinahe als Selbstverständlichkeit gelten, daß auch ein Dr. Paul Preuß, 1886 in Altaussee geboren, dem die Trisselwand täglich ins Vaterhaus hineinschaute, sich an diesem seinem Hausberg auf neuem Weg versuchte. Er, der blendende Stilist und eifrigste Verfechter des freien Kletterns, Gegenspieler eines Hans Dülfer und Tita Piaz, beging 1911 den schroffen Westpfeiler (IV), der am Neunerbrett (eine Felsrampe, die um neun Uhr von der Morgensonne erreicht wird) in den Reinlweg mündet. Dabei soll Preuß an ,,seiner" Trisselwand die beiden einzigen Mauerhaken seiner Bergsteigerlaufbahn geschlagen haben – Ironie des Schicksals! Zwei Jahre später fand man Preuß, der in nur neun aktiven Jahren rund 1200 Gipfel bestieg, zerschmettert unter der Manndlkogelkante im Gosaukamm. Kein echter Alpinist wird am Grab von Paul Preuß auf dem Friedhof von Altaussee vorbeigehen! Es gibt sicher nur wenige aus der einheimischen Kletterelite, die nicht irgendwann die Trisselwand durchstiegen hätten, sei es etwa Minna Preuß, die schneidige Schwester Pauls, oder der bescheidene Magister Dipl.-Ing. Adolf Bischofberger aus Ottensheim bei Linz, einer der ganz Großen im Fels, der im Pensionistenalter noch den Stügerweg im Alleingang meisterte. Die Trisselwand sollte man auf jeden Fall gemacht haben, nach Möglichkeit schon vor der Pensionierung!

Die Trisselwand über dem Altausseer See, der beliebteste Kletterberg im westlichen Toten Gebirge.

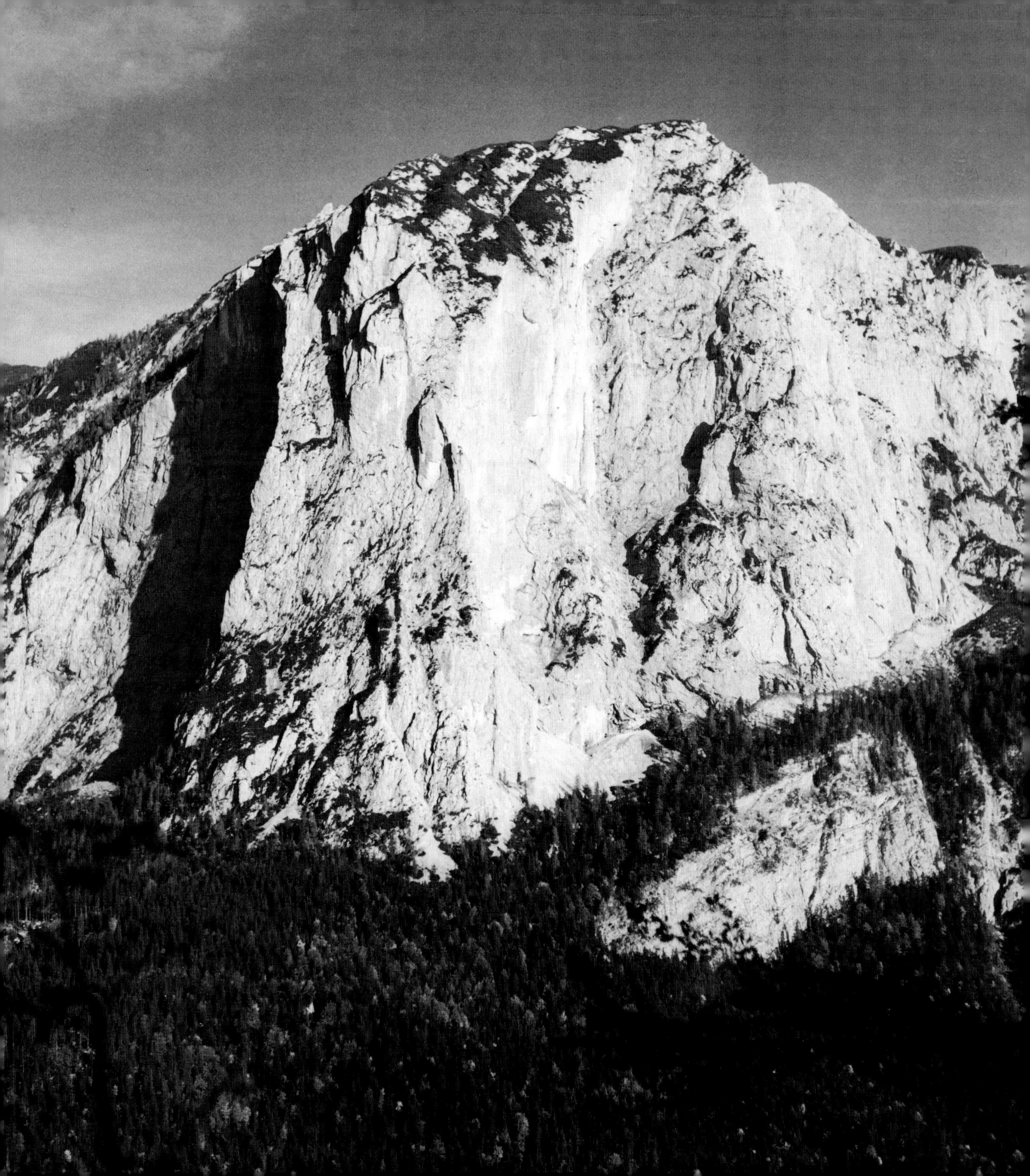

Gotik im Gebirge

Wer zwischen hohen, himmelwärts strebenden Wänden wohnt, richtet den Blick häufiger nach oben als der Flachländer, denn er spürt täglich unmittelbar, was er dem Himmel schuldet. Der Dank der Ausseer an ihren Herrgott, der ihnen inmitten eines kargen Berglandes einen riesigen weißen Schatz vor die Haustür legte, ist nahezu so alt wie der Salzbergbau selbst. Die am Ortsende von Bad Aussee erhöht gelegene, dem hl. Paul geweihte Pfarrkirche legt dafür ein steinernes Zeugnis ab. Sie entstand bereits als romanisches Gotteshaus im 13. Jahrhundert, das zu Beginn des 15. Jahrhunderts zu einer zweischiffigen Hallenkirche mit dem etwas später angefügten Südportal vergrößert wurde. Während der größten Blütezeit der aus 16 Familien zusammengesetzten Hallingergewerkschaft erhielt die Kirche um 1420 ihr kunsthistorisch bedeutsamstes Schmuckstück, die gotische Steinplastik „Maria mit dem Kind" vom Typus der „Schönen Madonnen". Neben der prächtigen Gottesmutter fällt das spätgotische Sakramentshäuschen aus dem Jahr 1523 aus rotem Salzburger Marmor besonders auf. Aus dem gleichen Material entstanden zwischen 1456 und 1545 verschiedene Grabdenkmäler wohlhabender Gewerken, die an der Außenseite der Kirche zu sehen sind.

Am Meranplatz befindet sich ein zweites, wenn auch bedeutend kleineres Gotteshaus, die 1395 vom damaligen Marktspital errichtete Heilig-Geist-Kapelle, für die Friedrich III. 1449 den prachtvollen gotischen Hauptaltar stiftete. Ein zweiter Flügelaltar mit Darstellungen aus dem Leben der 14 Nothelfer stammt aus dem Jahre 1480. Auch die barockisierte Kalvarienbergkapelle weist mit Portal, Chorbogen und Sakristeitür noch in die Gotik zurückreichende Bausubstanz auf.

Als vornehmster Profanbau aus alter Zeit zieht am oberen Platz das Kammerhofgebäude den Blick auf sich. Es beherbergte jahrhundertelang die landesfürstliche Salinenverwaltung. Als spätgotisches Bauwerk begonnen, weist es mit den reichen marmornen Tür- und Fensterumrahmungen bereits auf die einsetzende Renaissance hin. Ähnliche spätgotische bzw. der Frührenaissance zugehörige Bauelemente finden sich vor allem in den Portalen zahlreicher stattlicher Bürgerhäuser, aus denen der im Salz begründete Wohlstand eindrucksvoll deutlich wird. Das Hoferhaus mit den zwei auffallenden Türmchen besitzt spätgotische Freskomalereien, die für Profanbauten dieser Epoche höchst bemerkenswert sind.

Es lohnt sich also durchaus, einmal vor oder nach einer Bergfahrt diesen Zeugnissen einer großen Vergangenheit, einer überraschend vielfältigen und absolut nicht selbstverständlichen Gotik im Gebirge nachzuspüren.

Gotische Steinplastik „Maria mit dem Kind" (um 1420) in der Pfarrkirche von Bad Aussee.

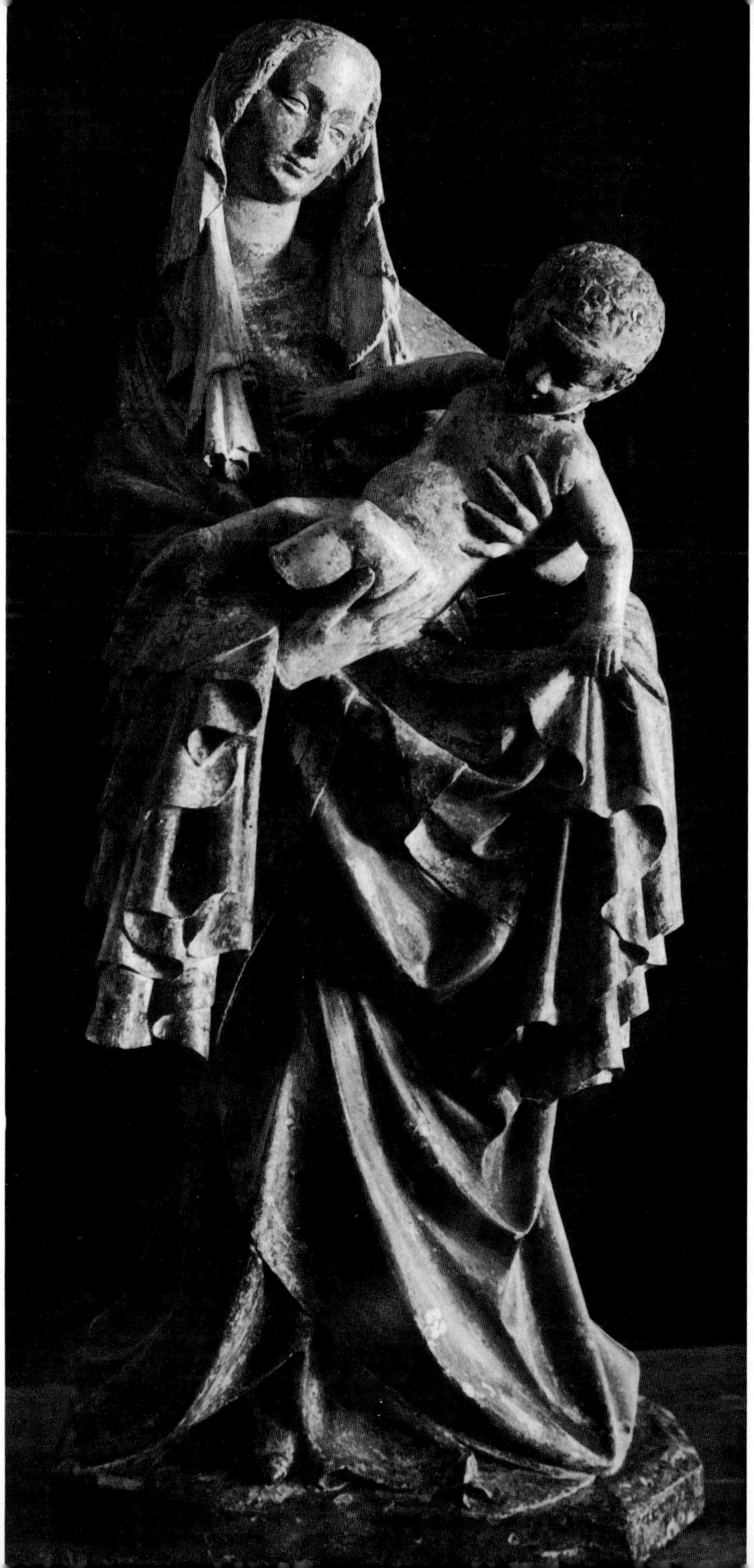

Der Hohe Sandling – ein gesalzener Kletterberg

Als letzter südwestlicher Ausläufer des Toten Gebirges führte der vom Grundlsee aus recht harmlos wirkende Hohe Sandling (1717 m) bis vor wenigen Jahrzehnten unter den Bergsteigern ein ausgesprochenes Aschenbrödeldasein. Dafür birgt sein Inneres einen Schatz, der für das Ausseer Land seit mehr als tausend Jahren die Quelle für wirtschaftlichen Wohlstand, für Arbeit und Brot bedeutet: das Salz. Vor Hallstatt und Bad Ischl gilt Aussee als ertragreichste und beste alpenländische Saline. Kein Wunder, daß man bereits um 1460 die mittelalterliche Hallingergewerkschaft gewaltsam auflöste und auf solche Weise das staatliche steirische „Salzkammergut" schuf. Unter Einbeziehung der in den Bundesländern Oberösterreich und Salzburg gelegenen Lagerstätten entwickelte sich daraus ein inzwischen weltbekannter geographischer Begriff. Heute stellt ein Besuch der alten Salzstollen im Sandling, in denen während des zweiten Weltkrieges Kunstschätze aus ganz Europa lagerten, eine beliebte Touristenattraktion dar. Die Sudhäuser für die an verschiedenen Stellen im Berg gewonnene Sole befinden sich seit Jahren in Unterkainisch bei Bad Aussee, wo die Pfannen längst nicht mehr mit Holz, sondern mit Schweröl befeuert werden.

Die enge Beziehung des Sandling zum Salz dokumentierte sich kurioserweise auch auf der bergsteigerischen Seite: der Salzbergarbeiter Josef Schnöll aus Bad Goisern, vulgo „Musi-Schnöll", bewirtschaftete fast dreißig Jahre lang die Lambacher Hütte im Angesicht der 250 Meter hohen Westwand und markierte die Alpenvereinswege auf „seinen" Berg. Schnölls Freund, Ing. Hans Reinl, erkletterte mit zwei Gefährten 1906 als erster den imposanten, wenn auch teilweise brüchigen Absturz (Reinlweg, III). Die anspruchsvollste Route gelang im Herbst 1932 dem jungen einheimischen Lehrer Sepp Lichtenegger mit der Westkante (IV–), die er drei Wochen nach seiner aufsehenerregenden Erstbegehung der berühmten, zur Modetour gewordenen Ostkante des Däumlings im Gosaukamm eroberte. Sepp Lichtenegger hatte von 1931 bis 1935 einen kometenhaften Aufstieg als Felskletterer durchlaufen, bis ihn im Juli 1935, noch keine 26 Jahre alt, der Bergsteigertod am Zmuttgrat des Matterhorns allzu früh hinwegraffte.

Neben dem Salz und der „gesalzenen" Westwand gibt es auch noch eine dritte Komponente, die dem unscheinbaren Sandling zu besonderer Berühmtheit verhalf. Wahrscheinlich infolge unterirdischer Stolleneinbrüche spaltete sich im Jahr 1765 ein 200 Meter hoher, freistehender Turm von der Südwestecke des Hauptmassivs ab, das sogenannte „Pulverhörndl". Im Mai 1907 gelang den Bergführern Matthias Röckenbauer und Alois Watzinger aus Bad Ischl die Ersteigung des kühnen Obelisken, der bald auch Männer wie Hans Reinl und Robert Damberger lockte. Doch der „laufende Berg" war noch nicht zur Ruhe gekommen. Im Jahr 1920 fiel bei einem neuerlichen Bergsturz das Pulverhörndl unter fürchterlichem, bis nach Hallstatt zu hörendem Getöse in sich zusammen. Geologen reisten sofort von weither an, um aus den Trümmern wissenschaftliche Erkenntnisse herauszuklopfen. Noch heute sind die Überreste dieser lokalen Katastrophe als riesige Wunde im Bergkörper vom markierten Weg Oberlupitsch – Lambacher Hütte aus deutlich zu erkennen.

Der Hohe Sandling, 1717 m, von der Sandlingalm aus. Der Bergsturz aus dem Jahre 1920 ist deutlich als riesige Schutthalde zu erkennen.

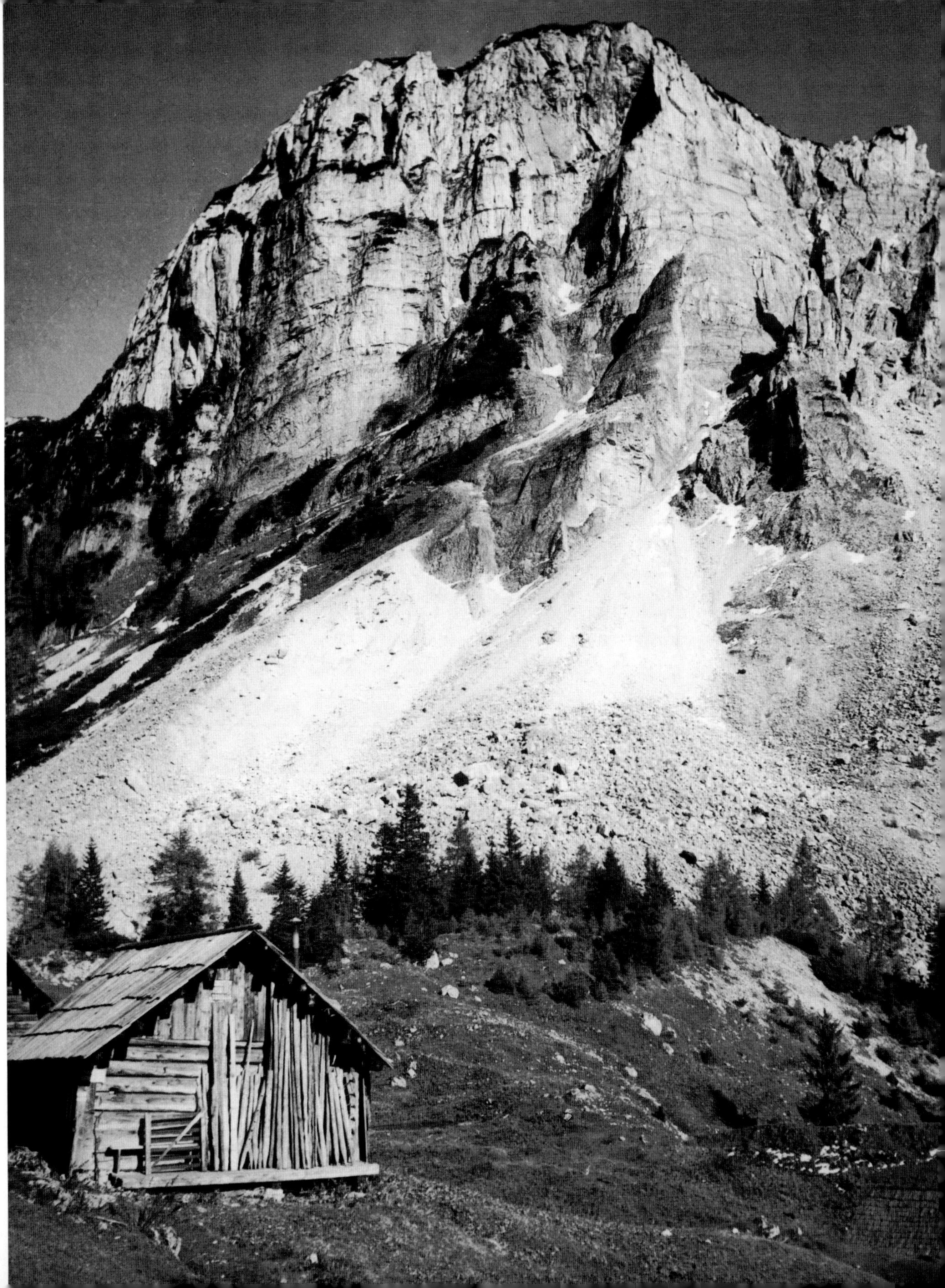

Holzbringung einst und jetzt

Die Salzsiedeanlagen im Westen wie die Sensenschmieden im Osten des Toten Gebirges verlangten jahrhundertelang nach Holz, nach sehr viel Holz. Man schaffte es aus den riesigen Wäldern am Sockel der Berge, aber wieviel Schweiß und Gefahren waren bis vor wenigen Jahrzehnten noch mit der Holzbringung verbunden! Die Männer aus Gößl am Grundlsee können davon berichten, aber auch im Almtal oder um Steyrling treffen wir noch häufig auf Spuren dieser einst härtesten Art von Arbeit.

Die primitivste, teilweise noch heute praktizierte Methode, Baumstämme aus steilstem Gelände ins Tal zu bringen, bestand darin, daß man diese in geeigneten Runsen und Rinnen hinunterschlittern ließ. Man nannte derartige Holzrutschbahnen „Riesen" oder „Schleifen", die nicht selten kunstvoll angelegt waren und zu einer geeigneten „Anschlagstatt" führten. Im Forstrecht der Herrschaft Seisenburg von 1586 heißt es dazu: „Wenn ainer an ainer rüß holz herlassen will, der soll jedes ploch, ehe ers wirft, zu dreien mallen mit lauter stimm beschreien, also daß es die, so herunten arbeiten, wohl hören mögen."

Wurde das Gelände etwas flacher, begann die winterliche Arbeit des Holzziehens auf geräumten, festgetrampelten Schneebahnen, häufig unter Verwendung schwerer Hörnerschlitten. Nicht selten gerieten diese Gefährte mit ihrer zentnerschweren Last in ein mörderisches Tempo, stürzten um und erdrückten den Lenker.

Die relativ bequemste, aber auch noch recht gefährliche Art der Holzbringung bestand im frühsommerlichen Triften auf den vielen Wildbächen. Die vom Wasser zu Tal getragenen Stämme mußten im Unterlauf an geeigneten Stellen in Sperranlagen, sogenannten Rechen, aufgefangen und geborgen werden. Eigene Schwemm- und Triftordnungen legten genau fest, in welcher zeitlichen Reihenfolge auf den Wildflüssen getriftet werden durfte. Häufig ging der Wasserstand im Hochsommer so stark zurück, daß man künstliche Talsperren, die „Klausen", errichten mußte, um dann von Zeit zu Zeit das angestaute Wasser samt den darin befindlichen Stämmen in einem einzigen, riesigen Schwall abzulassen.

Die vermutlich letzten, großräumig angelegten Triftbauten im Toten Gebirge wurden noch 1920 von Wildmeister Viktor Schauberger im Auftrag des Fürsten Schaumburg-Lippe am Hungeraubach, Ötzbach und Zösenbach im Tal der Steyrling angelegt und bis 1938 genutzt.

Heute fressen sich riesige Bulldozer durch die Bergwälder, um Forststraßen für Schwerfahrzeuge zu schaffen. Es dürfte viele Jahre dauern, bis die von ihnen gerissenen häßlichen Wunden in der Landschaft vernarbt sind, wenn nicht gar Wasser und Wind unheilbare Erosionsgeschwüre hervorrufen.

Verladen von Stammholz auf Hörnerschlitten, mit denen man anschließend auf Bringwegen in gefährlicher Fahrt zu Tal sauste.

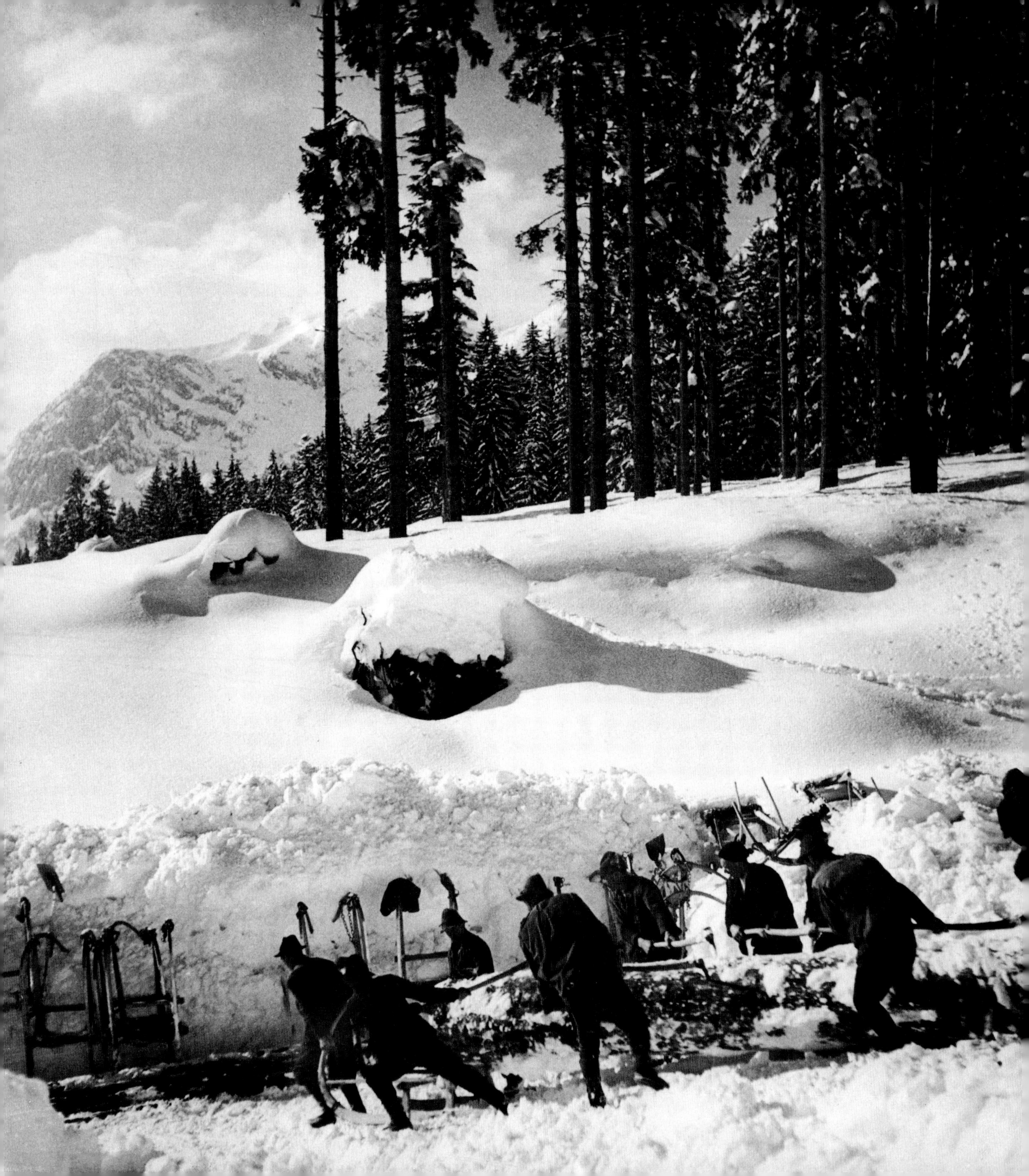

Lebendiges Brauchtum

In den Fremdenverkehrszentren der Alpenländer wurde der Begriff „Brauchtum" m. E. seit Jahren arg, ja beinahe überstrapaziert. Die kommerzielle Folklorewelle droht vielerorts die Reste bodenständiger Sitten und Gebräuche fortzuschwemmen oder ihr eigenes Strandgut für unverschämtes Geld an den unkritischen und unwissenden, aber willig zahlenden Fremden zu verschwenden. Die Zahl der prostituierten „Heimatabende" ist Legion, aber seltsamerweise wendet sich kaum ein Kurgast mit Grausen, sondern klatscht und konsumiert.

Echte Bergsteiger sind hier meist kritischer. Wer Enzian und Edelweiß auf den Höhen blühen sah, der erwirbt sie im Tal kaum als Plastik-Souvenir, und wer vierzehn Tage auf einem Bergbauernhof gewohnt hat, weiß recht genau, daß dort nicht Schuhplatteln und Jodeln, sondern harte Arbeit Brauch ist. Das wirklich noch lebendige Brauchtum offenbart sich kaum dem zahlenden Zuschauer zwischen 20 und 22 Uhr mit anschließendem Tanz, vielmehr darf man in köstlichen, unverhofften Stunden daran teilhaben, es mitmachen, es „mitgebrauchen". Die Talorte zu Füßen des Toten Gebirges wie Bad Mitterndorf, das Ausseer Land, Bad Ischl und Ebensee, aber auch Windischgarsten und das Stodertal bergen noch mannigfache, unverfälschte Zeugnisse uralten Brauchtums, das als Selbstzweck gepflegt wird und nicht als „Show" für Fremde verstanden werden muß. Sicherlich wurden das Bad Mitterndorfer Nikolospiel, der Bad Ausseer und Ebenseer Fasching, die Bad Goiserer Stachelschützenfeste mit Seitelpfeifern und Trommlern inzwischen weit über die Landesgrenzen hinaus bekannt, aber noch ist der Zuschauer Nebensache, noch leben diese Bräuche von der freiwilligen, freudigen Teilnahme der einheimischen Bevölkerung. Möge es noch recht lange so bleiben!

Umgang mit der Sennerin.

Faschingstreiben in Ebensee.

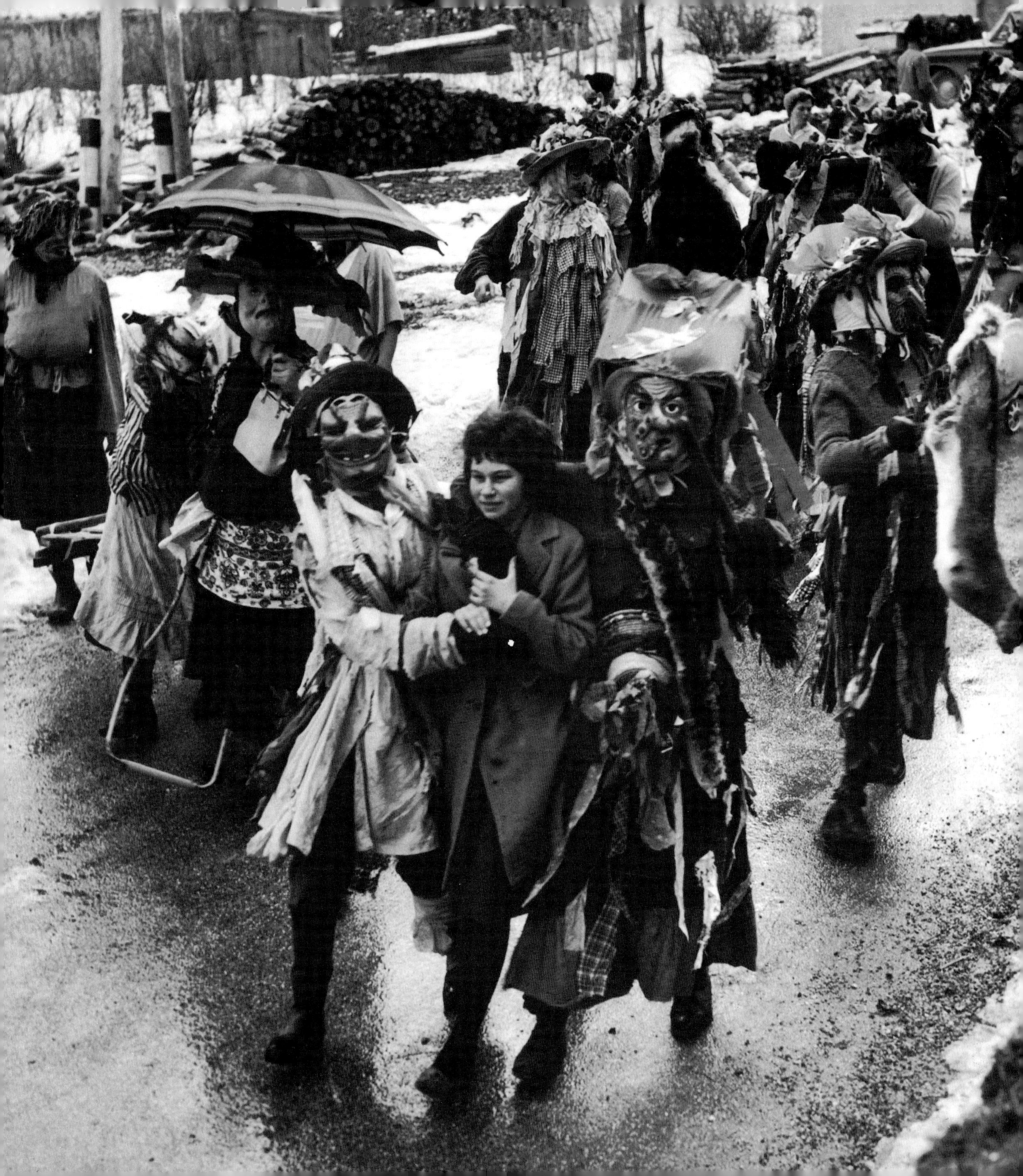

Wanderungen zwischen Wildenkogel und Warscheneck

Fast keine Gruppe der Nördlichen Kalkalpen bietet so vielseitige Möglichkeiten zu ausgedehnten Bergwanderungen wie das Tote Gebirge, aber kaum jemand in Wien, Graz, Salzburg oder München schien sich dessen bisher so recht bewußt zu sein. Das „Tote", wie seine Freunde kurz und bündig sagen, blieb vorrangig den Oberösterreichern und Obersteirern erhalten, die es mit tief verwurzelter, inniger Heimatliebe und andernorts längst aus der Mode gekommenem Idealismus erschlossen haben. Auf etlichen der 24 Hütten (17 Alpenvereins-, 2 Naturfreunde-, 1 ÖTK- und 4 Privathütten) spürt man noch einen nostalgischen Hauch aus der Pionierzeit, und es war durchaus kein Zufall, daß die Pühringerhütte 1976 zur gemütlichsten Bergsteigerunterkunft der gesamten Ostalpen gewählt wurde. Wenn nunmehr gleich drei Blätter des Alpenvereinskartenwerkes im Maßstab 1:25.000 sowie ein ausgezeichneter „Alpenvereinsführer" vom Toten Gebirge vorliegen, steht damit auch dem Gebietsfremden das notwendige literarische Rüstzeug für eine gut vorbereitete, individuelle „Entdeckung" zur Verfügung.

Die folgenden zehn Tourenvorschläge sollen dem Neuling als Anregung für leichte, genußreiche Bergwanderungen auf bestens markierten Wegen durch die schönsten Teile des Gebirgsstockes dienen:

1. Zwei Tage auf stillen Waldpfaden entlang der großen Nordwände: Offensee – Hochpfad – Almsee – Almtalerhaus – Ring – Bernerau – Hasel – Heindlboden – Steyrling oder Steyrbrücke.
2. Auf den Spuren der Salzschmuggler: Gößl am Grundlsee – Salzaalm – Ödernalm – Großsee – Linzer Tauplitzhaus – Steirersee – Schwarzsee – Leistalm – Salzsteigjoch – Baumschlagerreit – Hinterstoder (2 Tage).
3. Durch das Blumenparadies um den Wildenkogel (= Schönberg): Rettenbachtal – Ischler Hütte – Wildenkogel – Rinnerkogel – Wildensee – Offensee (1½ Tage).
4. Überschreitung des Loserstockes mit klassischer Aussicht vom Dachstein bis zum Großen Priel: Auffahrt zur Loserhütte – Loser – Hochanger – Loserfenster – Greimuth – Bräuningzinken – Bräuningalm – Augstsee (1 Tag).
5. Auf einsamer Höhe überm Grundlsee und Altausseer See: Auffahrt zum Tressensattel – Trisselberg (= Gipfel der Trisselwand) – auf selbem Weg zurück (1 Tag).
6. Kleine Durchquerung von Nord nach Süd: Almsee – Röll – Grieskarscharte – Pühringerhütte – Lahngangseen – Gößl am Grundlsee (2 Tage).
7. Große, klassische Durchquerung von Ost nach West: Hinterstoder – Prielschutzhaus – Klinserscharte – Rotkogelsattel – Pühringerhütte – Appelhaus – Augstsee oder Altausseer See oder Offensee über Rinnerböden (2½ bis 3 Tage).
8. Auf den östlichen Eckpfeiler des Toten Gebirges: Hinterstoder – Kleiner Priel – Hinterstoder (1 Tag).
9. Überschreitung des Warschenecks: Roßleithen – Dümlerhütte – Warscheneck – Roßarsch – Eisernes Bergl – Wurzeralm (1½ Tage).
10. Zwei Tage im Herzen des Toten Gebirges: Almsee – Röll – Röllsattel – Pühringerhütte – Rotkogelsattel – Fleischbanksattel – Großer Priel – Fleischbanksattel – Welser Hütte – Almtaler Haus.

Wohin unsere Urgroßväter gingen und welche Zeiten man dafür veranschlagte, möge der Bergführertarif von Aussee aus dem Jahr 1878 verdeutlichen:

Touren	Entlohnung		Zeitdauer in Tagen hin und zurück
	fl.	kr.	
In die Lahngangalpe	3	–.–	1
Auf das Wildengößl	4	—	1
Ueber die Tauplitz-Alpe nach Hinterstoder	8	—	2
Ueber den grossen Priel nach Hinterstoder	10	—	2½
Ueber Wildensee nach Almsee	7	—	2
Ueber Wildensee nach Offensee	6	—	1½
Auf den grossen Woising	5	—	1½
Auf die Brunnwies-Alpe	3	—	1

(Vgl. dazu auch Tarife von Hinterstoder bei Beitrag 24.)

Der Wildensee mit dem Rinnerkogel, 2012 m.

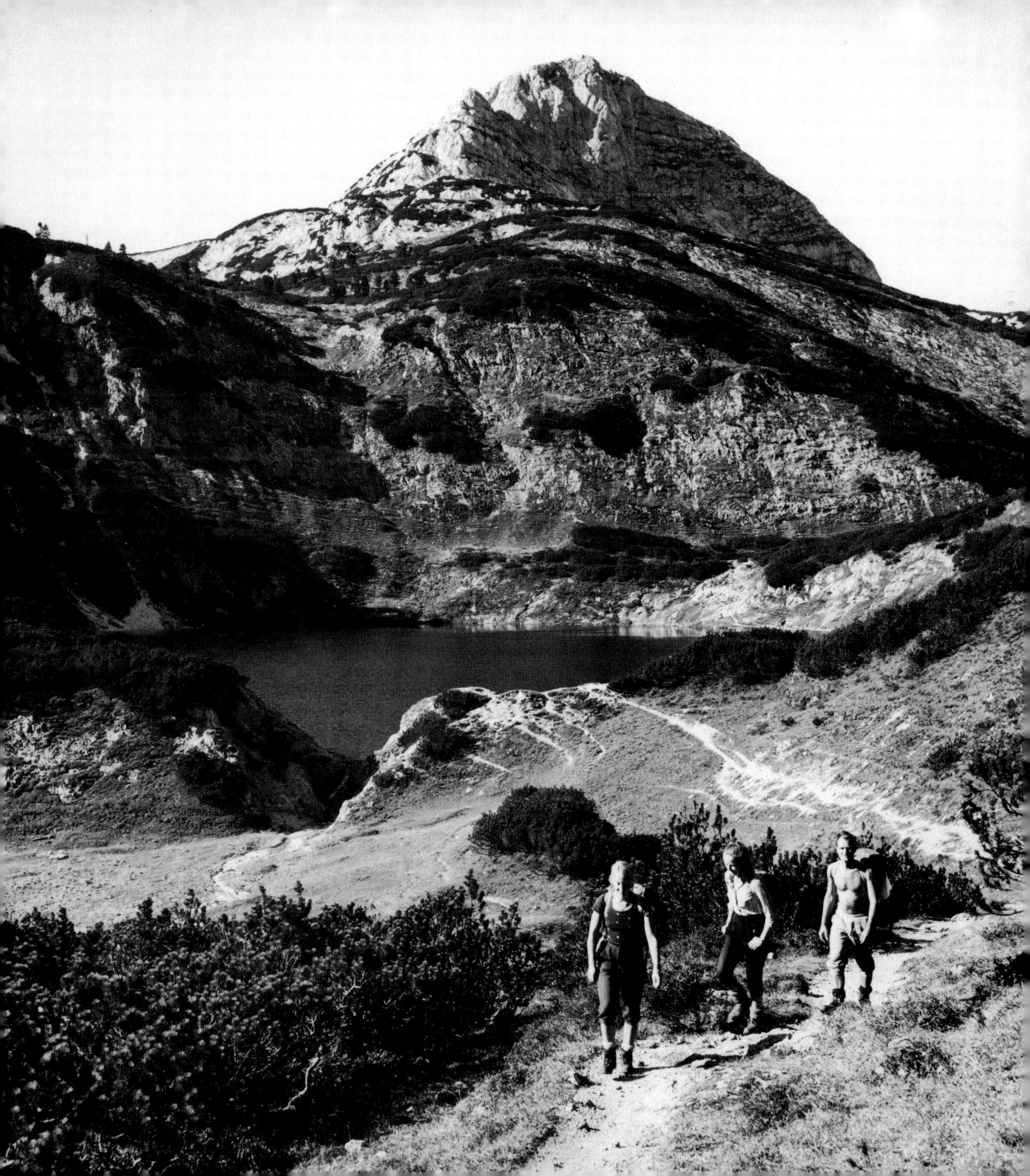

Auf der Alm, da gibt's koa Sünd...

Die obige Behauptung, um nicht zu sagen Verheißung, verleiht seit Anbeginn des alpenländischen Fremdenverkehrs ganzen Heerscharen von Sommerfrischlern den nötigen Auftrieb, um sich für ein paar Stunden aus der gepflegten Hotelatmosphäre der Täler zu entfernen und mit wichtigtuerischer Kennermiene hinaufzukeuchen zur nächsten Alm. Man will die junge, bildhübsche Sennerin jodeln hören, ihr pralles, almrauschgeschmücktes Mieder bewundern und sie aus wochenlanger Einsamkeit erlösen.
Die rauhe Wirklichkeit sieht dann leider ganz anders aus: die Alm wurde vor Jahren aufgelassen, von knusprigen Almdirnen ist weit und breit keine Spur mehr zu sehen, nur Lattich- und Brennesselsümpfe verraten noch den Standort des ehemaligen Kuhstalls. O alte Almenseligkeit, wenn vielleicht sonst nirgendwo im ganzen Lande, im Toten Gebirge gab es dich wirklich! Die zeitgenössischen Literaten des frühen 19. Jahrhunderts berichten davon objektiv und präzise. Das steirisch-oberösterreichische Salzkammergut beherbergte vom Mitterndorfer Seenplateau an entlang des gesamten Südwestabfalls unserer Gruppe bis hinüber nach Bad Ischl ganze Almendörfer mit peinlich sauberen Hütten und ebenso sauberen, sangeslustigen Mädchen. So erzählt Adolph Schaubach in seinem berühmten fünfbändigen Werk „Die Deutschen Alpen", erschienen 1866 bis 1871 in Jena: „Nirgends möchte das Sennhüttenleben schöner und lustiger sein, als hier. Auf der Wildenseealpe lockt am Abend der Führer durch seine Hirtenflöte und bald versammelt sich eine Schaar Sennerinnen; das Jauchzen, Jodeln und Tanzen dauert bis in die Nacht."
F. C. Weidmann schreibt in seinem „Führer nach und um Ischl", Wien 1849: „Was diesem ungeheuren, noch so wenig bekannten Gebirgsstock einen eigenen Reiz verleiht, sind die schönen Alpen, welche sich darauf befinden. Mehrere bilden ganze Dörfer in dieser Steinwüste und gewähren einen eigenen Eindruck. Sie sind reinlich und gut, die schönsten in Steyermark."
Als Ort galanter Bergabenteuer scheint sich die bereits zitierte Wildenseealm zwischen Loser und Woising besonderer Beliebtheit und regen Besuches erfreut zu haben, und dies nicht nur seitens der ärarischen Jäger und Holzknechte. So erzählt der Schriftsteller Julius von der Traun in seinem oberösterreichischen „Skizzenbuch" um 1848 eine recht delikate Geschichte, die er mit zwei „soit disant Paradiesvögeln", unseren heutigen Playboys, anläßlich eines mehrtägigen Besuches bei den damals 22 Hütten der Wildenseealm erlebte. Wen nach näheren Einzelheiten dieser „love story" gelüstet, der lese die ausgezeichnete, überaus inhaltsreiche Arbeit des verdienten oberösterreichischen Heimatforschers und Vizedirektors des Linzer Schloßmuseums, Dr. Franz Lipp, im Jahrbuch 1967 des Österreichischen Alpenvereins unter dem Titel „Volkskundliches aus dem Toten Gebirge"! Er hat nach dieser Lektüre allen Grund zu nostalgischen Träumereien.

Tanz in der Almhütte. Szene aus einem alten Holzschnitt (um 1890).

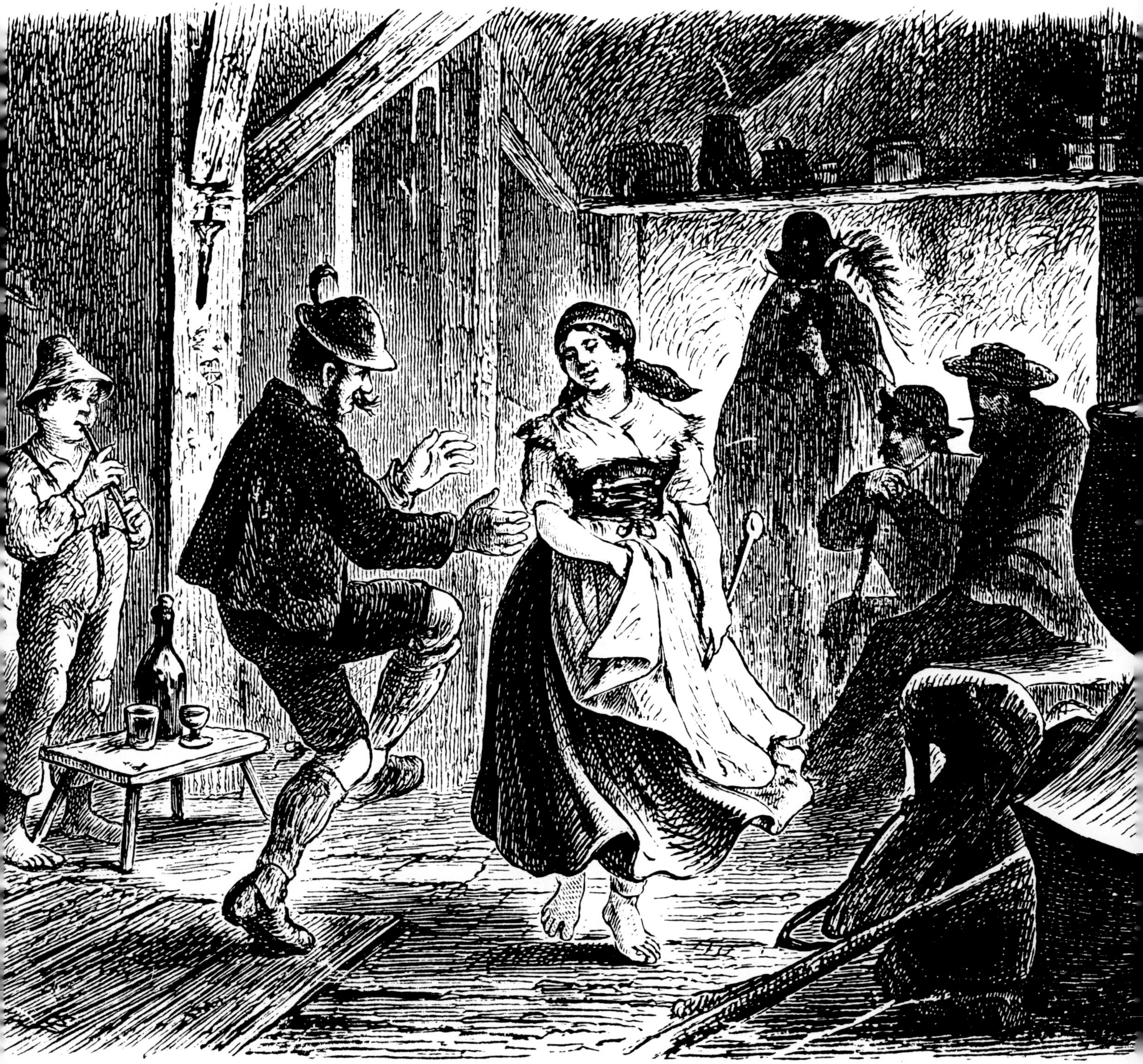

Die Röll – Tal der rollenden Steine

Vom Superparkplatz des Alpengasthofes Seehaus, am Südufer des Almsees prächtig gelegen, führt ein schattiger Waldweg nahezu eben hinein in einen der großartigsten Talschlüsse des Toten Gebirges: die Röll. Nach dreiviertelstündiger Wanderung durch die Au überquert der markierte Pfad erstmals einen der riesigen, bleichen Geröllströme, die ringsum von den Hängen herabziehen. Die Röll ist das „Tal der rollenden Steine", insbesondere im Frühjahr oder nach heftigen Gewittergüssen, wenn das Wasser donnernd über die Steilwände der Seemauern herunterschießt und gewaltige Muren (Steinlawinen) entfesselt.

Nach Prof. Karl Finsterwalder bedeutet „die Röll" in altdeutscher Sprache soviel wie „Geröll auf einer Abdachung", und folgerichtig nannte man den beherrschenden Berg im Talhintergrund, nämlich das Rotgschirr (2270 Meter), ursprünglich „Röllberg". Amphitheatralisch umschließen im Osten Hinterer Schermberg und Seemauern, westwärts die Abstürze der Gipfel der Almtaler Sonnenuhr mit Neuner-, Zehner-, Elfer- und Zwölferkogel den Talkessel, aus dem für den Neuling kein Ausweg über die bis zu 1200 Meter hohen Mauern möglich erscheint. Und doch bieten sich heute zwei tadellos unterhaltene Alpenvereinswege als erregende Durchstiege zur Hochfläche des Toten Gebirges: der historische Weg durch das Grieskar, den bereits Erzherzog Johann im August 1816 anläßlich einer Überschreitung hinüber zum Grundlsee einschlug, sowie der erst im Jahr 1922 von der ÖAV-Sektion Wels ausgebaute, mit 200 Meter Drahtseil und vielen Leitern gebändigte „Sepp-Huber-Steig" zum Röllsattel und weiter zur Pühringerhütte. Der verdiente Erschließer Sepp Huber selbst sagt dazu in einem Aufsatz über das Almtal und die Nordseite des Toten Gebirges (AV-Jahrbuch 1923): „Dieser Zugang kann allen Bergwanderern als ein idealer, nicht schwerer Klettersteig empfohlen werden. Landschaftlich bietet die Röll eine erlesene Szenerie; es werden dort Naturgegensätze wirksam, die wahrlich eine Sehenswürdigkeit des Toten Gebirges genannt werden müssen. Auf der einen Seite die Seemauern mit ihren herrlichen Felsfronten, auf der anderen Seite gegenüber eine gebänderte Wandflucht, die beinahe senkrecht unvermittelt zu den grünen Matten absetzt, wirkt nach diesem fast beklemmenden Felszirkus der Ausblick vom Röllsattel um so überraschender, denn dort öffnet sich dem Auge plötzlich eine unermeßliche Weite, die mit dem Rückblick in die Tiefe unvergeßlichen Eindruck macht. Selbst manch hoher Berg bietet nicht solchen Zauber von Tal und Höhenbildern wie dieser Übergang durch die Röll."

Die Kletterer übersahen jahrzehntelang die landschaftlich großartigen Möglichkeiten von der Röll aus. Bis auf die gewaltige Nordwand des Rotgschirr, von den Welsern Huber und Rösler 1932 erstiegen, gab es keine einzige Route. Erst 1946 folgten die sehr schwere Nordwand des Elfer, weitere zwanzig Jahre später kurz hintereinander verschiedene extreme Führen am Neuner- und Zehnerkogel und als derzeit vielleicht schönster Felsgang der Nordwestpfeiler am Rotgschirr (970 m, IV, 8 bis 10 Stunden Kletterzeit!). Böse Zungen behaupten, daß erst die Wiener Steilwandspezialisten anrücken mußten, um den Einheimischen zu zeigen, wo noch Neuland zu finden wäre. Inzwischen scheint jedoch die Almtaler Sonnenuhr klettertechnisch erneut stehengeblieben zu sein.

Das Herzstück des Toten Gebirges beim Anflug von Nordwest: links unten die Röll, darüber Hetzaukamm, Schermberg, Großer Priel und Spitzmauer, im Hintergrund Höß und Warscheneck, dahinter Gesäuse.

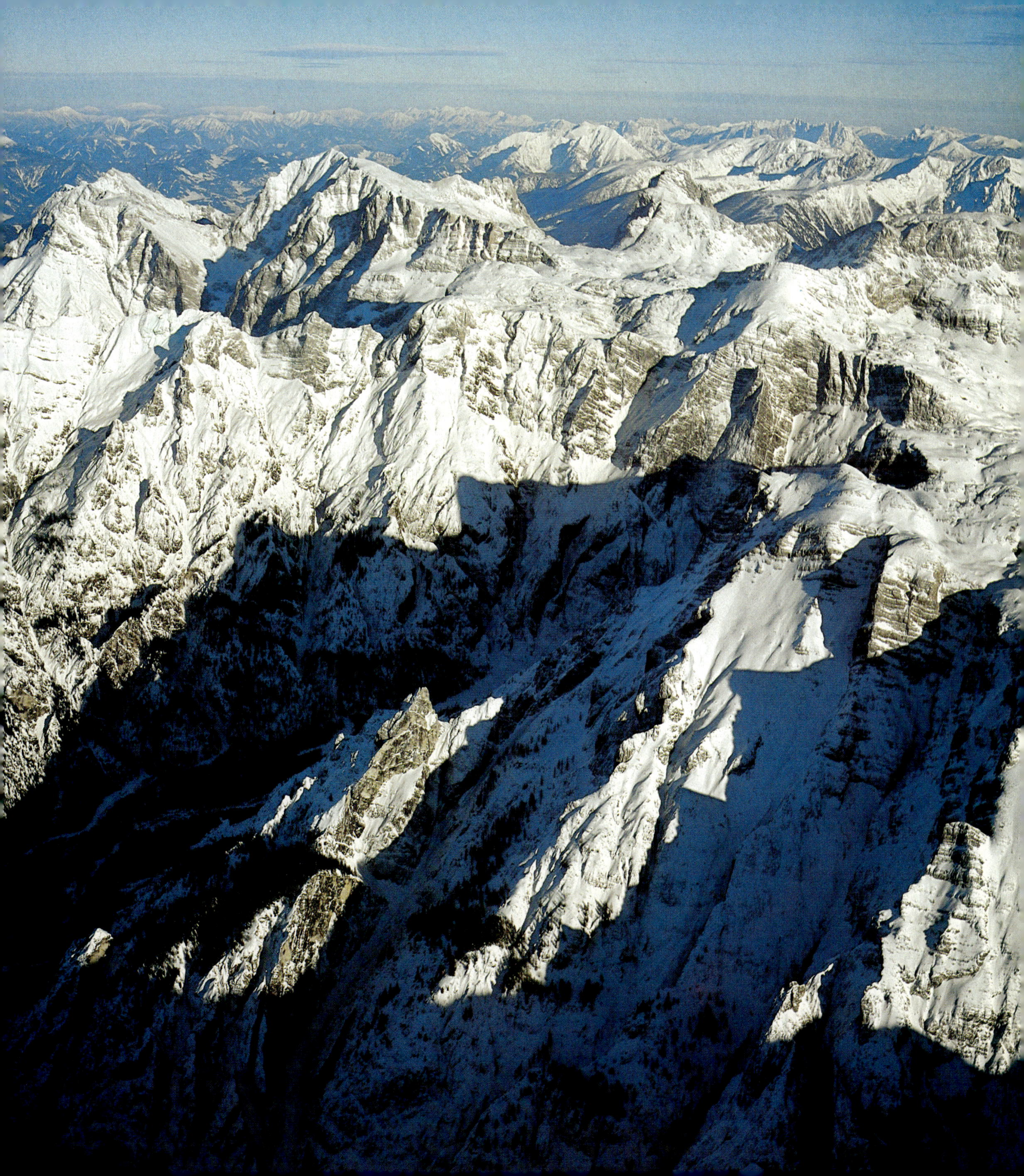

Auf Erzherzog Johanns Spuren

„Von besonderer Bedeutung für die österreichischen Alpen wurde zu Beginn des 19. Jahrhunderts das Auftreten des jugendlichen Erzherzogs Johann von Österreich. In ihm entstand den österreichischen Alpen ein fürstlicher Freund, der von 1800 ab während mehr als fünfzig Jahren nur selten ein Jahr vergehen ließ, in dem er nicht eine Bergreise unternommen hätte." (Wilhelm Lehner in seinem Standardwerk „Die Eroberung der Alpen", 1924.)

Das Tote Gebirge beansprucht unter den vielen von Erzherzog Johann (1782–1859) besuchten Berggruppen in doppelter Hinsicht einen Ehrenplatz: einmal als Heimat seiner späteren Gemahlin Anna Plochl, der Postmeisterstochter von Aussee, zum andern dank des glücklichen Umstands, daß der Erzherzog selbst über seine mehrtägige Alpenreise durch das westliche Tote Gebirge im Sommer 1810 eine gründliche Ausarbeitung seiner Tagebuchnotizen vornahm („Aus Erzherzog Johanns Tagebuch. Eine Reise in Obersteiermark im Jahre 1810", im Auftrage Seiner Exc. des Herrn Franz Grafen von Meran herausgegeben von Franz Ilwof, Graz 1882).

Nach früheren Feststellungen von Franz Ilwof aus den Originaltagebüchern des Erzherzogs, die leider zum Großteil bei Kriegsende 1945 verbrannten, unternahm der „steirische Prinz" anläßlich seiner häufigen Besuche im Ausseer Land folgende größere Bergfahrten (vgl. Zeitschrift des D. u. Ö. A. V. 1882):

19.–24. August 1810: Aussee – Lahngangsee – Elmgrube – Salzofen – Rabenstein – Wildenseealm – Augstwiese – Altaussee.

August 1814: Altaussee – Loser – Wildenseealm – Woising – Grundlsee – Aussee.

August 1816: Überschreitung des Toten Gebirges von Nord nach Süd, nämlich Almsee – Grieskarscharte – Toplitzsee – Grundlsee – Aussee.

August 1827: Von Aussee auf den Großen Priel (17. August).

Sommer 1852: Mit Sohn Franz, dem späteren Grafen von Meran, auf den Loser.

Eine kleine Anthologie aus den im Toten Gebirge entstandenen Tagebuchaufzeichnungen mögen die Bergbegeisterung, aber auch die klare Beobachtungsgabe und das vielseitige Interesse des Erzherzogs zeigen:

„Ich hatte Gelegenheit, mehrmalen auf Alpenspitzen zu sein, und ich gestehe es, stets ungern trennte ich mich von ihnen. Jeder Gedanke an die große Welt, jeder Kummer schwindet hier. Frei ist der Athem und man denkt sich auch frei, da man so hoch über die übrigen erhoben ist. Natürlich, dass der Alpenhirt und Jäger sich glücklich fühlen. Nichts vergällt einem da das Leben. Seinem Schöpfer näher erfüllt uns die Anschauung der Natur im Grossen mit himmlischer Empfindung, Müdigkeit sogar vergisst man bei diesem erhabenen Anblick."

„In Aussee nennt man jenes Gebirge, welches das Kammergut vom Lande ob der Enns trennt, das todte Gebirge, und mit Recht. Es theilt sich in das Lobern-Gebirge gegen den Stoder, in die Grundlseer Gebirge, als die höchsten gegen Stoder und Almsee, in die Alt-Ausseer Gebirge gegen den Offensee und gegen Ischl."

„Überall sind diese Gebirge für den geübten Bergsteiger gangbar. Auf den Schichten selbst lässt sich am besten gehen; auf ihrer Fläche, hier Bretter genannt, gleichfalls, da sie doch wellenförmig sind und der Fuss fest hält; Eisen halten hier nicht. Barfuss oder mit Filz- und Strickschuhen muss man gehen."

„Hinter dem Lauskarl liegt eine Schlucht, in der Röll genannt, in welche das Gebirg senkrecht zum Almsee abfällt; sie hat ihren Namen daher, weil beständig sich Steine ablösen und herabstürzen, unten liegt viel Schutt."

„Überall auf den Alpen fahren Mädchen auf. Es gibt oben junge und alte Mädchen; in der Gegend von Aussee fand ich, dass sie am besten singen, drei bis vier Stimmen zusammen; es ist sehr angenehm zu hören. Ebenso merkwürdig ist das Zurufen von einer Alpe zur andern, und das Antworten in gedehnter, trauriger Melodie, dann das Juchzen."

Auf stillen Jagd- und Wanderwegen in den Urwäldern der Mittellagen findet man neben Bergfichten und Tannen vor allem Lärchen, aber auch Zirben und sogar Eiben.

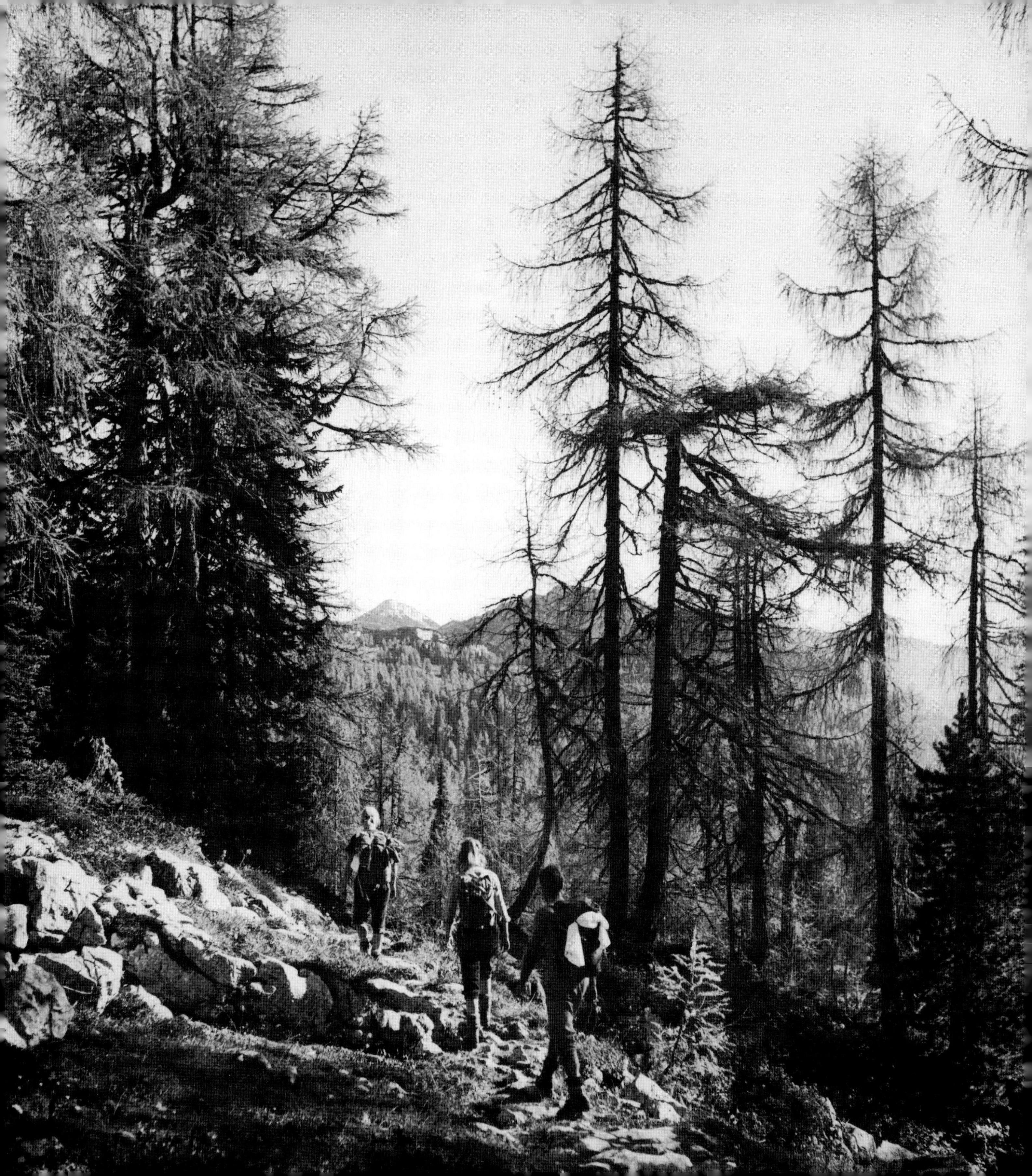

Die Pühringerhütte ist die gemütlichste Hütte der Ostalpen

Superlative stoßen bei zünftigen Bergsteigern gewöhnlich auf Skepsis, und auch Hüttenwirte glauben nicht gleich alles, was man ihnen so berichtet. ,,Geh, ihr erzählts ma an Schmäh!" meinte auch Sepp Huber, der Pächter der Pühringerhütte am Elmsee, als wir ihm das bei einer mehrmonatigen Leserumfrage der größten deutschsprachigen Bergsteigerzeitschrift gewonnene Endergebnis überbrachten. Nach zwanzigjähriger Tätigkeit in Australien hatte ihn das Heimweh nach Österreich zurückgetrieben, und in der Pühringerhütte erfüllte sich für den 55jährigen Werkzeugmacher ein lebenslanger Traum. Dabei trägt er wie in alten Zeiten alles selbst von Gößl aus auf dem Rücken herauf, nur Konserven und Getränke kommen per Hubschrauber. Seit er nun schwarz auf weiß nachlesen kann, daß seine Hütte zur gemütlichsten der ganzen Ostalpen erkoren wurde, ist er besonders glücklich und beflissen.

Den Grundstein zu dem in den Jahren 1924 bis 1927 von der ÖAV-Sektion Wels erbauten Haus hatte der kinderlose Apotheker Franz Pühringer gelegt, als er der Sektion testamentarisch einen bedeutenden Teil seines Vermögens überschrieb und sich damit ein bleibendes Andenken erwarb.

Die hauptsächlich auf Sommerbewirtschaftung ausgerichtete Bergsteigerunterkunft liegt mitten im Herzen des Toten Gebirges und bildet den zentralen Wanderstützpunkt für die großen Ost-West- und Nord-Süd-Durchquerungen. Hier schneiden sich die AV Wege Nr. 201, der von Spital am Pyhrn aus über das Warscheneck, Priel, Loser und Hütteneckalm nach Bad Goisern führt, und der Weg Nr. 214 vom Almsee über den Sepp-Huber-Steig quer durch das Tote Gebirge nach Gößl am Grundlsee. 3½ Gehstunden von Gößl bzw. 4 Stunden vom Almsee aus bewirken eine entsprechende Auslese des Hüttenpublikums, unter das sich kaum Leute mischen, die Bergsteigerhütten gern zu Stätten sehr irdischer Exzesse umfunktionieren möchten.

Der Hausberg der Pühringerhütte ist der Elm (2129 m), der in anderthalb Stunden auf einem steindaubenmarkierten Weg unschwierig erreichbar ist und zu den schönsten Aussichtsbergen des Toten Gebirges mit freiem Blick nach allen Seiten gehört. Im Norden locken die Gipfel der Almtaler Sonnenuhr mit Neuner- (1900 m), Zehner- (1920 m), Elfer- (2040 m), Zwölfer- (2102 m) und Einserkogel (1945 m), während im Osten der Rotgschirr (2270 m) zu einer Überschreitung seines prächtigen Südgrates einlädt. Die schroffen Ostwände des Salzofens, die über dem Elmsee zum Hüttenfenster hereinschauen, beweisen wieder einmal mehr die These von der Ursprünglichkeit des Toten Gebirges: erst 1970 pflückten Altmeister Adolf Bischofberger aus Ottensheim und der junge Bergführer Robert Kittl aus Linz eine ganze Reihe herrlicher Erstbegehungen wie überreife Früchte vom riesigen Baum möglicher Neutouren. Interessenten finden informative Anstiegsfotos mit Beschreibungen an den zirbenholzgetäfelten Wänden der Gaststube.

Elmsee mit Pühringerhütte, im Hintergrund Rotgschirr oder Röllberg, 2270 m, mit seinem prächtigen Südgrat.

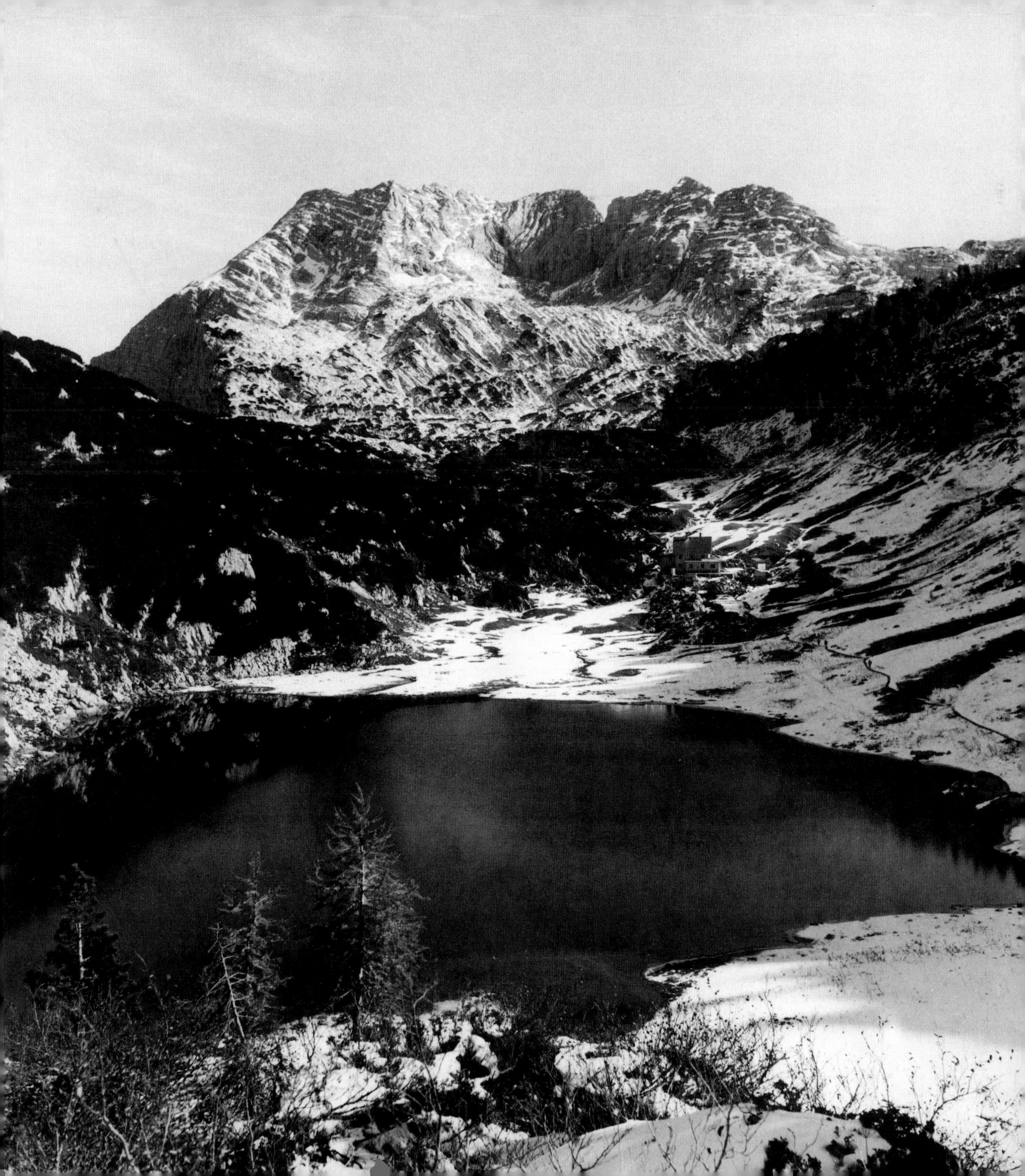

In der Mittn da See schaut so grean und klar aus

"Papi, da sieht man ja überall bis auf den Grund!" riefen meine Kinder erstaunt und beinahe ungläubig beim ersten Familienausflug zum Almsee, als wir an dessen Ostufer entlangwanderten. Daß in freier Natur so viel Wasser so klar sein kann, war für die Kinder vollkommen neu. Da konnten die großen, berühmten Seen des Salzkammergutes absolut nicht mehr mithalten, und die Gestade der nördlichen Adria erst recht nicht.

Der Almsee, eingebettet in eine idyllische Waldlandschaft vor der heroischen Kulisse des Toten Gebirges, wirkt wie ein unversehrtes Juwel aus der Zeit der Romantik. Da ist nichts erschlossen, verhüttelt, eingezäunt, von unermüdlichen Managern geschickt vermarktet. In selbstverständlicher Harmonie fügt sich das Seehaus, Meierhof, Forstzentrum und gastliche Herberge zugleich, auf dem Schwemmkegel des Südufers in die Landschaft ein, vom Kremsmünsterer Abt Placidus 1652 gegründet und von Abt Berthold 1767 in seiner jetzigen Gestalt erbaut. Die Jagdinteressen des Herzogs von Cumberland, vormals als touristenfeindlich gebrandmarkt, müssen heute als hütend und bewahrend gewürdigt werden. In solcher Landschaft kann Nobelpreisträger Konrad Lorenz Zwiesprache mit seinen Graugänsen halten (demnächst auch mit Bibern und Wildschweinen), hier vermochte aber auch ein Maler und Dichter wie Adalbert Stifter als 31jähriger seine innere Zerrissenheit zwischen Fanny Greipl und Amalie Mohaupt in der Stille der Natur zu besänftigen.

Die wohl am stärksten zu Herzen gehenden Worte über den Almsee fand der begnadete oberösterreichische Heimatdichter Anton Schosser (1801–1849) in seinem Gedicht vom siebenfachen Almsee-Echo:

's Almsee-Echo

So rein is mein Bluat, wia 's Wassar in See,
Und so frisch is mein Muat, wia dö Luft in da Heh.
Drum fahr i in Almsee, dort han i mein Freud,
Da tuat ma nix weh und dort druckt mi koan Leid.

Bein Kolmkarabah singt da Wassavogl
Und d' Sunn, dö steht haoh oban Zwölfakogl.
Da drinnat in Röll tuat da Gucka schen schrein
Und i sag's auf da Stöll, kann nix Schenas nöt sein.

Kann nix Schenas nöt göbn als das Almseertal,
Nur dort gfreut mi 's Löbn und i sag's allemal.
Dö haohmächtign Kogeln dort obn auf da Heh,
Ringsum schene Auan und mittn da See.

In da Mittn da See schaut so grean und klar aus
Und dort obn auf da Heh is an Echo gar z' Haus.
I her di so gern, mein liabs Echo, glaub's gwiß,
Du machst nix dazua, wia's bein Leutn sunst is.

Almsee mit Seehaus und der Röll, umrahmt von den Bergen der Almtaler Sonnenuhr.

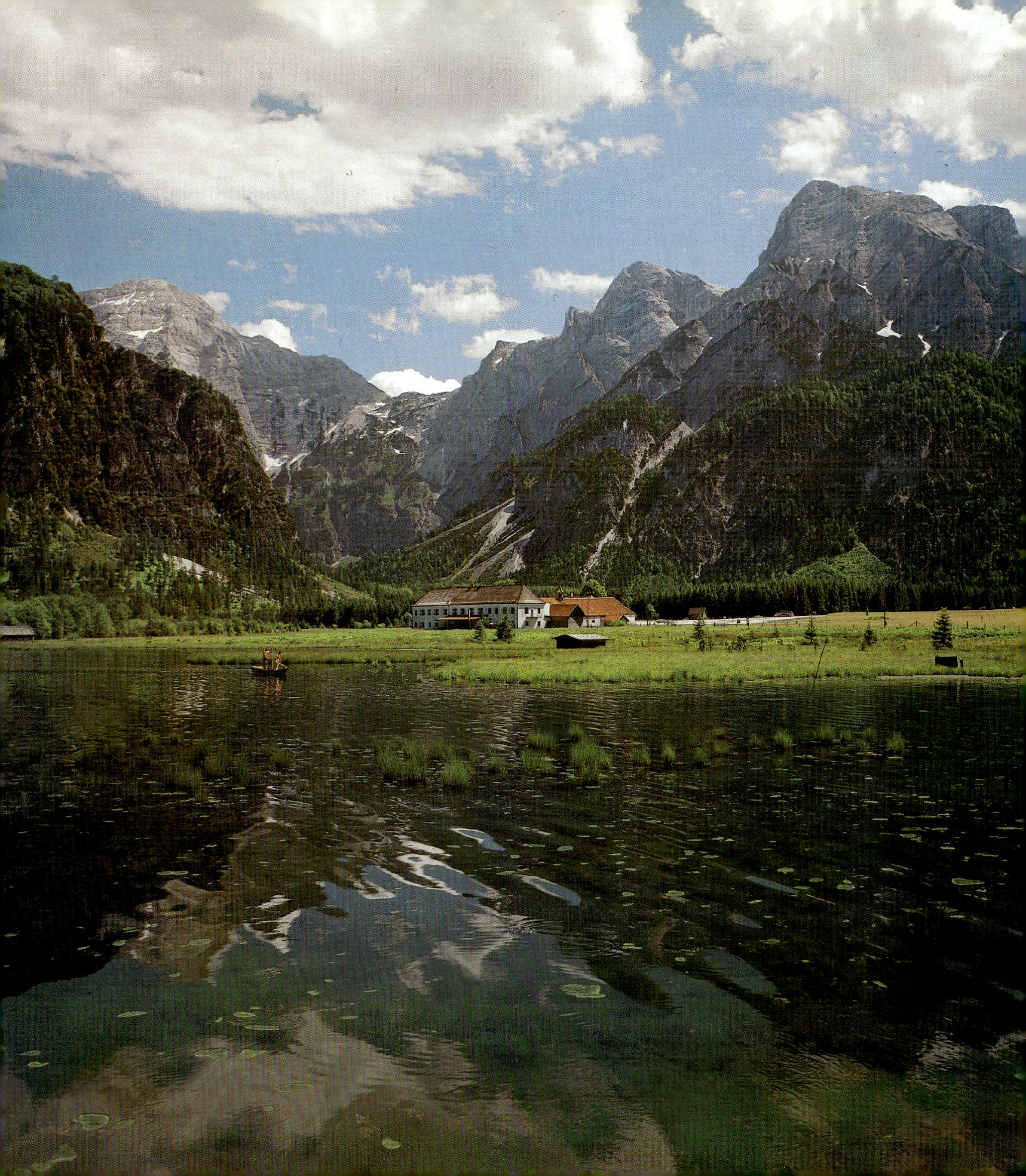

... und Wasser standen über den Bergen
104. Psalm, Vers 6

Das Tote Gebirge wurde wie alle Gruppen der Nördlichen Kalkalpen im sogenannten mesozoischen Meer geboren, das sich im erdgeschichtlichen Mittelalter vor rund 150 Millionen Jahren einige hundert Kilometer weiter südlich der heutigen Nordalpen erstreckte. In unendlich langen Zeiträumen (Trias, Jura, Kreide) lagerten sich in diesem Meer mit unterschiedlichen Tiefenverhältnissen und relativ hohen Wassertemperaturen vielerlei Stoffe (Sedimente) ab, die sich Schicht auf Schicht zu kolossaler Mächtigkeit türmten.

Die Kalke des Toten Gebirges sind vorwiegend biogenen Ursprungs, d. h. sie stammen aus den Schalen unzähliger kleiner und kleinster Lebewesen, die wir stellenweise noch als Fossilien erhalten finden. So kann man sehr häufig im angewitterten Gestein die bis zu kindskopfgroßen, herzförmigen Schalen der Dachsteinmuschel aus der Familie der Megalodonten, ferner schneckenförmige Ammoniten oder die kleinen hellen Ringe der Seelilienstiele erkennen. Der Feuerkogel bei Kainisch gilt als eine der reichsten Fossilien-Fundstätten Mitteleuropas!

Die Geologen unterscheiden die hauptsächlich in der Trias entstandenen Gesteine des Toten Gebirges in Werfener Schichten, das salzhaltige Haselgebirge, den bröckeligen Ramsau- und Hauptdolomit und schließlich den Dachsteinkalk, der sowohl in Bänken bis zu zehn Metern Stärke wie auch als völlig ungegliederter Riffkalk auftritt. Der weiß bis hellgrau schimmernde, gebankte Dachsteinkalk bildet die schönsten Kletterberge, aber auch die weiten Karrenfelder der riesigen Plateauflächen, und muß als die dominierende Gesteinsart des Toten Gebirges angesprochen werden. Lagen alle diese mesozoischen Sedimentgesteine ursprünglich waagrecht abgelagert auf dem Meeresboden, so wurden sie – zumindest nach dem derzeitigen Stand der Forschung – im anschließenden Erdzeitalter des Tertiär in riesigen Schollen über die heutigen Zentralalpen hinweg nach Norden verschoben und dabei aufgefaltet, gebrochen, zerrissen und übereinandergetürmt (Deckentheorie). Diese Geburtswehen, von den Fachleuten „Orogenese" genannt, dauerten wiederum viele Millionen Jahre, bis endlich die Grundzüge des jetzigen Gebirgsbaues festlagen.

Auf dem nebenstehenden Bild erkennt man recht gut die ausgeprägte Schichtung des Dachsteinkalkes, der hier in herrlichen Platten mit etwa 45 Grad Neigung vom Gipfel des Rotgschirr (2270 m) nach Osten hin einfällt. Neben den durch die Verwerfung entstandenen Schichtfugen kann man auch deutlich die auf der Erosionswirkung des Oberflächenwassers beruhende Kannelierung des Gesteins beobachten, von der im übrigen die Kletterer besonders schwärmen.

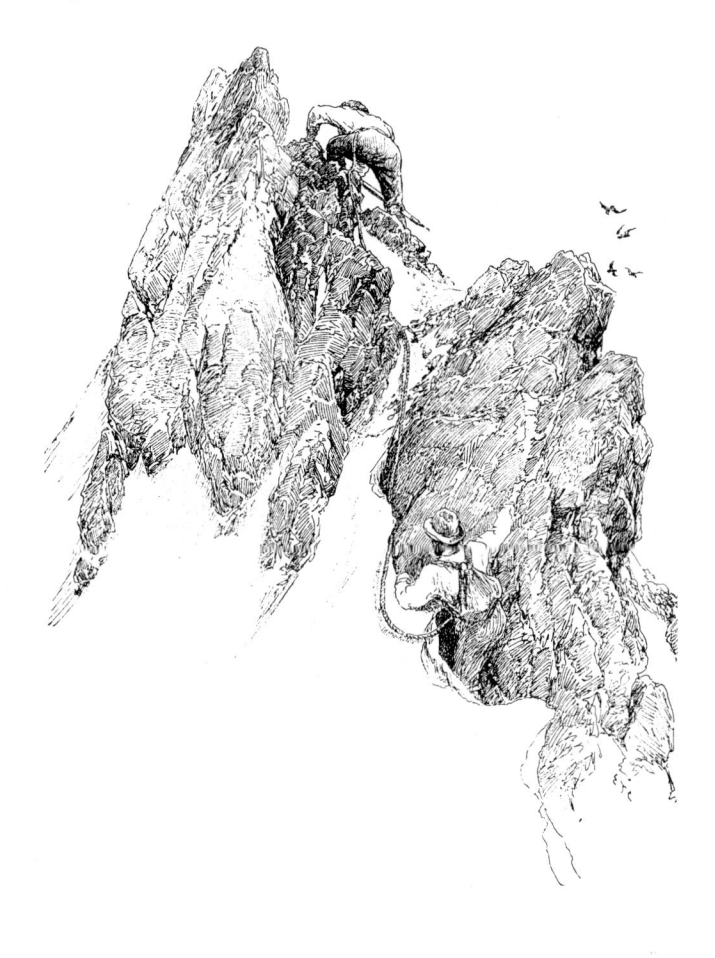

Riesige Plattenlagen fallen vom Gipfel des Rotgschirr nach Osten ein. Zum Größenvergleich diene der Bergsteiger links oben!

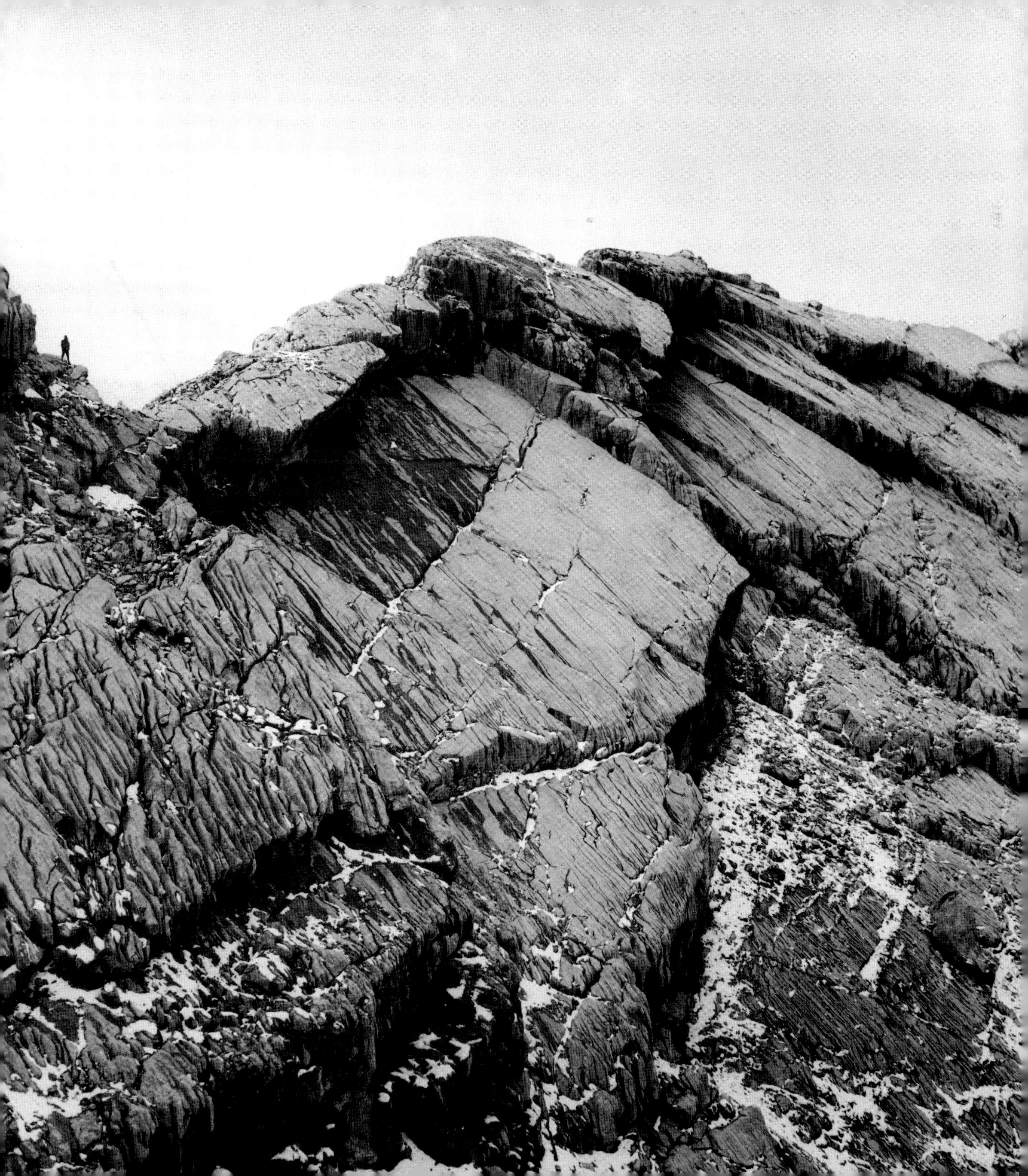

Phänomen Karst

Die meisten Mitteleuropäer denken bei dem Begriff „Karst" wohl zunächst an die baumlosen Kalkhochflächen im Nordwesten Jugoslawiens, mit denen sie seinerzeit im Geographie-Unterricht oder später durch eigene Anschauung anläßlich von Urlaubsreisen Bekanntschaft machten. Den Bergsteigern fallen darüber hinaus Touren etwa im Steinernen Meer, im Tennengebirge, im östlichen Dachsteinmassiv und insbesondere im Toten Gebirge ein, für dessen Oberflächengestaltung das Karstphänomen kilometerweit geradezu zum Charakteristikum wurde: vegetationslose Kalkwüsten, wundersam zerschrunden und zerfressen, mit messerscharfen Schneiden, parallelen Rinnen, mit Dolinen und Poljen, darunter geheimnisvollen Höhlenlabyrinthen und aus der Tiefe gurgelnden, unsichtbaren Abflüssen.

Die Geologen führen alle diese Erscheinungsformen des Karsts in erster Linie auf die Erosionswirkung des Niederschlagswassers zurück, das als Regen oder Schnee aus der Luft Kohlensäure aufnimmt und in reinem Kalk einen entsprechenden Auflösungsprozeß verursacht. Das Karstphänomen beruht also primär auf einem chemischen Vorgang, die mechanische Wirkung des abfließenden Oberflächenwassers spielt eine weitgehend untergeordnete Rolle. Freilich haben auch die eiszeitlichen Vergletscherungen, ihre Vorstöße und Rückgänge, in der Karstlandschaft südwestlich des Priel- und Stoderkammes wie zwischen Hochmölbing und Warscheneck Schleifspuren zurückgelassen, die ein geübtes Auge deutlich als Rundhöcker im Gelände erkennt.

Der besonders verkarstungsfreudige Dachsteinkalk des Toten Gebirges schafft für den Bergsteiger bei sommerlichen Überschreitungen durchaus Probleme. Trinkwasser ist kaum zu finden, und falls wirklich irgendwo ein von tauendem Altschnee gespeistes Rinnsal zwischen den Karren gluckert, erleidet man Tantalusqualen, da das köstliche Naß unerreichbar bleibt. Bereits das harmlose Wandern wie das Überspringen der zahllosen Klüfte verlangen einen geübten Fuß und ein sicheres Auge. Ebenso ist die Orientierung abseits der markierten Wege durch die Unübersichtlichkeit des Geländes sehr erschwert, bei plötzlich einfallendem Nebel wird sie zum Spiel mit dem Zufall. Dabei helfen auch die an sich ausgezeichneten Alpenvereinskarten im Maßstab 1:25.000 nur sehr bedingt. Schon Vater Hauenschild verglich einen Gang von der Wetterlucken ums Warscheneck hinunter zum Brunnsteiner See mit dem Weg durch Dantes Hölle, und weiterhin meinte er: „Es spottet jeder Beschreibung, welches Chaos von Steingletschern mit klaffenden Schründen und weiten Spalten, welche schauerlichen Grüfte und welch' unbeschreibliche, fantastische Erosionsformen wir da zu durchwandern, zu vermeiden und zu bewundern hatten."

Bei diesem Urteil sollte man allerdings berücksichtigen, daß unsere bergsteigenden Groß- und Urgroßväter mit ihren Nagelschuhen niemals das herrliche Gefühl auskosten durften, wie es uns die heutigen Gummiprofilsohlen beim Begehen von Karrenfeldern in bezug auf Reibung und damit Trittsicherheit schenken. Freilich machte die damalige Not auch erfinderisch, und mit Erstaunen liest man, was Georg Geyer in seiner großen Monographie des Toten Gebirges diesbezüglich verrät: „Um weiterkommen zu können, entledigte ich mich meiner Bergschuhe und zog Socken aus Loden an, die ich auf meinen Touren im Toten Gebirge stets bei mir führe und die mir an glatten, abschüssigen Stellen die besten Dienste leisten." Geyers „Lodensocken", Modell 1876, dürften somit die ersten Spezial-Kletterschuhe im „Toten" gewesen sein!

Verkarsteter Dachsteinkalk in Großaufnahme (Umgebung der Pühringerhütte). Die Klüfte sind hier etwa 30 cm breit.

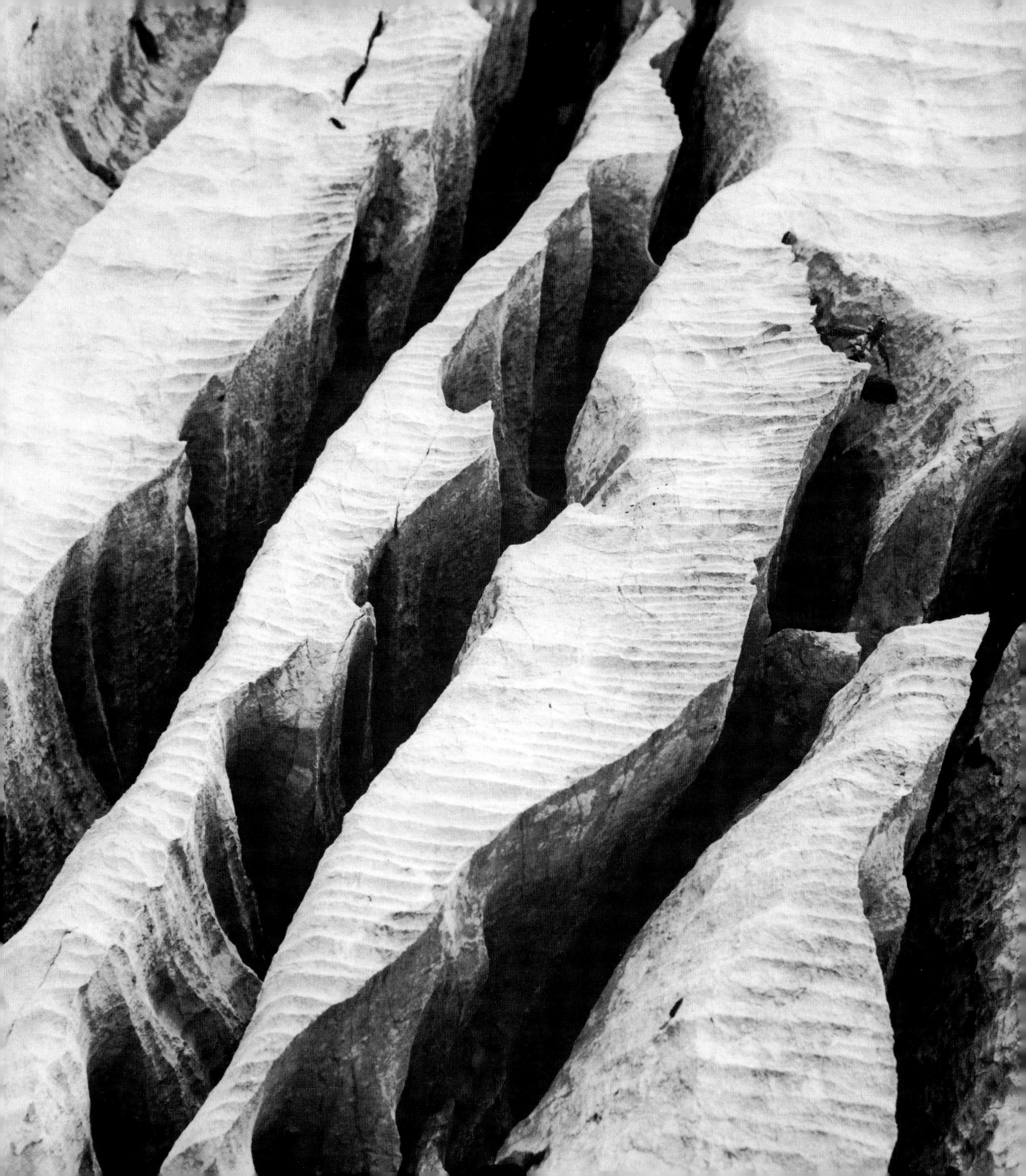

Karsttische – Relikte der Eiszeit

Das Tote Gebirge war während der Eiszeit, die in den Alpen bekanntlich in vier Epochen mit drei dazwischenliegenden Warmzeiten vor sich ging und erst vor etwa 10.000 Jahren endete, ebenso wie das gesamte Alpenvorland bis zur Donau hin unter Gletschereis begraben, aus dem nur die Gipfel der höchsten Berge hervorragten. Die zahlreichen Seen ringsum zu Füßen des Gebirgsstockes verdanken ihre Entstehung dieser eiszeitlichen Vergletscherung.

Entsprechend den von den abfließenden Eismassen ausgehobelten Trogtälern könnte man von einem ehemaligen Offensee- und Almseegletscher, einem Steyrgletscher, einem Traun- und Ennsgletscher sprechen. Besonders schön läßt sich die glaziale Talformung in der Röll, der Hetzau, der Polsterlucke, der Dietlhölle oder im stufenförmigen Trogzirkus von Kammer-, Toplitz- und Grundlsee erkennen.

Als eines der interessantesten Überbleibsel aus der eiszeitlichen Vergletscherung des Toten Gebirges entdeckte erst vor wenigen Jahren Prof. Dr. Roman Moser, Wels, im Gebiet der Pühringerhütte und beim Fleischbanksattel etliche Moränenblöcke, die sich gletschertischartig von der Kalkunterlage abheben (siehe Bild). Die seit dem Abschmelzen des Eises auf dem Karrenboden ruhenden Blöcke schützten diesen vor der natürlichen Abtragung (Denudation) und ließen den Untergrund sockelartig über die umgebenden Dachsteinkalkflächen hinauswachsen. Moser konnte aus den vorgefundenen Sockelhöhen zwischen 10 und 15 Zentimetern und einem unterstellten Ende der Daunvergletscherung vor 10.000 Jahren einen Maßstab für die Höhe des natürlichen Bodenabtrags auf Karsthochflächen errechnen, den er mit 1 Meter für einen Zeitraum von rund 100.000 Jahren angibt. Danach wird also der Große Priel mit derzeit 2515 Metern Höhe in zirka 200 Millionen Jahren den umgebenden Talböden „gleichgemacht" sein! Arme Epigonen!

Aufstieg und Abfahren.

Einer der merkwürdigen „Karsttische" in der Umgebung der Pühringerhütte. Der Block einschließlich des Sockels ist etwa 1 Meter hoch.

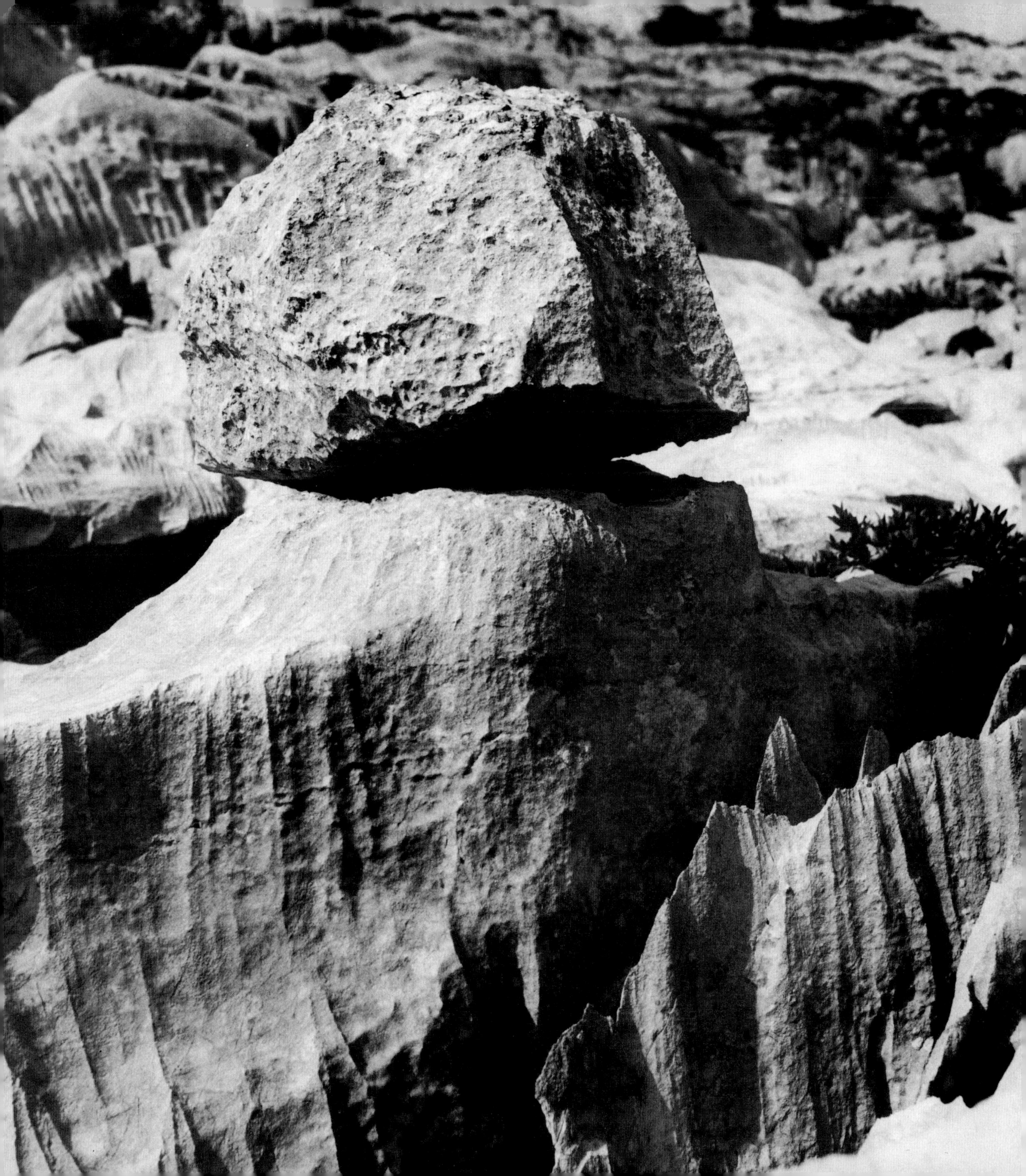

Die Nordwand des Schermbergs

„Ich bin kein Phantast, seufze nicht vor jedem Wasserfall und komme nicht vor jeder Felswand oder jedem Schneefeld in Aufregung, aber hier wirkt die Natur übergewaltig. Ich habe viel gesehen in den Bergen, weiß aber wenig Bilder, die diesem Anblick ebenbürtig wären. Hier schlägt mein Bergsteigerherz stets höher."
Dieses Bergsteigerherz gehörte dem unvergeßlichen Sepp Huber, Wels, und so wie er werden immer wieder Bergsteiger fühlen, wenn sie vom Almtal in die Hetzau kommen und über den weißen Schotterfeldern des meist unterirdisch abfließenden Straneggbaches die gewaltige Nordwand des Schermbergs erblicken. 2000 Meter breit und 1400 Meter hoch, darf sie als „Wand der Wände" im Toten Gebirge gelten und in einem Atemzug mit so berühmten Schwestern wie Watzmann-Ostwand, Hochstadel- oder Triglav-Nordwand genannt werden. Ob man sie von der neuen Kasberg-Höhenstraße, vom einsamen Edlerkogel oder vom Herrentisch über den Smaragdaugen der beiden Ödseen aus bewundert, die Schermberg-Nordwand grüßt und lockt.
Zwar stieg Georg Geyer schon 1879 vom Schneetal aus über die südlichen Karrenfelder unschwierig zum Gipfel, die Nordseite jedoch mußte unverhältnismäßig, ja unverständlich lange auf ihre Erschließung warten. Erst nach dem 1. Weltkrieg, im Jahr 1919, wurde der von der Baron Herringschen Forstverwaltung auferlegte Bann durch die Welser Dr. Hromatka und Moser gebrochen. Ein Jahr später fielen dann dafür gleich zwei großartige Durchstiege: der Linzer Weg (IV–) des ewig jungen Robert Damberger und der Welser Weg (II) durch Altmeister Sepp Huber, der immerhin schon im fünfzigsten Lebensjahr stand. Hatten damit zwei Bergsteigerzentren in Oberösterreich „ihren" Durchstieg, so durfte das dritte, Steyr, nicht fehlen: 1931 gelang dem Steyrer Sepp Eitzenberger mit Hubert Reschitzecker nach vielfachen Versuchen und einem ungewollt dramatischen Wettlauf gegen drei Welser „Schermbergler" der bis dahin schwierigste Anstieg, der Reichensteinerweg (V–), in dessen Namen zugleich die glorreiche Wiener Gesäuse-Schule anklingt. Schließlich gibt es seit 1965 auch einen Grünauer Weg durch die Nordwand des Almtalerköpfls (2105 m), der die Lokalhistorie würdig abrundet. Auf das Almtalerköpfl, der Nordostschulter des Schermbergs, hatten im übrigen die Welser Zechmann, Huber und Traidl schon 1930 eine herrliche Führe (IV+) gefunden.
Über Schönheit läßt sich auch bei Kletterwegen streiten, doch dürfte wohl Damberger mit dem Linzer Weg der größte Wurf am Schermberg gelungen sein. Die Länge des Durchstiegs, seine klassische Linienführung und die beachtlichen Schwierigkeiten im letzten Wanddrittel, wo viele Kletterer schon etwas müde sind, sprechen für sich. Die neuerdings in den Ausstiegsseillängen angebrachten roten Farbtupfer dagegen sind weniger klassisch und könnten von „Strenggläubigen" beinahe als Sakrileg aufgefaßt werden. Wahrscheinlich würden ein oder zwei zementierte Standhaken mehr zur Sicherheit beitragen, ohne dem sportlichen Moment zu schaden.

Der Große Ödsee mit den gewaltigen Nordwänden des Großen Priel (links) und des Schermbergs (rechts). In der Mulde dazwischen liegt die Welser Hütte.

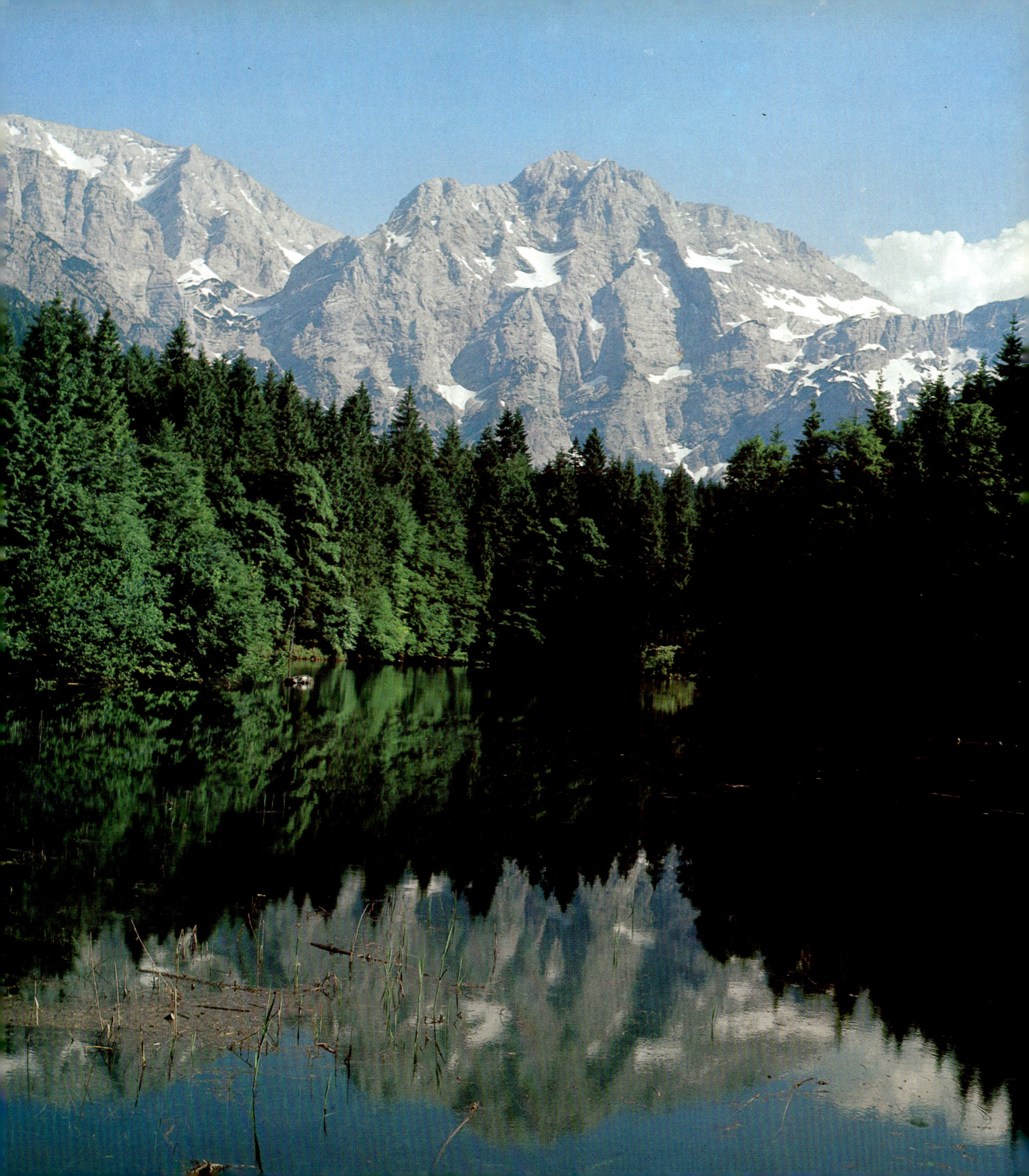

Die alpine Gilde „D' Schermbergler" in Wels

In mitgliederstarken Sektionen und Ortsgruppen alpiner Vereine gab und gibt es immer wieder Tendenzen zum Zusammenschluß besonders aktiver Bergsteiger, die damit ihre bei gemeinsamen schweren und schwersten Touren gewachsene, lebenslange Kameradschaft auch nach außen hin dokumentieren wollen. Der Alpenverein trug derartigen Bestrebungen mit der Schaffung spezieller Hochtouristengruppen (HG) innerhalb der Sektionen Rechnung und wirkte so einer unangebrachten Zersplitterung entgegen.

Auch in Oberösterreich fanden sich von der Jahrhundertwende ab bergbegeisterte Männer in sogenannten „Gilden" zusammen, so etwa in der Gilde „Grober Kletterschuh", in der „Gmundener Bergsteigergilde" und als bekanntester in der alpinen Gilde „D' Schermbergler" in Wels, die im Jahre 1930 aus dem Freundeskreis der „Gigritschpatschner" hervorging und seit 1951 als Hochtouristengruppe der ÖAV-Sektion Wels immer wieder von sich reden macht. Der Autor meint, daß eine so verschworene, lebendige Gemeinschaft, die in Bälde auf ein halbes Jahrhundert ihres Bestehens zurückblicken darf, in einem Buch vom Toten Gebirge und seinen Menschen nicht fehlen sollte. Folgen wir also dem Bericht des Gründungsmitglieds Franz Oberrauch in der Festschrift zum 40jährigen Bestehen der Schermbergler (Wels 1970), in der erzählt wird, „wie es kam":

Die gewaltige Nordwand des Schermbergs galt seit ihrer vergleichsweise sehr späten Bezwingung im Jahre 1919 (Hromatka, Moser) bzw. 1920 (Damberger, Huber) als begehrtestes Ziel der Welser Bergsteigerjugend. Ein schwerer Unfall im Jahre 1924 (Bauer, Zoidl) legte einen geheimnisvollen Schleier über die Wand, und man trainierte eisern an den Paulikaminen am Traunstein sowie im Klettergarten der Kaltenbachwildnis überm Traunsee, um diesen Schleier wohlvorbereitet zu lüften. 1929 endlich glückten einer neuen Generation, vertreten durch Max Zechmann, Hermann Traidl und Leo Huber, Wiederholungen der Welser und kurz darauf der bedeutend schwierigeren Linzer Route (IV–). Der Bann war gebrochen, man wagte sich wieder in die Wand. Die Bezwingung des Linzer Weges als Seilerster wurde zur Aufnahmebedingung in den anfangs noch recht exklusiven Kreis der Schermbergler.

Ein in Wels im Jahr 1932 gehaltener Lichtbildvortrag über die Erstbegehung der Matterhorn-Nordwand durch die Münchener Franz und Toni Schmid entfachte vollends die Begeisterung für das extreme Bergsteigen, die Schermbergler erhielten Zulauf und konnten sich mitten in der Weltwirtschaftskrise ein eigenes Heim auf der Polsteralm errichten. 1934 startete man erstmals zum Schermberglauf, dem heute noch zur Austragung gelangenden, letzten hochalpinen Skirennen in den Ostalpen.

Nach der Zäsur des 2. Weltkrieges bewährten sich die Schermbergler auf vielen extremen Führen der Alpen, 1957 anläßlich der Kordilleren-Kundfahrt des ÖAV auch als Ersteisteiger schwieriger Sechstausender in Südamerika, zu denen sich 1963 und 1976 schöne Erfolge im Hindukusch gesellten. Die Daheimgebliebenen treffen sich zum alljährlichen „Gebrenzel", einer vor Jahren im Wilden Kaiser vom berühmten Münchener AAVM (Akademischer Alpenverein München) übernommenen Tradition zu Gemeinschaftsfahrten in die schönsten Klettergebiete der Alpen.

Die Bergheimat der Schermbergler war und blieb aber das Tote Gebirge, wo sie seit 1960 in der Hetzau im Almtal ihr „Schermberglerheim" besitzen, um von hier aus immer wieder die großen und bis heute wunderbar einsam gebliebenen Nordwände zu begehen. Zahlreiche Neutouren an Schermberg, Almtalerköpfl, Hohes Kreuz, Zwillinge, Temelberg, Rotgschirr und Zwölferkogel geben davon Kunde.

Kletterer im oberen Teil der Schermberg-Nordwand, Linzer Weg. Im Hintergrund der Hetzaukamm.

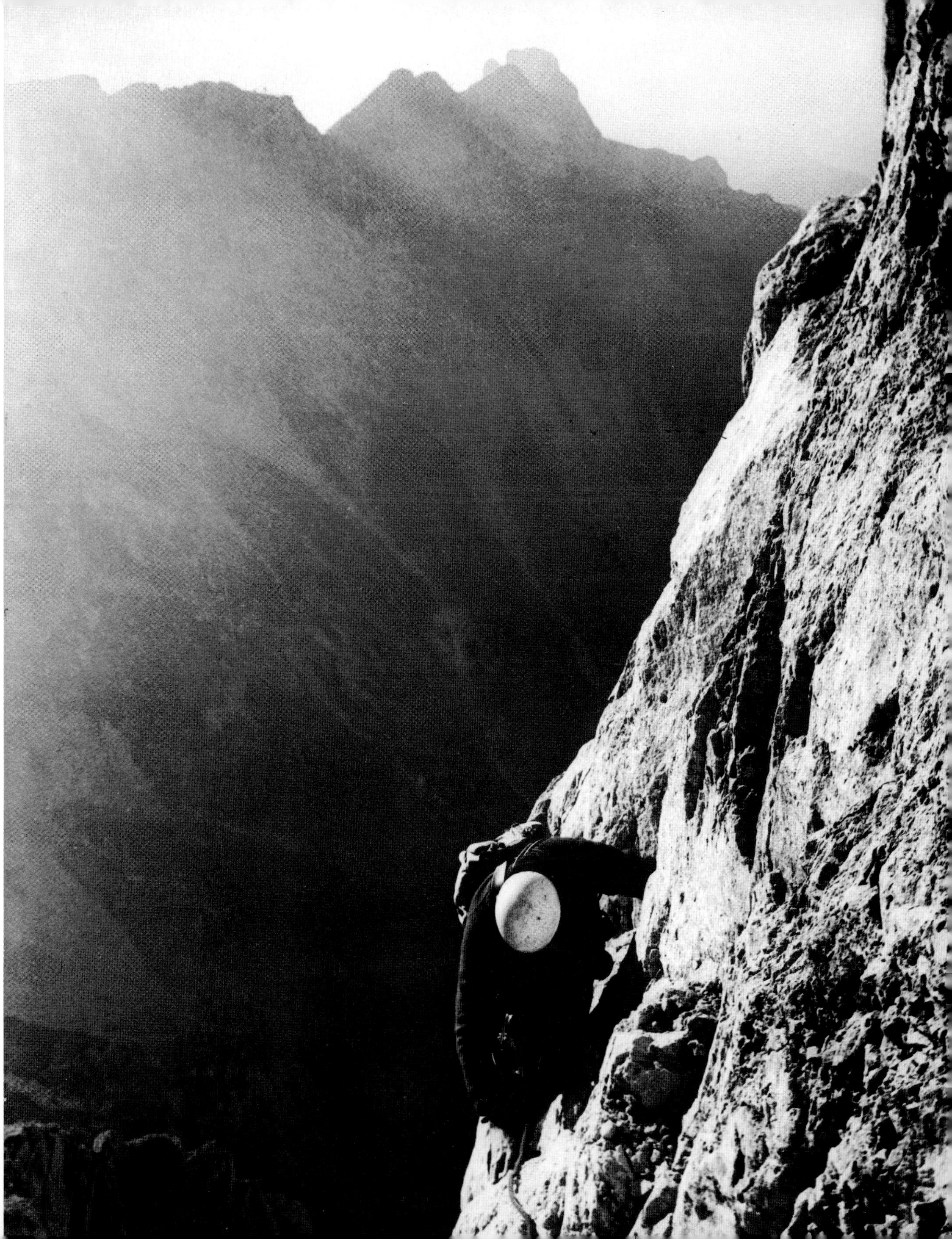

Der Große Priel, der Hausberg der Oberösterreicher

Der Große Priel ist mit 2515 Meter Seehöhe der Hauptgipfel des Toten Gebirges und zugleich der höchste Berg, der ganz auf oberösterreichischem Boden steht. Seine kalkhelle Nordflanke grüßt an klaren Tagen über das fruchtbare Land ob der Enns bis weit ins wellige Mühlviertel jenseits der Donau. Die Einheimischen nannten ihn früher deshalb nicht zu Unrecht „Größtenberg", die Geographen „mons altissimus totius Austriae", d. h. höchster Berg der alten Kronländer Ober- und Niederösterreich.

Der berühmte Geologe und Dachsteinerschließer Prof. Friedrich Simony, dessen Grab man jenseits des Windischgarstener Beckens im steirischen St. Gallen besuchen kann, sprach vom „Prielgebirge" als Synonym für das ganze Tote Gebirge bis hinüber nach Bad Aussee. Auch August Böhm gebrauchte in seiner bahnbrechenden oroplastischen „Eintheilung der Ostalpen" 1886 bewußt den Namen „Prielgruppe" als pars pro toto (Teil für das Ganze) in schöner Analogie zur gegenüberliegenden Dachsteingruppe. Zumindest die Stoderer müssen es heute noch bedauern, daß sich diese Nomenklatur nicht allgemein durchgesetzt hat, denn wirklich ist der Priel von allen Himmelsrichtungen aus gesehen der unbestrittene Kulminationspunkt des Toten Gebirges.

Technisch unschwierig, wurde er sicher wie viele andere Gipfel unserer Alpen schon vor dem Beginn des eigentlichen Alpinismus von Jägern und Wildschützen besucht. Die erste sog. touristische Ersteigung führte Sigmund Graf von Engl mit vier Jägern am 29. August 1817 aus, also bereits zwanzig Jahre nach der Bezwingung des Montblanc. So wurde der Große Priel sehr viel früher als viele andere Hochgipfel zu einem bekannten und begehrten Modeberg und ist dies bis heute geblieben. Es gibt sicher nur wenige bergbegeisterte Oberösterreicher, die nicht mindestens einmal in ihrem Leben auf dem geliebten Haus- und Heimatberg standen.

Bereits im Jahr 1819 erhielt der Große Priel in Gestalt des Erzherzogs Ludwig mit großem Gefolge allerhöchsten Besuch. Am 17. August 1827 folgte der wohl bergerfahrenste Sproß des österreichischen Kaiserhauses, Erzherzog Johann, den Spuren seinen Bruders. Damit genoß der Berg schon lange vor der goldenen Zeit des erwachenden Alpinismus Ansehen, ja Publicity. Erlauchte Namen wie Anton von Ruthner, Gottfried Hauenschild, Friedrich Simony mit den Söhnen Oskar und Arthur oder Georg Geyer verbinden sich mit ihm. Für Ludwig Purtscheller, den Salzburger Turnlehrer und wohl berühmtesten ostalpinen Bergsteiger seiner Zeit, bedeutete die Besteigung des Großen Priel und der Spitzmauer im Juni 1889 die letzte Trainingstour in den Alpen, bevor er vier Monate später als erster den Fuß auf den höchsten Berg Afrikas, den Kilimandscharo, setzte.

Im Schiederweiher bei Hinterstoder spiegeln sich Spitzmauer (links), Brotfall und Großer Priel, zu denen alljährlich Hunderte bergbegeisterter Menschen ziehen.

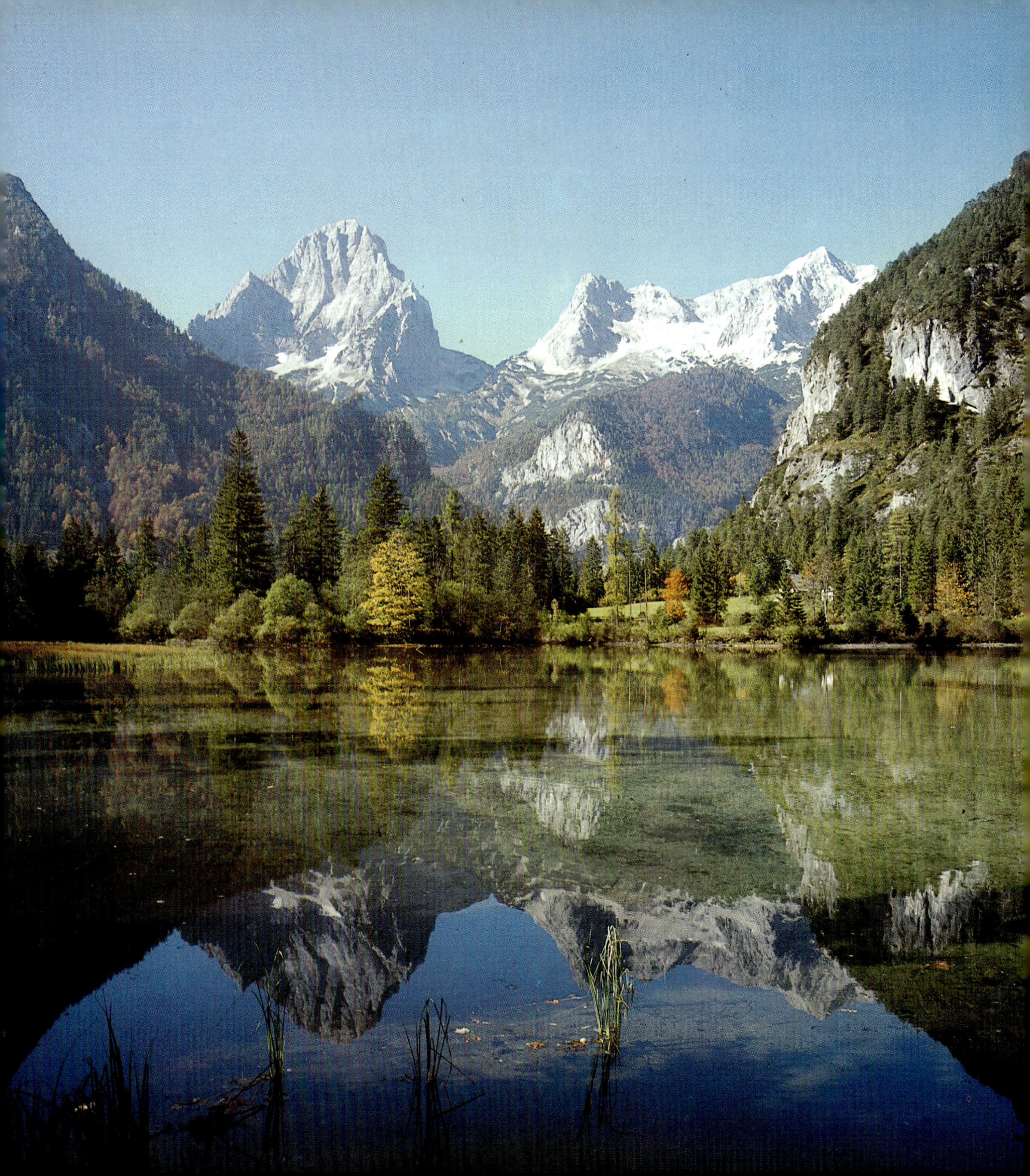

Stützpunkte und Wege auf den Großen Priel

Dem Bergwanderer bieten sich heute drei gut markierte, ausgebaute Alpenvereinswege zum Gipfel des Großen Priel, der um stolze 1900 Meter die Ausgangspunkte in den Tälern überragt und dessen Besteigung zwar als unschwierig gilt, in jedem Fall aber Kondition und Ausdauer erfordert.

Der klassische und auch in unseren Tagen noch meistbegangene Aufstieg vollzieht sich in sechs bis sieben Gehstunden vom östlich gelegenen Hinterstoder (650 m) über das großzügig ausgebaute Prielschutzhaus (1420 m) der Sektion Touristenklub Linz des ÖAV und weiter durch das breite, links vom Brotfall und rechts vom Priel-Südgrat flankierte Kühkar zur Brotfallscharte (2370 m), wo man erstmals das wellige, verkarstete Hochplateau des Toten Gebirges erblickt. Nördlich über Karren ansteigend, erreicht man den abgerundeten Vorgipfel, die „Alte Pyramide", von welcher aus der teilweise exponierte Gipfelgrat mit großartigen Tiefblicken hinüberleitet zum acht Meter hohen und 2240 Kilogramm schweren eisernen Gipfelkreuz, „freiwillig heraufgetragen von den kräftigen Söhnen Vorder- und Hinterstoders" im Jahre 1870, wie die Inschrift besagt. Zu der berühmten Aussicht bemerkt schon Anton von Ruthner, einer der Väter des alpinen Gedankens in Österreich, im Jahr 1868:

„Mehr noch als seine Höhe von 7945 Fuss zeichnet den Grossen Priel sein herrlicher Ausblick aus, welcher sich über Oesterreichs Gauen dies- und jenseits der Donau, fast über das ganze Gebirge von Oesterreich unter und ob der Enns und von Obersteiermark, vom Wiener-Becken bis hinab nach Kärnten, und gegen West und Südwest weit darüber hinaus über die Salzburger Berge bis an die Marken von Baiern und Tirol, inbegriffen die Hohen Tauern, deren eisige Kette, die Glockner- und Venediger-Gruppe entlang bis zu den Zillerthaler-Fernern aufgeschlossen ist, erstreckt, während er als nicht geringeren Schmuck eine hochinteressante nahe Umgebung, die lachenden Täler der Steyerling, von Windischgarsten und Stoder, die ernste Hetzau mit den blauen Oedenseen und das seines Namens würdige Hochplateau des Todten Gebirges umfasst."

Der zweite Zugang verläuft, von Norden kommend, durch die Hetzau mit dem per Auto erreichbaren Almtaler Haus (714 m) über die supermoderne vierte Welser Hütte, auf 1815 m prächtig gelegen (drei Vorläuferinnen wurden von der stürmischen Entwicklung des Bergsteigens bzw. von einer Lawine überrollt), und schließlich den Fleischbanksattel (2122 m). Dieser bereits vor dem Jahre 1890 von den Stoderer Führern häufig begangene Weg wurde durch die gestrenge Baron Herringsche Forstverwaltung um die Jahrhundertwende total gesperrt und durfte erst wieder 1908 von Sepp Huber, Wels, auf langes Drängen hin und nur mit Erlaubnisschein ausgeführt werden. Heute gilt diese Route als leichteste.

Der vom Tal aus längste Zugang verläuft, ausgehend vom Grundlsee, über die Pühringerhütte am Elmsee (1703 m) und windet sich von da zwischen Rotgschirr und Feuertalberg hindurch über den östlichen Teil des Hochplateaus. Er trifft am Fleischbanksattel auf den Aufstieg aus der Hetzau bzw. an der Alten Pyramide auf den von Hinterstoder. Auf diese vom Gelände her einfachste Möglichkeit wies bereits Erzherzog Johann in seinem Tagebuch aus dem Jahre 1810 mit den Worten hin: „Von dem Schneethal über kahle Felsen kann man ohne Gefahr auf den Gipfel des Hochpriel im Lande ob der Enns in zwei Stunden gelangen; Wildschützen bestiegen ihn schon. Er ist der höchste in der ganzen Gegend ..."

Heutzutage pilgern allsommerlich Hunderte bergbegeisterter Menschen auf allen diesen Pfaden zur Höhe, wobei der außergewöhnlich hohe Anteil von einheimischen Bergsteigern den Großen Priel als echten Heimatberg ausweist. Waren Sie eigentlich schon droben?

Tarif für Bergführer und Träger.

Ad Kundmachung der k. k. Statthalterei Linz vom 21. März 1905, ad § 14.

Von Hinderstoder	Führer K	Führer h	Träger K	Träger h
1. auf den Hochpriel	10	—	8	—
2. „ „ Kleinpriel	7	—	5	—
3. über den Hochpriel zum Almsee	20	—	18	—
4. „ Salzsteig zum Grundlsee	16	—	14	—
5. „ Hochpriel nach Aussee	20	—	18	—
6. „ Salzsteig nach Mitterndorf	14	—	12	—
7. „ „ oder den Eibl nach Tauplitz	12	—	10	—
8. „ die Bernerau zum Almsee	14	—	12	—

Blick von der Spitzmauer auf den Großen Priel, 2515 m, den höchsten Berg, der ganz auf oberösterreichischem Boden steht.

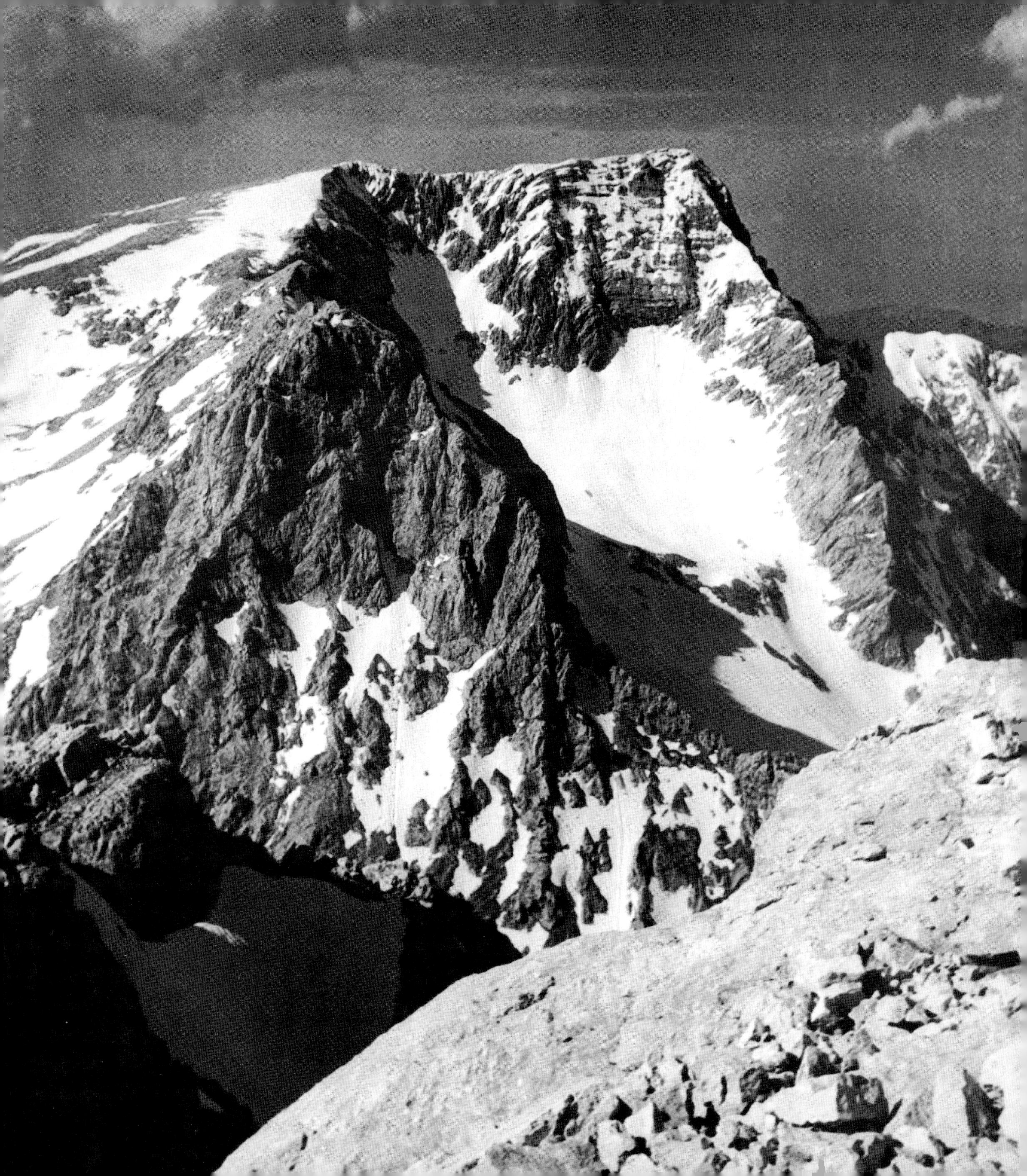

Sommerliche Schneefelder und ihre Tücken
oder: Das sehr ergötzliche Abenteuer des Schullehrers Langeder aus Hinterstoder am 27. August 1819

Jeder einigermaßen erfahrene Bergsteiger weiß um die Tücken beim Betreten sommerlicher Schneefelder. Die alpine Chronik meldet immer wieder tödliche Unfälle durch Ausgleiten auf hartgefrorenen Firnhängen. Auch der Normalweg von Südosten auf den Großen Priel weist im oberen Kühkar beim Anstieg zur Brotfallscharte ein solches perennierendes Schneefeld auf, das größte Vorsicht erheischt und schon manchem zu einer unfreiwilligen Rutschpartie verholfen hat. Wohl das lustigste Abenteuer, das sich je auf diesem Teilstück des Prielweges ereignete, erzählt Pater Hauenschild, begeisterter Freund des Toten Gebirges im geistlichen Gewand, in einem glänzend geschriebenen Beitrag zum Jahrbuch 1868 des damals noch sehr jungen Österreichischen Alpen-Vereines:

„Der hochselige Erzherzog Ludwig, der ein besonderer Freund der schönen Alpennatur war, bestieg am 27. August 1819 unter zahlreicher Begleitung den Grossen Priel. Unter den Trägern befand sich auch der damalige Schullehrer von Hinterstoder, Langeder, der Vater des jetzigen, welcher seiner Zeit sich nicht minder Verdienste um die Fremden erwarb, als jetzt sein Herr Sohn. Er machte sich eine besondere Ehre daraus, das Kaffee-Service der Herrschaften zu tragen, die sich auf dem höchsten Gipfel einem echten Moccagenuss hingeben wollten. Als der gute Pädagoge, ein zweites Schulmeisterlein Wuz an Gutmüthigkeit und Glückseligkeit, den oberen Rand des Schneefeldes schon fast erreicht hatte, fuhr ihm weiss Gott was für ein Kobold zwischen die Beine hindurch, er glitt, fiel, und in stäubender Schnelle ging's hinab über den ganzen Kühplan. Alles war erschrocken, die Führer jammerten um das schöne Kaffeegeschirr, die hohen Herrschaften lachten oder bedauerten den vorgehabten Genuss; der wackere Schneefahrer aber, dem die Wohlfahrt seiner Gliedmassen, ja selbst das Leben hundertmal weniger galt, als das Kaffeegeschirr der allerdurchlauchtigsten Herrschaften, hielt mit beiden Händen den Korb hoch über den Kopf, und gab den armen devoten Leichnam schonungslos den Prellungen und Stößen der Fahrt preis – und siehe da, als er unten anprallte und stille saß, da war ein gewisser Teil seines Leibes arg mitgenommen, das Geschirr aber größtenteils unbeschädigt. Unter herzlichen Seufzern wollte er nun zum zweiten Male aufsteigen, es wurde ihm aber bedeutet, er möge in die Alpe zurückkehren, wo das Service schon noch Verwendung finden werde. Diess that er denn gehorsamst, und erntete unten stürmische Danksagungen eines Bedienten, der bei dem übrigen Gepäcke zurückgeblieben war, und sich schon fast ein Leides anthun wollte, weil er das Wichtigste den Trägern aufzubürden vergessen hatte – den Kaffee nämlich. Ja, wie die Sage meldet, soll der gute Schulmeister sogar aus des Herrn Erzherzogs höchst eigener, freilich henkelloser Tasse für sein willkommenes Pech einen Kaffee geschlürft haben, wie er so köstlich weder früher noch später über seine Lippen gekommen ist."

Der Große Priel, wie ihn 1868 ein Zeitgenosse von der Spitzmauer aus sah. Das große Schneefeld ist immer wieder Anlaß zu unfreiwilligen Rutschpartien!

Kletterrouten am Großen Priel

Der Große Priel ist ein mächtiger Berg mit großartigen Graten und gewaltigen Flanken, ja schon fast ein kleines Gebirge für sich. Die Bergwanderer, die sich in stundenlangen Märschen die vielgepriesene Aussicht erkämpfen, dürfen mit Recht stolz auf ihre Leistung sein.

Die Sportkletterer dagegen, die sogenannten Extremen, blickten bis vor wenigen Jahren desinteressiert und beinahe mitleidig zu ihm hinauf. Sie wandten sich viel lieber der Spitzmauer oder dem Schermberg zu, die bei kürzeren Zugängen mehr Steilfels und weniger Schrofen, sprich Gras, bieten. Nur so ist es wohl zu erklären, daß die schönste, technisch durchaus anspruchsvolle (Schwierigkeitsgrad III–IV, eine Seillänge V) und mit 650 Höhenmetern mit Abstand großzügigste Wand, nämlich die unmittelbare Nordostwand des Großen Priel, mehr als sechs Jahrzehnte in einem wahrhaften Dornröschenschlaf dahinschlummerte, bis im September 1965 gleich zwei Prinzen in Gestalt von Dr. Gernot und Gisbert Rabeder mit Gefolge kamen. Dabei war es sicher gar nicht nötig, die Schlafende wie im Märchen zu küssen – bei begabten Kletterern genügen ein Streicheln der festen, plattigen Felsen, ein tastender Druck mit den Zehenspitzen, phantasierende Finger auf Untergriff entlang einer scharfkantigen Schichtfuge. Es berührt den Eingeweihten wie ein Wunder, daß in unserer Generation an einem vielbesuchten, nur 70 km südlich der Landeshauptstadt Linz gelegenen Berg noch derartige Neutouren von klassischem Format möglich sind, und zwar ohne Bohrhaken und Schlingenbiwak! Freilich liegen sie nicht immer auf dem Präsentierteller; man muß die Augen aufmachen, Zustiege ohne markierte Wege in Kauf nehmen und ein Gespür für elegante Freiklettereien besitzen.

Ein derartiges Gespür entwickelten die Kletterer zwischen der Jahrhundertwende und den späten zwanziger Jahren bis zur Vollkommenheit. Der unermüdliche Robert Damberger fand von 1898 bis 1920 gleich fünf großartige alpine Routen zwischen dem II. und IV. Schwierigkeitsgrad hinauf zum Gipfel des Großen Priel: am 3. Juli 1898 mit Dr. Viktor Wessely den Südgrat, wohl die inzwischen bekannteste Klettertour, und als Abstieg am gleichen Tag (!) den landschaftlich prächtigen Ostgrat. Zwei Monate später beging er, ebenfalls mit Dr. Wessely, den Nordgrat, der heute hauptsächlich im Zuge der Überschreitung vom Kleinen zum Großen Priel gemacht wird. 1911 fiel die Nordostwand aus dem Kirtagkar, 1920 schließlich die meist nasse und selten wiederholte Nordschlucht.

Die nach dem Südgrat beliebteste Kletterroute fand der vielseitige Sepp Huber, nämlich den Nordwestgrat von der Welser Hütte aus, wenn auch in zwei getrennten Anläufen (1914 oberer Teil, erst 1920 unterer Teil). Als technisch leichte (I–II), mit 600 Höhenmetern aber durchaus imponierende Führe empfiehlt sich ein zweiter Weg Sepp Hubers, den er im Nachkriegsjahr 1919 erschloß: die weit ins Land ob der Enns grüßende Nordwand.

Im Vergleich zu den genannten Routen haben die übrigen Anstiege überwiegend historischen Charakter und werden selten begangen, so die Südostwand aus dem Jahr 1900 wie ihre etwas gekünstelt wirkende direkte Variante von 1965, ebenso die schrofige Südflanke oder die Westwand auf den 2. Südgratturm. Lediglich der „Bananenriß" am untersten Südgrat, von den Bayernländern Gruber und Schmid bereits 1904 bezwungen, ermöglicht manchem Schwierigkeitsfanatiker, nach dieser Tour stolz von „V" zu sprechen, von dem dazugehörenden „minus" und von der Länge dieser Stelle mit ganzen sieben Metern aber zu schweigen. Nun, im Gebirge sehe jeder, wie er's treibe . . .

Kletterei am Brotfall-Südgrat, einer Rückfallkuppe des Großen Priel. Die Route ist eine zwar kurze, aber sehr elegante „Damentour" (II–III).

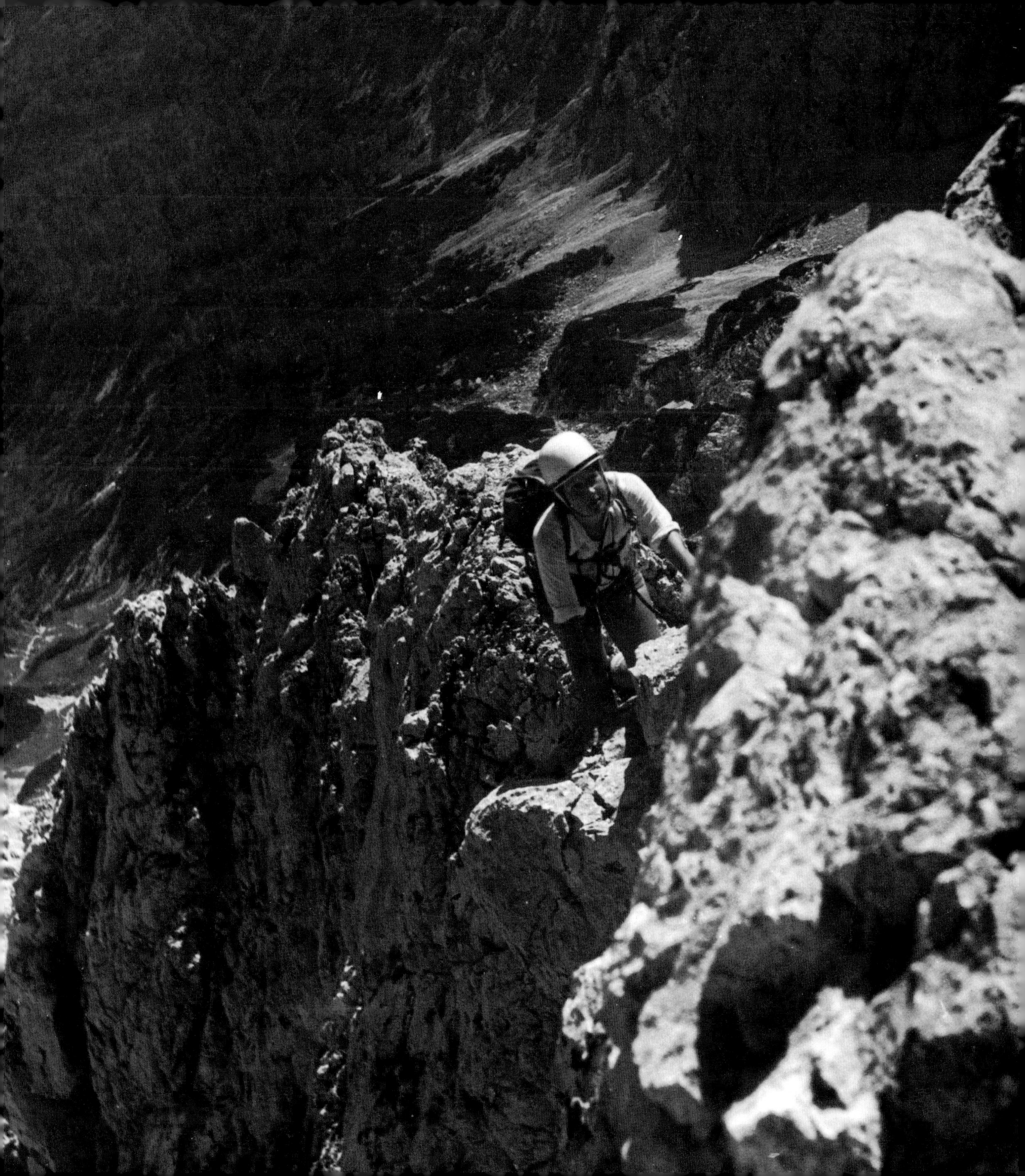

Zwanzig Zweitausender in zwei Tagen
Gesamtüberschreitung des Priel- und Stoderkammes

Seit Jahren tönt es uns in den Ohren: Vermassung des Bergsteigens, Übererschließung der Alpen, Verlust der Einsamkeit. Aber schwingt in dem modernen Klagelied von uns Bergsteigern nicht ein schriller Mißton von Egoismus, ja Hybris mit? Wie oft sind wir in den vergangenen Jahren im Toten Gebirge unterwegs gewesen, ohne auch nur einem einzigen Menschen zu begegnen! Dabei hätten wir uns über einen kurzen „Ratsch" mit Gleichgesinnten nach dem Woher und Wohin durchaus gefreut!

Wer wirklich meint, die sonntäglichen Menschenherden auf dem Warscheneck oder Loser nicht mehr ertragen zu können, wer die absolute Einsamkeit sucht und zugleich zwanzig Zweitausender für sein Tourenbuch, dem empfehle ich die großartige Überschreitung des gesamten Priel- und Stoderkammes! Er muß dazu keine gewichtige Kletterausrüstung mitschleppen, wohl aber Biwakzeug und Verpflegung für 2 bis 3 Tage. Auch sollte er das beherrschen, was meine Freunde als „Extremwandern" bezeichnen, nämlich das sichere und seilfreie, folglich schnelle Gehen im hochalpinen Ödland bis zum Schwierigkeitsgrad II. Als beste Jahreszeit für diese Überschreitung gilt der Frühsommer, denn einmal genießt man das lange Tageslicht, zum anderen erleichtern die letzten Schneereste die Trinkwasserbeschaffung und häufig auch das Gehen über ausgedehnte Karrenfelder, besonders im Stoderkamm.

Und nun zur Durchführung: Am späten Freitagnachmittag steigt man auf dem Normalweg in gut vier Stunden von Hinterstoder auf den Kleinen Priel (2134 m) und biwakiert unmittelbar östlich unter den Gipfelfelsen. Am Samstag klettern wir bei Tagesanbruch mit der Sonne im Rücken und einem herrlichen Reitgrat zwischen den Beinen zum Schwarzkogel, unschwierig zur Anglmauer und hinunter zur breiten Krapfenscharte. An der folgenden Teufelsmauer stoßen wir auf die Schlüsselstelle der Tour, einen kurzen Riß (II +) rechts der steilen Gratkante. Verschiedene Türme umgehend, gelangen wir über die Kirtagmauer und – als Draufgabe – das Kreuz zur Arzlochscharte (1985 m). Über den Nordgrat (I–II) steigen wir dem ehrwürdigen Großen Priel (2515 m) aufs Haupt und halten Mittagsrast. Beim Abstieg wäre ein Abstecher zum Brotfall fällig, bevor wir, in weitem Bogen nach Südwesten ausholend, mit möglichst wenig Höhenverlust durch die Weitgrube zum Meisenbergsattel streben. Ohne Rucksäcke hatschen wir nach zehn Stunden mit mehr Energie als Auftrieb zu den Gipfeln der Spitzmauer und des Meisenbergs, bis wir uns schließlich nach der Rückkehr zum „Materialdepot" bei den Dietlbüheln einen verdienten Biwakplatz suchen.

Am nächsten Morgen folgt der einsamste Teil der Überschreitung: Nach Erreichen des Bösenbühelsattels wandern wir immer am Ostrand des gewaltigen Zentralplateaus südwärts. Bei relativ geringen Höhenunterschieden überschreiten wir nacheinander den Bösenbühel, Großen und Kleinen Hochkasten, das Brandleck, den Hebenkas, Hochplanberg, Mitterberg, Kleinen und Großen Kraxenberg, die beiden Brieglersberge und stehen endlich am Spätnachmittag auf dem Gamsspitz (2061 m). Von Punkt 2054 m der AV-Karte aus erreichen wir über Steilschrofen das Salzsteigjoch und sind zwei Stunden später unten an der Baumschlagerreit im Stodertal, wo hoffentlich ein verständnisvolles, liebendes Wesen mit dem Auto unser harrt. Unbedingte Voraussetzung zum Gelingen der Tour ist das exakte Studium der Alpenvereinskarte „Totes Gebirge Mitte, Großer Priel – Tauplitz" sowie des Alpenvereinsführers von Dr. Ludwig Krenmayr „Totes Gebirge", 2. Auflage 1974.

Der Stoderkamm von der Bärenalm aus. Die zwischen den Gipfeln eingebetteten Kare (von links nach rechts Sigistal, Schobertal und Wassertal) sind bis heute herrlich einsam geblieben.

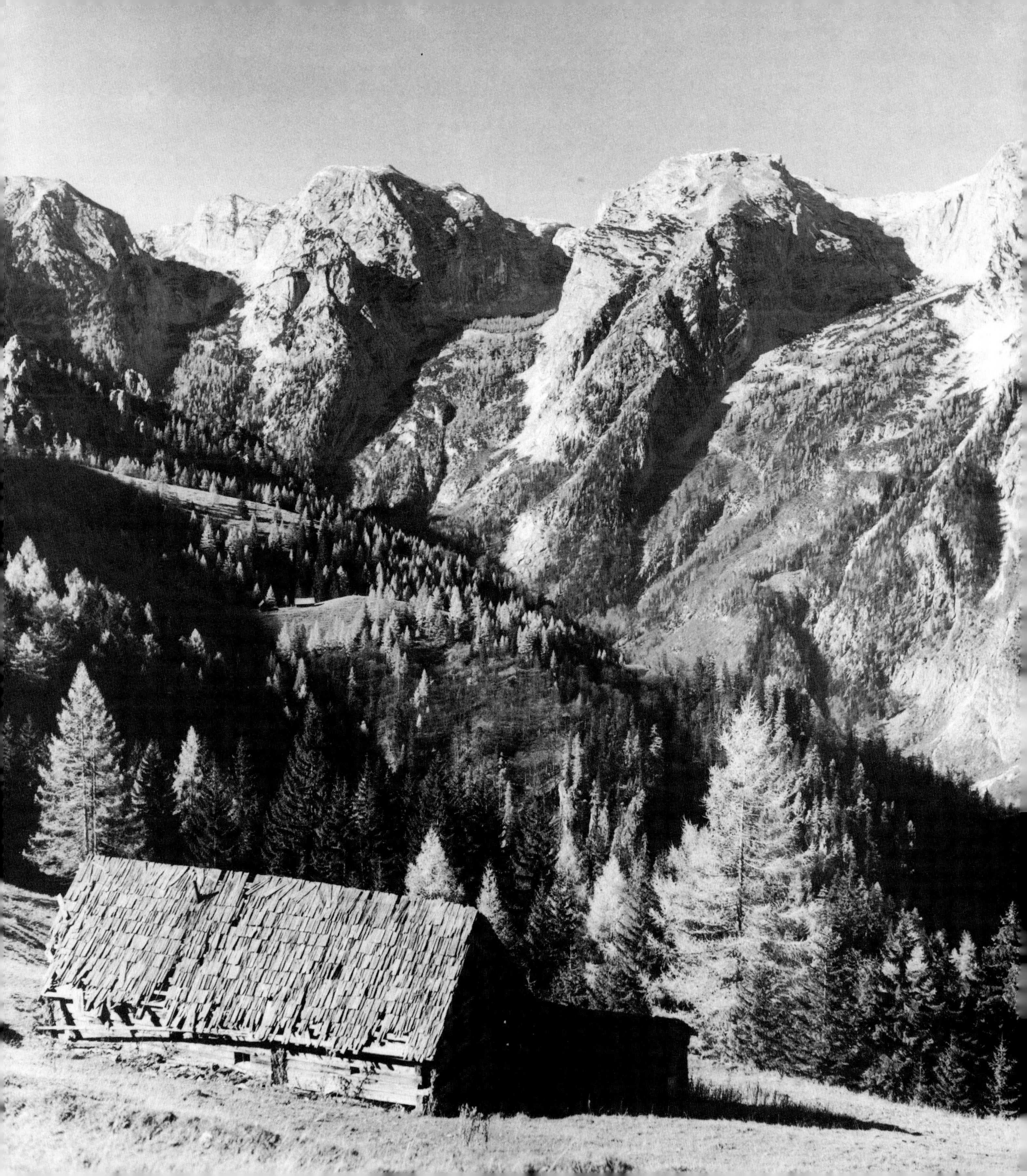

Kleiner Priel – Einsamkeit neben der Heerstraße

Bei der Fahrt auf der Westautobahn von Salzburg nach Wien grüßen etwa ab der Anschlußstelle Regau zur Rechten über die mit mächtigen Vierkanthöfen übersäte Traun-Enns-Platte hinweg die kalkhellen Nordabstürze des Toten Gebirges. Man sollte sich die Zeit nehmen und einmal an einem föhnigen Frühlingstag von einem der zahlreichen Parkplätze aus dieses Panorama genießen, um anschließend zu Hause in Muße nachzulesen, was Rudolf Walter Litschel über dieses Land „Zwischen Hausruck und Enns" zu erzählen weiß.

Bald nach Überquerung des Almflusses macht ein riesiges Schild an der Ausfahrt Sattledt auf das Pyhrn-Priel-Gebiet aufmerksam. Unter dieser Bezeichnung propagieren seit einigen Jahren die Fremdenverkehrsfachleute mit Erfolg die flächenmäßig größte Erholungslandschaft Oberösterreichs. Hand in Hand damit schreitet der Ausbau der Pyhrnpaß-Bundesstraße zu einer Schnellverbindung des oberösterreichischen Zentralraumes mit dem steirischen Ennstal fort. In absehbarer Zeit wird darüber hinaus vom künftigen Autobahnkreuz bei Wels aus ein Ast nach Süden führen und die Pyhrn-Priel-Region voll in das europäische Fernstraßennetz integrieren. Die Kletterer in der erst 1969 bezwungenen, 700 Meter hohen Direkten Nordwand des Kleinen Priel (2134 m) werden dann tief unter ihren Füßen spielzeugklein Sattelschlepper und Gastarbeiter-PKWs auf der Fahrt von Berlin nach Belgrad vorüberziehen sehen, aber sie werden in dieser gewaltigen Wand wahrscheinlich genauso einsam bleiben wie bisher.

Die Nordwand des Kleinen Priel symbolisiert für mich, seit ich sie zum ersten Male sah, eines der überraschenden Merkmale des Toten Gebirges: Da baut sich eine Wand aus prächtigem, waagrecht gebanktem Dachsteinkalk rund 1600 Meter stolz und frei über einem vielbesuchten Parkplatz der Pyhrnpaß-Bundesstraße oberhalb des Zusammenflusses von Steyr und Teichl in den Himmel, da fahren jährlich Zehntausende die Stodertalstraße hinein und berühren an der Schrattentaler Brücke den Saum dieses imposanten Eckpfeilers einer ganzen Gebirgskette, aber mangels Seilbahn, Höhenstraße oder markierten Weges übersieht man ganz einfach den Berg!

Wer noch Freude hat am ursprünglichen Pfadfinden, am Raufen mit umgestürzten Urwaldriesen und zähen Latschengürteln, der suche sich einmal seinen Weg hinauf durchs Stöcklerkar zum Ansatz der Felsen und gehe den Nordostgrat Dambergers, die alte Nordwand mit ihrem prächtigen Plattenfels oder den luftigen Nordpfeiler! Er wird als Kletterer wie Einsamkeitsfanatiker unmittelbar über dem Verkehrsgewimmel voll auf seine Rechnung kommen!

Die Nordwand des Kleinen Priel, 2134 m, gesehen vom Fuß des Sengsengebirges oberhalb der Teichlmündung aus.

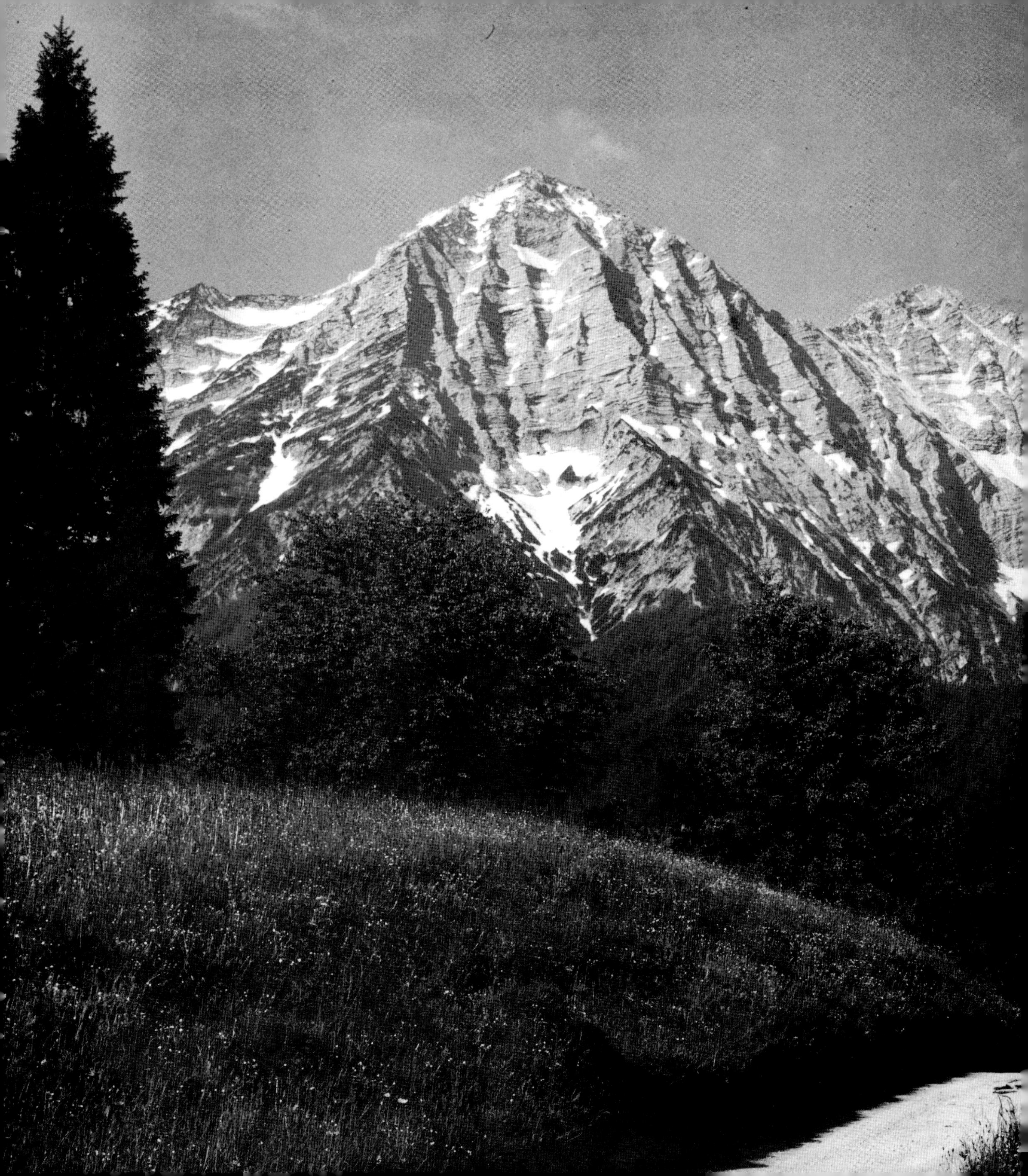

Die Spitzmauer, schönster Berg des Toten Gebirges

Das Wort „Mauer" in zusammengesetzten Bergnamen ist eine besondere Eigenart der Nomenklatur des östlichen Toten Gebirges wie auch dessen Vorlagen, insbesondere der oberösterreichischen Waldalpen. Kremsmauer, Falkenmauer, Hallermauern, Weißenbacher Mauern, Anglmauer, Teufelsmauer, ja sogar eine höchst prosaische Scheißmauer (über der Dietlhölle) werben um die Gunst der Bergsteiger. Alle diese Mauern aber müssen zurückweichen, werden klein und unbedeutend gegen die eine: die Spitzmauer (2442 m). Sogar der Große Priel muß es sich gefallen lassen, daß sie ihm, zumindest vom Stodertal aus, „die Schau stiehlt". Hören wir das fundierte Urteil von Sepp Wallner, des begeisterten Schriftstellers und unersetzlichen Chronisten, der am 7. September 1975 am Prielschutzhaus unmittelbar vor der Eröffnungsfeier des Erweiterungsbaues sein reiches, den oberösterreichischen Bergen und dem Alpenverein gewidmetes Leben beschloß: „Wenn der Bergsteiger die ersten Häuschen von Hinterstoder erreicht, hält ihn das Bild der himmelstürmenden Spitzmauer gefangen, deren kühner Bau immer an genußvolle Kletterfahrten erinnert. Sie ist die formenschönste Berggestalt der Stoderer Berge, ja überhaupt des ganzen Toten Gebirges."

Vieltausendmal vom Schiederweiher aus fotografiert, gezeichnet, gemalt, ja sogar auf einer Briefmarke verewigt, ein Lockruf für Generationen von Kletterern auch der schärfsten Richtung, so steht die Spitzmauer stolz und edel über der Polsterlucke. Und während der Priel nebenan auch die vielen, vielen Möchtegerne, die Gelegenheitsbergsteiger und Ehrgeizlinge an sich zieht, bleibt die Spitzmauer ein Berg für Auserwählte. Wohl könnte man auf dem Normalweg durch die Klinserscharte, über den Meisenbergsattel und den Spitzmauerplan von Westen her unschwierig auf den Gipfel gelangen, aber dieser Weg ist weit (vier Stunden vom Prielschutzhaus) und wohl auch etwas mühsam. So läßt man es im allgemeinen bei der Bewunderung bleiben. Die Kletterer dagegen sind dankbar dafür, daß der Berg auf diese Weise ihnen ganz alleine gehört, und haben in den vergangenen sieben Jahrzehnten ein wahres Spinnennetz von Routen über seine Wände und Grate gelegt. Vor allem die Steyrer und Linzer sind hier zu Hause. Die Erschließungsgeschichte der Spitzmauer zeigt wie kein anderer Berg zugleich die historische Entwicklung des Felskletterns in Oberösterreich, angefangen von Robert Damberger über Hugo Rößner, Valentin Strauß, Franz Stamberg, Sepp Eitzenberger, Karl Rodler und Sohn Günter bis zu den Brüdern Dr. Gernot und Gisbert Rabeder, Walter Almberger, Klaus Hoi und Wolfgang Retschitzegger, um nur einige Namen zu nennen. Sepp Wallner stellte kurz vor seinem Tod in mustergültiger Weise und mit unübertrefflicher Exaktheit alle Daten bis zum Jahre 1972 zusammen (veröffentlicht im Jahrbuch 1974 des ÖAV).

Am meisten Betrieb in den Wänden herrschte wohl in den dreißiger Jahren während der Weltwirtschaftskrise, als viele junge Steyrer ohne Arbeit waren und wochenlang kostenlos auf der Unteren Polsteralm (später abgebrannt) hausten. Man lebte ausschließlich von Polenta und selbstgepflücktem Lindenblütentee, die Füße steckten in Sandalen aus alten Autoreifen, und wenn's schwierig wurde im Fels, kletterte man ganz einfach – barfuß! Trotzdem gelangen damals viele Erstbegehungen, die noch heute zu den schönsten Kletterwegen auf die Spitzmauer zählen.

Aquarell des Alpenmalers Edward Theodor Compton (1849–1921): „Die Ostwand der Spitzmauer aus dem Stodertal", eines der Prunkstücke im Toten Gebirge.

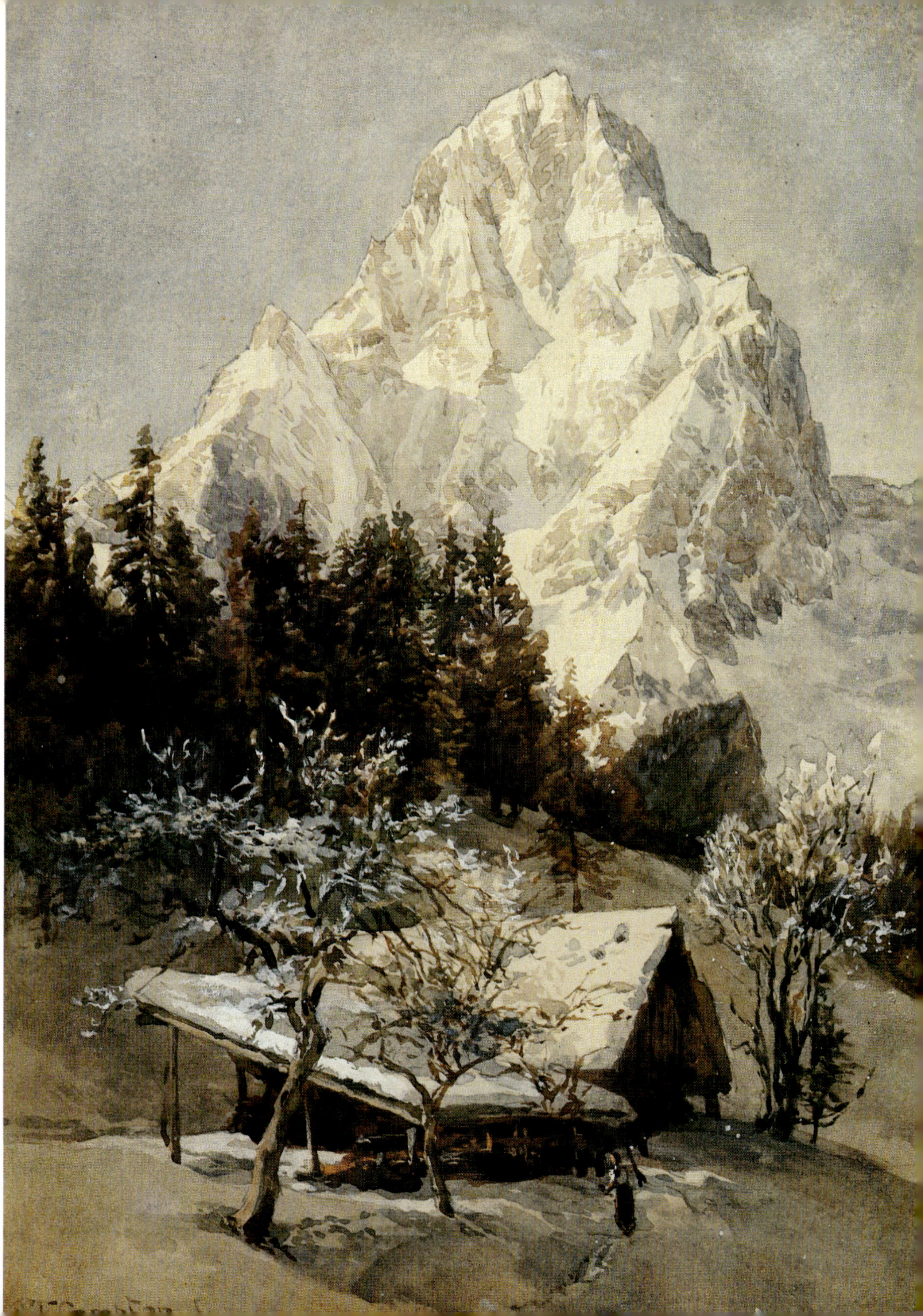

Die Spitzmauer bietet mehr als 35 Routen

„Wer die Wahl hat, hat die Qual!" könnte man den Kletterern zurufen, wenn sie abends auf der Terrasse vor dem Prielschutzhaus sitzen und mit dem „Zuawizarrer" (Fernglas) die Touren an der gegenüberliegenden Spitzmauer studieren. 35 Routen beschreibt der „Alpenvereinsführer" von Dr. Ludwig Krenmayr auf diesen Kletterberg par excellence! Die allermeisten davon verlaufen in griffigem und bombenfestem Dachsteinkalk. Die Spitzmauer ist aber alles andere als ein Klettergartengerüst, wie man vielleicht aus der Vielzahl der Möglichkeiten vermuten könnte. 1½ bis 2 Stunden dauert bereits der Zugang zu den Einstiegen vom Prielschutzhaus aus, bis zum Gipfel auf 2442 Meter rechnet man bei den meisten Routen mit mindestens 4 Stunden Kletterzeit, und auch beim schnellen Abstieg über die Nordwestrampe (I+) vergehen nochmals anderthalb Stunden. Mit 830 Metern reiner Felshöhe (Linke Nordostwand mit Nordostgrat) darf man die Spitzmauer keinesfalls unterschätzen, besonders nicht im Frühsommer, wo Kamine und Schluchten oft noch vereist oder vom Steinschlag bedroht sind.

Wer landschaftliche Schönheit auf großzügigen, technisch jedoch leichten Routen sucht, der gehe die beliebte Gruberrinne (II), den erst 1946 entdeckten Linken Ostwandweg (II) des langjährigen Hüttenpächters Eibenhölzl oder den einsamen Südostgrat (III) Dambergers aus dem Jahre 1904. Als Paraderoute an der Spitzmauer und als vielleicht schönste klassische Kletterei des gesamten Toten Gebirges gilt noch immer die Direkte Ostwand (II–III), die Robert Damberger 1910 eröffnete. 700 Höhenmeter, prächtiger Plattenfels und eine elegante, unmittelbar am Gipfel mündende Linienführung begeistern auch verwöhnte Felsakrobaten.

Von den Touren im mittleren Schwierigkeitsbereich besticht die 1931 vom Steyrer Kletterphänomen Sepp Eitzenberger erstbegangene Nordostwand (III) zum Hochkareck, besonders mit der Fortsetzung über Dambergers Nordostgrat (III+). Diese Tour läßt sich vom Prielschutzhaus aus gut einsehen und wird recht häufig gemacht. Der bekannte Münchener Bergschriftsteller Dr. Christof Stiebler meinte von ihr, sie müßte gleich drei Sterne im alpinen Baedeker bekommen.

Weitere dankbare Führen in diesem Bereich sind Direkte Nordostwand (III–IV) und Rolinekweg (IV).

Bei den extremen Routen aus der Vorkriegszeit wäre an erster Stelle der Nordpfeiler (V) zu nennen, der 1935 den Steyrern Sepp Eitzenberger und Willi Seemann (unterer Teil) sowie Valentin Strauß mit Franz Stamberg (oberer Teil) nach hartem Ringen in zwei Anläufen gelang. Etwas leichter, aber doch noch Fünfer-Stellen aufweisend, sind der Steyrer Weg und der Rößnerweg durch die Nordwand der Spitzmauer. In der Ostwand locken vor allem der Linke Ostwandpfeiler (IV–V), den Strauß und Stamberg 1935 bezwangen, sowie der technisch anspruchsvolle Rechte Ostwandpfeiler (VI–) von Schwarz und Thausing mit der vom Linzer Günter Rodler im Alleingang erkämpften Wegänderung, beide 1966 erstbegangen. Klaus Hoi und Walter Almberger betätigten sich 1962 am Direkten Hochkarpfeiler (V+), Gernot und Gisbert Rabeder im gleichen Jahr an der Nordwand (Rabederweg, V+).

Ob jemand nun in einer reinen Genußkletterei schwelgt oder mit Doppelseil und Trittleitern manövrieren will, eines ist sicher: an der Spitzmauer werden die Kletterer überall das ganz große Erlebnis am Berg finden.

Die Nordwand der Spitzmauer, gesehen vom Normalweg zum Großen Priel aus. Hier reiht sich Kletterroute an Kletterroute.

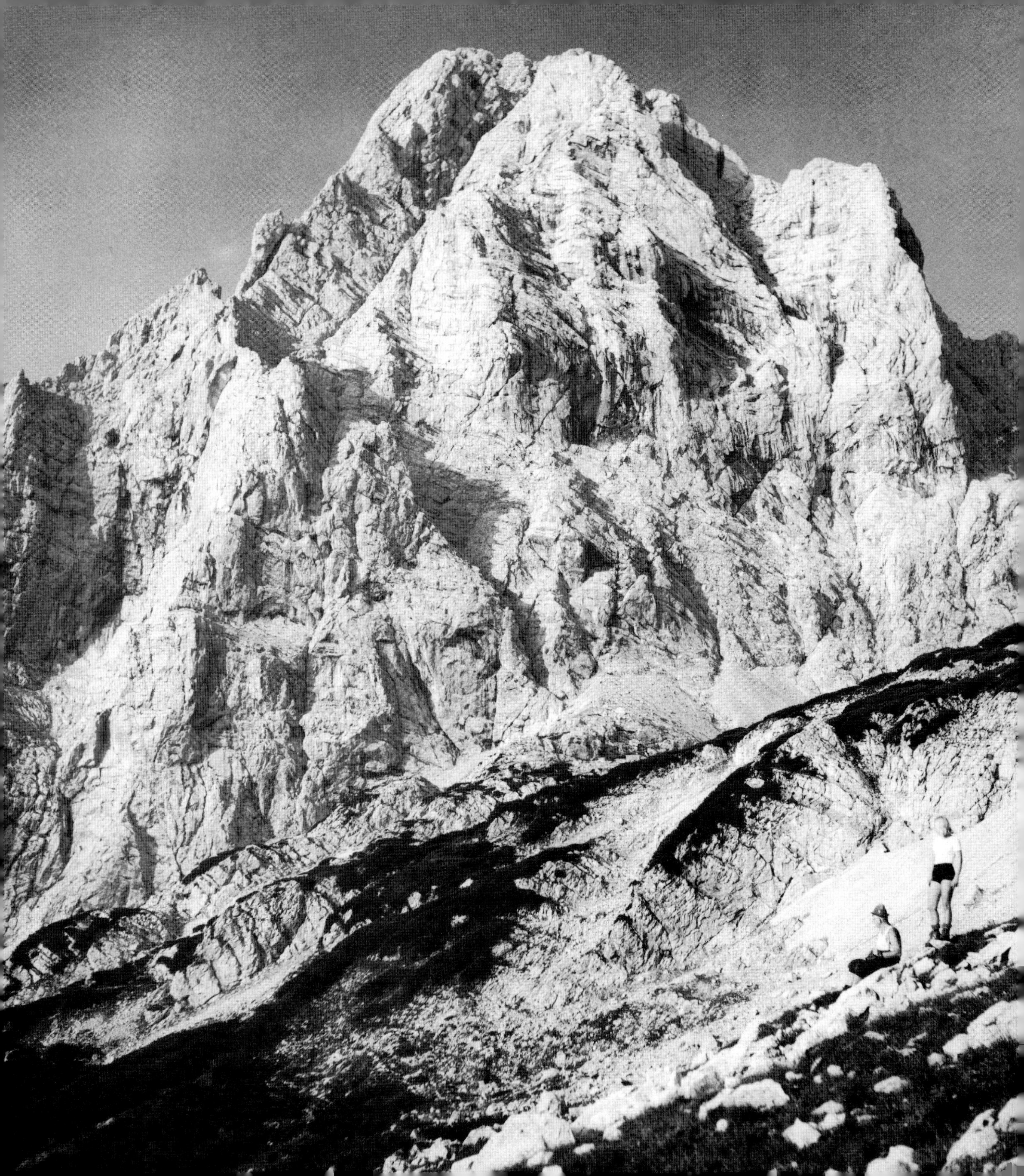

Die schönsten Klettertouren im Toten Gebirge

Die Auswahl der nachstehend aufgeführten Klettertouren entstand durch eine Umfrage bei alten und jungen Spitzenkletterern Oberösterreichs und der Obersteiermark. Der Verfasser möchte sich an dieser Stelle bei den bereits im Vorwort genannten Mitarbeitern nochmals herzlich für die kameradschaftliche Hilfe bedanken.

Grate und hohe Wände im Schwierigkeitsgrad I–II
Gratübergang vom Kleinen zum Großen Priel, I–II, 10 Stunden
Rotgschirr-Südgrat, I+, 3 St.
Warscheneck-Südostgrat, I, 500 m, 1½ St.
Kleiner Priel, Nordwand, II+, 500 m, 3 St.
Großer Priel, Nordwand, I–II, 600 m, 2½ St.
Spitzmauer, Gruberrinne, II, 450 m, 2½ St.
Spitzmauer, Direkte Ostwand, II–III, 700 m, 4 St.
Schermberg, Welser Weg, II, 1400 m, 5 St.
Großer Hochkasten, Dambergerweg, II, 1000 m, 6 St.
Warscheneck-Südwand, II–III, 500 m, 3 St.

Genußklettereien bis 500 Meter Felshöhe im Schwierigkeitsbereich III–IV
Ramesch, Nordostwand, IV–, 200 m, 2½ St.
Stubwieswipfel, Pöschlkamin, III, 150 m, 2 St.
Pyhrnerkampl, Direkte Nordwand, IV, 250 m, 2½ St.
Großer Priel, Gesamter Südgrat, III–IV, 450 m, 4 St.
Großer Priel, Nordwestgrat, III, 500 m, 3 St.
Brotfall, Südgrat, II–III, 200 m, 2 St.
Spitzmauer, Rißreihe, IV, 250 m, 3 St.
Spitzmauer, Nordostgrat, III+, 300 m, 2 St.
Temelberg, Nordverschneidung, IV, 250 m, 4 St.
Temelberg, Direkte Nordwand, III–IV, 200 m, 2 St.
Salzofenpromenade, III, 1 St.
Sturzhahn, Südwand, III, 200 m, 2 St.
Trisselwand, Reinlweg, II–III, 500 m, 3 St.
Trisselwand, Stügerweg, III+, 500 m, 4 St.
Sandling, Westwand, III, 230 m, 1½ St.

Hohe Wände im Schwierigkeitsbereich III–IV
Großer Priel, Unmittelbare Nordostwand, III–IV, 650 m, 5 St.
Spitzmauer, Direkte Nordostwand und Nordostgrat, III–IV, 720 m, 6 St.
Großer Hochkasten, Straußweg, IV, 800 m, 6 St.
Almtalerköpfl, Nordwand, IV+, 800 m, 4 St.
Schermberg, Linzer Weg, IV–, 1400 m, 7 St.
Rotgschirr, Nordwestpfeiler, IV, 750 m, 10 St.

Klassische Touren im Schwierigkeitsbereich V–VI
Spitzmauer, Nordpfeiler, V, 250 m, 4 St.
Spitzmauer, Steyrerweg, V–, 450 m, 4 St.
Spitzmauer, Rößnerweg, IV–V, 450 m, 4 St.
Spitzmauer, Linker Ostwandpfeiler, IV–V, 300 m, 4 St.
Schermberg, Reichensteinerweg, V–, 400 m, 4 St.
Sturzhahn, Westwand, V–VI, 200 m, 3 St.

Hakentechnische Touren im Schwierigkeitsbereich V–VI
Stubwieswipfel, Südwand-Direttissima, VI, A 3, 350 m, 7–11 St.
Rote Wand, Unmittelbare Südwand, VI, A 3, 2–4 St.
Sturzhahn, Südwestwand, VI, A 3, 200 m, 6 St.
Spitzmauer, Rechter Ostwandpfeiler, VI–, A 2, 200 m, 5 St.

Schwierigkeitsbewertung, Höhen- und Zeitangaben der genannten Touren sind dem „Alpenvereinsführer Totes Gebirge" von Dr. Ludwig Krenmayr, 2. Auflage, München 1974, entnommen.

Winterliche Extremkletterei am Rechten Ostwandpfeiler der Spitzmauer.

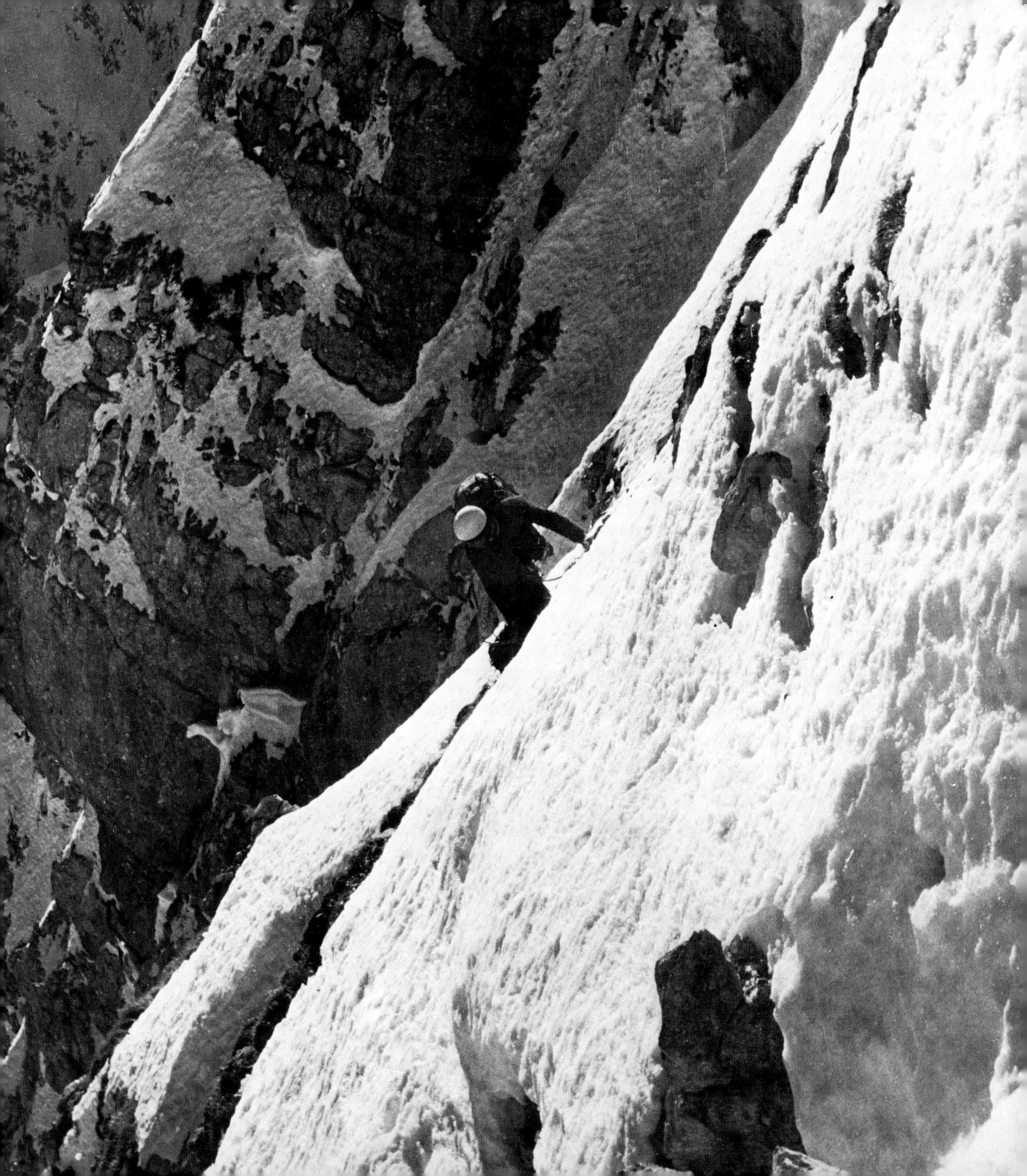

Ostrawitz – der heilige Berg der Jäger

„Warst du eigentlich schon einmal auf dem Ostrawitz?" fragte ich meinen langjährigen Bergkameraden Hansl. Als Antwort zitierte dieser ein Gstanzl aus dem Jahr 1891: „Der Osterwizberg hat an Zuckerhuatspizz: nöd leicht steigt wer auffi, es kost't ja z'viel Schwizz!" Hansl war also nicht droben gewesen, auch Heribert nicht, und sogar Ludwig, der große AV-Boß, schüttelte den Kopf. Vielleicht kannte unser Freund in Hinterstoder, der Fenzlbauer unterm Wartegger, einen Aufstieg? „Nein, leider, und überhaupt die Jager, die lassen da nie einen rauf, und Weg gibt's schon gar keinen!" Das klang entmutigend und aufreizend zugleich.

An einem schönen Junitag wollten wir es genau wissen: mit Hansl und Heribert pirschten wir uns in aller Herrgottsfrühe in die Dietlhölle, trotz des neuen Forstgesetzes ängstlich darauf bedacht, nur ja keinem Grünrock zu begegnen. Mit viel Glück fanden wir statt dessen einen vor etwa 70 Jahren phantastisch angelegten Jagdsteig hinauf zum „Hals" zwischen Spitzmauer und Ostrawitz. Dem Augenschein nach wird er wohl kaum mehr begangen, auch in der neuen AV-Karte wurde er einfach „vergessen". Vom Hals querten wir auf Bändern unter der steilen Nordwand hinüber zum Nordostgrat und gelangten von da aus über blumenübersäte Gamsgärten durch die oberste Südflanke zum Gipfel, von dem aus sich eine prachtvolle Rundschau wie aus der Kanzel eines Hubschraubers bot. Übermütig vor Entdeckerlust und Bergglück hangelten wir uns beim Abstieg eine geschlagene Stunde lang an Latschen hinab zur Fuchsgabel und gelangten endlich beim Polstergut wieder auf gebahntes Terrain. Weder das Latschenharz im Gesicht noch die Schürfwunden an Beinen und Berggewand konnten uns die Freude über die gelungene Überschreitung trüben. Prompt liefen wir so einem Jagdgehilfen in die Arme, der uns noch nachträglich mit einem „Wann ich euch oben erwischt hätt'!" schocken wollte. Dann aber erzählte er uns bei Most und Schmalzbrot die schauerlichsten Jagdgeschichten vom ganzen Stodertal.

Von wilden, schwarzhaarigen Kohlgamsen war da die Rede, von riesigen Auer- und Birkhähnen, von weißen Schneehasen und Schneehühnern, von Fischottern in der Steyr und Kreuzottern in den Kahlschlägen. Auch der stolze Steinadler, das Wappentier Österreichs, soll noch im Toten Gebirge anzutreffen sein. Jahrelang hauste ein Adlerpaar in der Dietlhölle. Im Erholungsheim Schachinger (heute Pension „Prielkreuz") gab es vor dem 1. Weltkrieg sogar einen zahmen Steinadler namens „Lump", der von keinem Geringeren als E. T. Compton aquarelliert wurde.

Für die dreisteste Adler-Story aus dem Stodertal verbürgt sich Robert Angerhofer, der Sohn des langjährigen Schuldirektors Josef Angerhofer. Er berichtet, ein Steinadler hätte sich einst beim Nickerbauern am Fuße des Ostrawitz auf ein kleines Kind gestürzt, das auf einem Heuhaufen gelegen und just in dem Augenblick zur Erde gekollert sei, als der Raubvogel niederstieß. Nach heftigem Kampfe habe man das Tier mit einem Glegtuch (zum Heueinfassen) überwältigt und in Ketten gelegt.

Verabschieden wir uns von den Jägern mit einem wohlgemeinten Rat Josef Angerhofers an alle Bergsteiger, geschrieben im Jahre 1906, nichtsdestotrotz durchaus noch aktuell: „Da Seine königl. Hoheit Herzog Philipp von Württemberg der Bergfahrt keine Hindernisse bereitet – er ließ das Prielkreuz restaurieren, Schutzhaus decken auf hochdessen Kosten, Holzbeistellung usw. – so ist es eine Höflichkeitssache, das gute Einvernehmen zu hegen und zu pflegen."

Die Prielgruppe aus dem Weißenbachtal. Von links nach rechts: Meisenberg, Spitzmauer, Brotfall und Großer Priel, davor der kecke Ostrawitz.

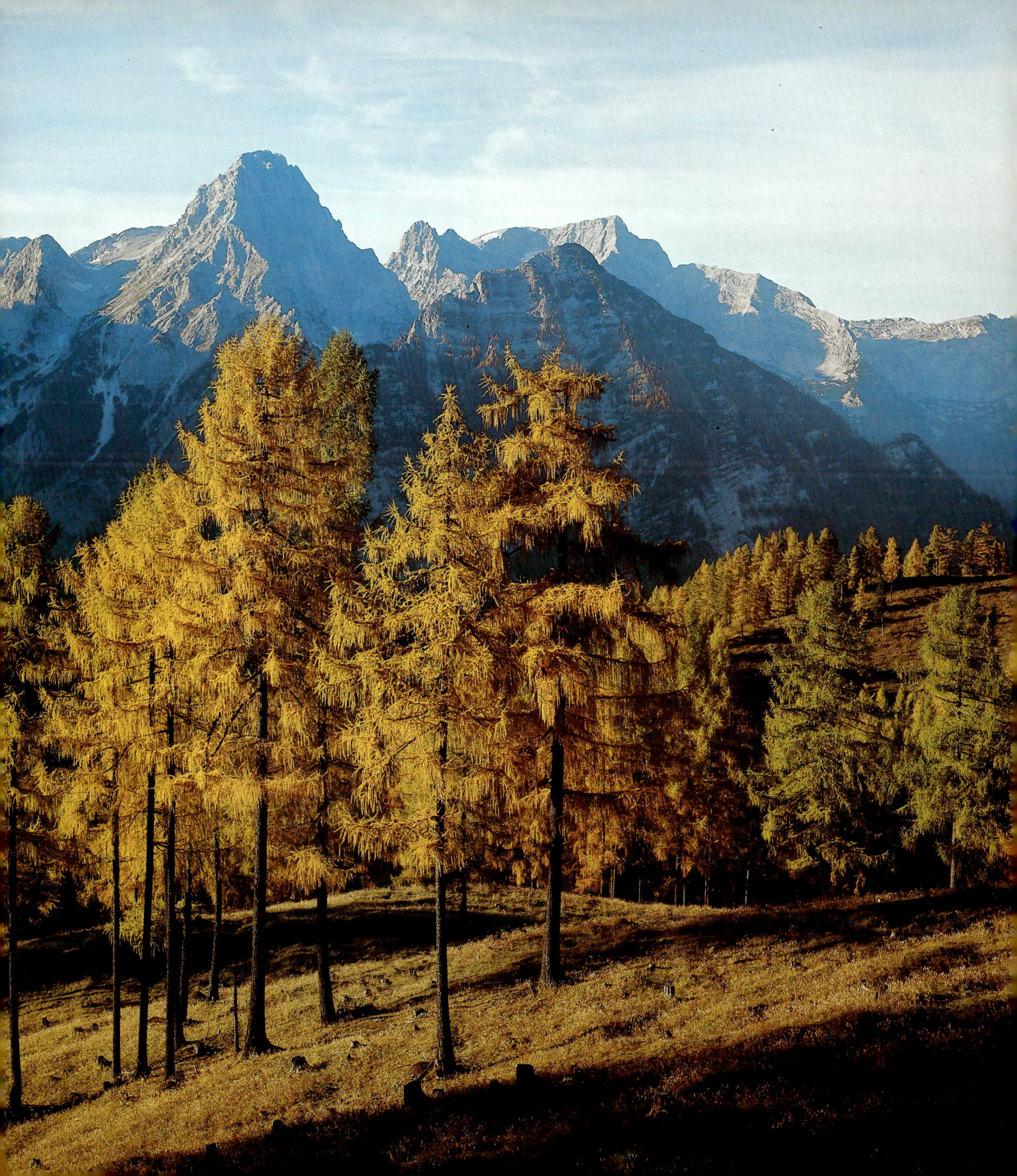

Robert Damberger sammelte Erstbegehungen

Wetteiferte man im 19. Jahrhundert noch um die grundsätzliche Ersteigung vieler Ostalpengipfel, so verlagerte sich die Tätigkeit der Alpinisten etwa ab der Jahrhundertwende immer mehr auf die sogenannten Erstbegehungen noch jungfräulicher Wände und Grate, die als letztes Neuland geblieben waren.

Der Linzer Goldschmied Robert Damberger (1881–1924) darf als hervorragendster Vertreter der ersten großen Erschließungsperiode des Felskletterns im Toten Gebirge gelten. Er sammelte nicht weniger als zwanzig Erstbegehungen zwischen Sandling und Kleinem Priel. „Die meisten der von ihm erschlossenen Pfade sind Gemeingut der Hochtouristen geworden, viele zählen heute zu den Lieblingstouren der Kletterer." (Dr. Viktor Wessely, 1924)

1897 begann er als 16jähriger seine alpine Laufbahn am Seil des um zehn Jahre älteren, damals wohl besten Linzer Bergsteigers Dr. Viktor Wessely mit einer Tour auf die Frauenmauer, an der im übrigen auch der berühmte Wiener Dr. Emil Zsigmondy zum erstenmal Hand an den Fels gelegt hatte. Gleich im nächsten Sommer holten sich die beiden den Priel-Südgrat mit anschließendem Abstieg über den Ostgrat, einige Wochen später auch noch den Nordgrat.

1901 rückte Damberger als bayerischer Staatsangehöriger zur Ableistung seines zweijährigen Wehrdienstes nach Aschaffenburg ein, aber bereits ab 1904 konnte er seine Siegesserie im Toten Gebirge mit dem SO-Grat der Spitzmauer fortsetzen. 1906 folgten Brotfall-Südgrat und Rechte Ostwandschlucht der Spitzmauer, 1907 der Nordostgrat auf die Spitzmauer, 1908 Traweng-Ostgrat und Sturzhahn-Nordwand, 1910 Routen am Temelberg, Pyhrnerkampl und die Direkte Ostwand der Spitzmauer, vielleicht sein schönster Erfolg überhaupt. 1911 holte er sich weitere große Wände: die Priel-NO-Wand und die grandiose NO-Wand des Großen Hochkasten.

Damberger war bei seinen Erstbegehungen im Toten Gebirge nahezu ohne Konkurrenz. Führerloses Felsklettern galt damals als Extravaganz einiger weniger, deren geistiger Sammelpunkt im „Österreichischen Alpenklub" in Wien erstand. Selbstverständlich wurde Damberger Mitglied dieser extremen Elite. In Linz wurde der hohen Idealen verpflichtete Mann Mitbegründer der Turngemeinde „Jahn" und führte bei den jungen Turnern auch den Skilauf ein. In der Alpenvereinssektion Linz, deren 2. Vorstand er von 1911 bis 1924 war, fand er immer wieder neue Begleiter für seine Touren und gab freudig sein Können an Jüngere weiter. „So wurde Damberger ohne Frage einer der tüchtigsten und erfahrensten Bergsteiger seiner Zeit, der kaum jemals einen Mißerfolg und nie einen alpinen Unfall hatte." (Dr. Wessely)

Den ganzen 1. Weltkrieg machte Damberger als Frontsoldat in Frankreich mit. Trotz einer bei Arras erlittenen Verwundung wieder gesund nach Hause gekommen, rang er 1920 der Nordwand des Schermbergs die bis dahin schwierigste Route, den Linzer Weg, ab. Sein 1921 auf die Spitzmauer gefundener „Dambergerweg" und der „Dambergerturm" im Gosaukamm mögen die Kletterer auch heute noch an diesen verdienstvollen Pfadfinder und prächtigen Menschen erinnern, der im Februar 1924 im blühenden Alter von 43 Jahren einem tückischen Leiden erlag.

Touren von Robert Damberger aus dem Jahresbericht der Alpenvereinssektion Linz für das Jahr 1906:

Gebirgstouren

nachstehender P. T. Mitglieder.

W.-T. = Wintertour, Ü. = Überschreitung, Ski. = Skitour.

Herr Robert Damberger.

H. Dachstein (Ski.), **Hochkeil** (Ski.), **Kl. Buchstein** (W.-T.), **Gr. Priel** (Südgrat, W.-T.), **Gr. Buchstein** (Westgrat), **Gr. Scheiblingstein** (Südwand), **Brotfall** (erste Ersteigung über den Südgrat, erste Ü.), **Kl. Priel** (erste Ersteigung über den Nordgrat), **Kl. Bischofsmütze** (erste Ersteigung über die Nordwand), **Schneebergwand** (erste Ersteigung über den Südgrat), **Torstein** (Eisrinne), **Großwand** (Ü.), **Spitzmauer** (erste Ersteigung über die Ostwand), **Aiguille du Gouter** (Westgrat), **Aiguille du Plat** (Ostwand), **Gr. Pyhrgas**, **Bosruck** (Nordostgrat), **H. Dachstein** (Südwand P. R.), **Armkarwand** (Grat) – **Großwand** – **Großwandeck**, **Hochtenn** (Grat) – **Kl. Wiesbachhorn** – **Gr. Wiesbachhorn**, **Gr. Ödstein** (Grat) – **Festkogl**, **Meisenberg** (Nordwestgrat) – **Spitzmauer**, **Gr. Scheiblingstein** (Grat) – **Kl. Pyhrgas** (W.-T.). **Alles führerlos**

Auszug aus dem Jahresbericht der Sektion Linz des D. und Ö. AV für das Jahr 1906.

Die 1000 Meter hohe Nordostwand des Großen Hochkasten, 2388 m, gesehen von den Dietlbüheln aus (Startpunkt zur Dietlhöllenabfahrt).

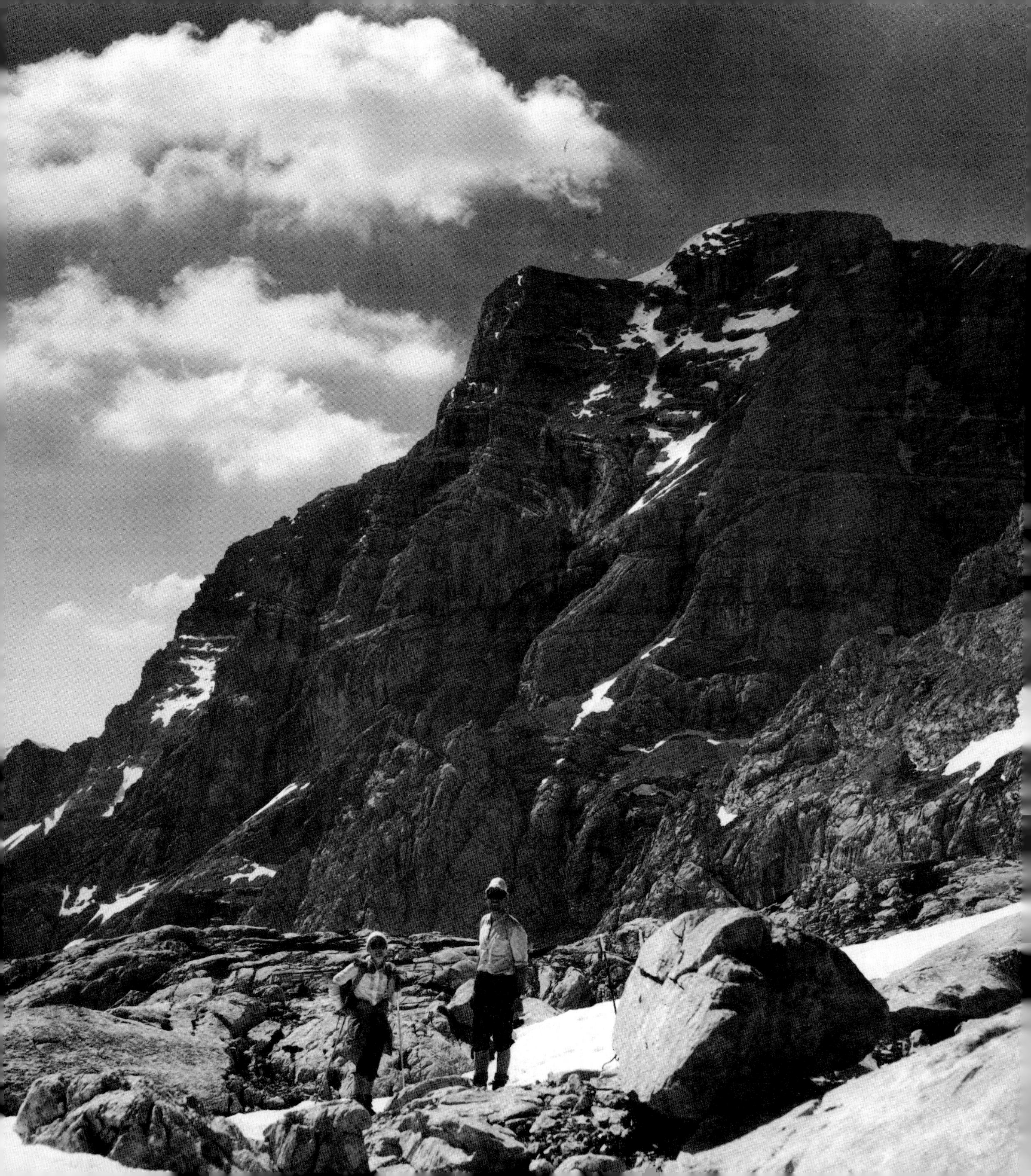

Die rettenden Engel kommen aus der Luft

Noch nie gingen so viele Menschen in die Berge wie heutzutage, aber auch noch nie konnte man soviel Ahnungslosigkeit und Unbekümmertheit gegenüber alpinen Gefahren antreffen. Bergsteigerschulen und Touristenvereine bemühen sich zwar engagiert um Aufklärung, die große Masse jedoch probiert ihr Glück noch immer auf eigene Faust, ohne sich um die Grundregeln des Verhaltens am Berg Gedanken zu machen. Wem bei schönem Wetter einige leichte Gipfel auf vielbegangenen Wegen glückten, der wiegt sich nur zu gern in einer trügerischen Sicherheit und schlägt wohlgemeinte Warnungen mit dem überheblichen Lächeln des Besserwissers in den Wind. Die Männer der Bergrettung können davon ein Lied singen.

Das Tote Gebirge besitzt ein ausgezeichnetes Netz von markierten Wegen und gut bewirtschafteten Hütten, aber wie überall im Hochgebirge lauern auch hier für den Ungeübten Gefahren, deren er sich vor Antritt einer Tour ernsthaft bewußt werden sollte. Die banale Lebensweisheit, daß man einem drohenden Unheil am besten entgehen kann, wenn man es erkennt und sich darauf einstellt, gilt beim Bergsteigen in ganz besonderem Maß.

Zehn Thesen mögen dem bergbegeisterten Anfänger helfen, ein biblisches Alter als Alpinist zu erreichen:

1. Informieren Sie sich vor jeder Bergfahrt aus der Führerliteratur und dem Kartenmaterial genau über Länge, Stützpunkte und Schwierigkeit der Tour!
2. Haben Sie den Mut, eine Bergfahrt bei einsetzendem Schlechtwetter unverzüglich abzubrechen und steigen Sie zurück zur Hütte bzw. ins Tal!
3. Kaufen Sie sich die qualitativ beste Ausrüstung, denn daran hängt Ihr Leben!
4. Hören Sie auf Ratschläge von Hüttenwirten und Bergrettungsmännern!
5. Lassen Sie einen verletzten Kameraden nie allein im Gelände, sondern bleiben Sie unbedingt bei ihm und rufen Sie um Hilfe!
6. Prägen Sie sich das alpine Notsignal ein: Rufen, Blinken oder Pfeifen im Abstand von 10 Sekunden, also sechsmal innerhalb einer Minute!
7. Nehmen Sie auch als Wanderer einen Biwaksack mit, er schützt bei Regen und Schnee vor einer gefährlichen Unterkühlung und damit vor dem Erschöpfungstod!
8. Versuchen Sie nie Wegabkürzungen, sogenannte Abschneider, besonders nicht beim Abstieg!
9. Meiden Sie harte, steile Schneefelder, auch wenn Spuren vorhanden sein sollten!
10. Gehen Sie mit einem autorisierten Bergführer, wenn Sie sich nicht völlig sicher fühlen! (Ein Bergführerverzeichnis mit Tarifen finden Sie im Anhang des Buches!)

Und wenn nun trotzdem einmal etwas passiert? Dann verlieren Sie nicht gleich die Nerven, sondern rufen Sie um Hilfe und warten Sie im Biwaksack auf die Männer der Bergrettung. Die rettenden Engel kommen wahrscheinlich aus der Luft, per Hubschrauber des Innen- oder des Verteidigungsministeriums. Es sind bestens ausgebildete Alpingendarmen, Heeresbergführer und freiwillige Helfer der in allen größeren Talorten bestehenden Bergrettungsdienste. Für Bergungen im Toten Gebirge werden Hubschrauber des Standorts Hörsching bei Linz und Aigen im Ennstal eingesetzt. Sie sind auch in schwierigem Gelände ohne Landeplatz durch die Möglichkeit einer Windenbergung aus dem schwebenden Hubschrauber heraus voll aktionsfähig.

Rettungshubschrauber bei einer Übung. Der Luftretter wird an einer Seilwinde zum Verletzten hinabgelassen und mit diesem wieder zurück in den Hubschrauber geholt.

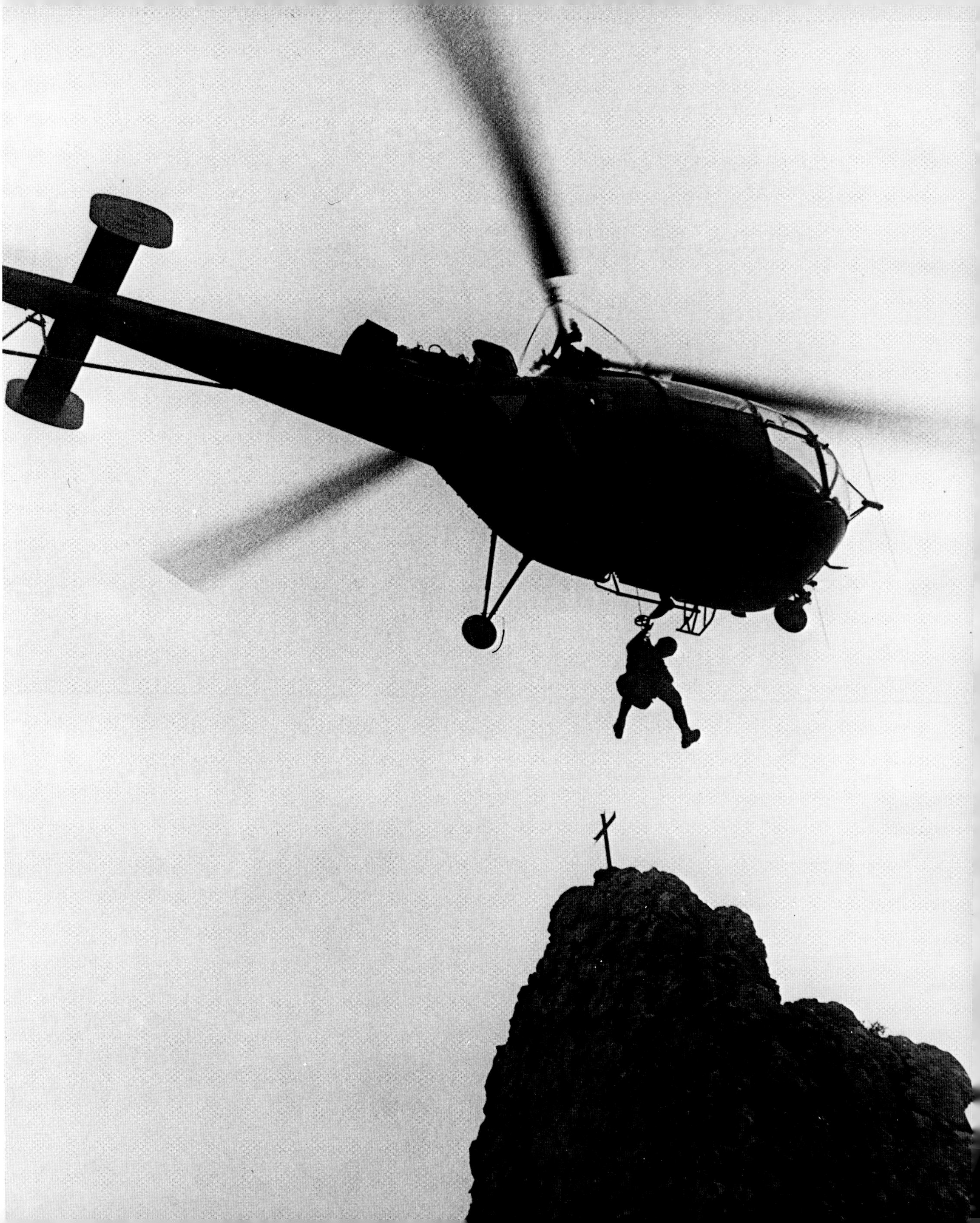

Anekdoten und Histörchen aus dem Toten Gebirge

Der Steyrer Mathematikprofessor und Mundartdichter Gregor Goldbacher (1875–1950) nächtigte anläßlich einer seiner zahlreichen Bergtouren im Toten Gebirge auch einmal auf der Bärenalm im Stodertal, auf der eine resche Schwoagerin mit einer Stalldirn hauste. Als Gegenleistung für Nachtlager und Jause deklamierte er vor den mit offenem Mund lauschenden Weibspersonen blutrünstige Szenen aus Shakespeares „Hamlet" und stürzte sich dabei zum Entsetzen der Damen von einem Dachbalken ins weiche Heu. Seitdem geht im Stodertal die Kunde, daß im Toten Gebirge hauptsächlich „Narrische" umherliefen . . .

Von Pießling-Ursprung, einer der größten Karstquellen der Ostalpen, erzählt die Fama, daß dieser auf geheimnisvolle Weise durch eine unterirdische Wasserader mit der Hansestadt Hamburg in Verbindung stehen müsse. Beweis: Vor Jahrzehnten hätte man am Ufer des Quellteiches die Kleidungsstücke eines von seinen Gläubigern verfolgten Geschäftsmannes gefunden und das Schlimmste befürchtet. Der gejagte Schuldner sei aber – welch Wunder! – nach fünf Wochen plötzlich in Hamburg wieder „aufgetaucht" . . .

Der historische Salzsteig von Hinterstoder nach Aussee weist zwischen der Poppenalm und dem Salzsteigjoch eine etwa einstündige, sehr steile und mit Drahtseilen gesicherte Passage auf. Ein Forstadjunkt des Herzogs von Württemberg, der aus dem Schwabenland nach Hinterstoder versetzt war, bewältigte den Salzsteig aufgrund einer mit Einheimischen abgeschlossenen Wette mit einem – Fahrrad. Nach zwei Tagen kam er kreuzfidel wieder über den Pyhrnpaß zurück und kassierte lachend den vereinbarten Preis.

Die drei Blätter der neuen Alpenvereinskarte Totes Gebirge im Maßstab 1:25.000 wurden nach modernsten Methoden der Photogrammetrie aufgrund von Flugaufnahmen erstellt. Trotzdem blieben den Kartographen etliche bestens angelegte Jagdsteige verborgen. In Bergsteigerkreisen wird seitdem behauptet, die Jäger hätten durch Vergießen von Unmengen selbstgebrannten Alkohols und die davon aufsteigenden Dünste ihre Geheimpfade „unsichtbar" gemacht.

Von Sepp Huber, dem äußerlich unscheinbaren, in Wirklichkeit aber exzellenten Bergsteiger und Erschließer der Nordseite des Toten Gebirges, erzählt Hofrat Dr. Ludwig Krenmayr in einer ausgezeichneten Biographie im Alpenvereinsjahrbuch 1974 folgende wahre Begebenheit: Sepp Huber traf auf dem nach ihm benannten, mit sehr viel Eisen gebändigten Weg durch die Röll einst einen Fremden, der auf das ebenfalls von Huber herausgegebene Führerbüchlein schimpfte. „Diesen Sepp Huber wenn ich hier hätte – er schreibt unschwieriger Weg!" Darauf Huber: „So, der Sepp Huber bin ich!" Worauf der Fremde erst recht ungehalten wurde und sich auf den Arm genommen fühlte: „Ach was, Sie kleines Männeken wollen Sepp Huber sein?"

In einem sehr beliebten Wanderführer ist über eine Familientour im Toten Gebirge zu lesen: „Köstlich rastet man am Waldrand, während die Kinder in den hohen Farnbeständen Verstecken spielen. Wenn dann auch noch die Eltern ein Spielchen riskieren, schwingt glückliches Kinderlachen durch die unberührte Landschaft . . ."

Der Pießling-Ursprung bei Roßleiten, eine der größten Karstquellen der Ostalpen. Man erreicht ihn in ca. 30 Minuten vom Parkplatz des Sensenhammers aus.

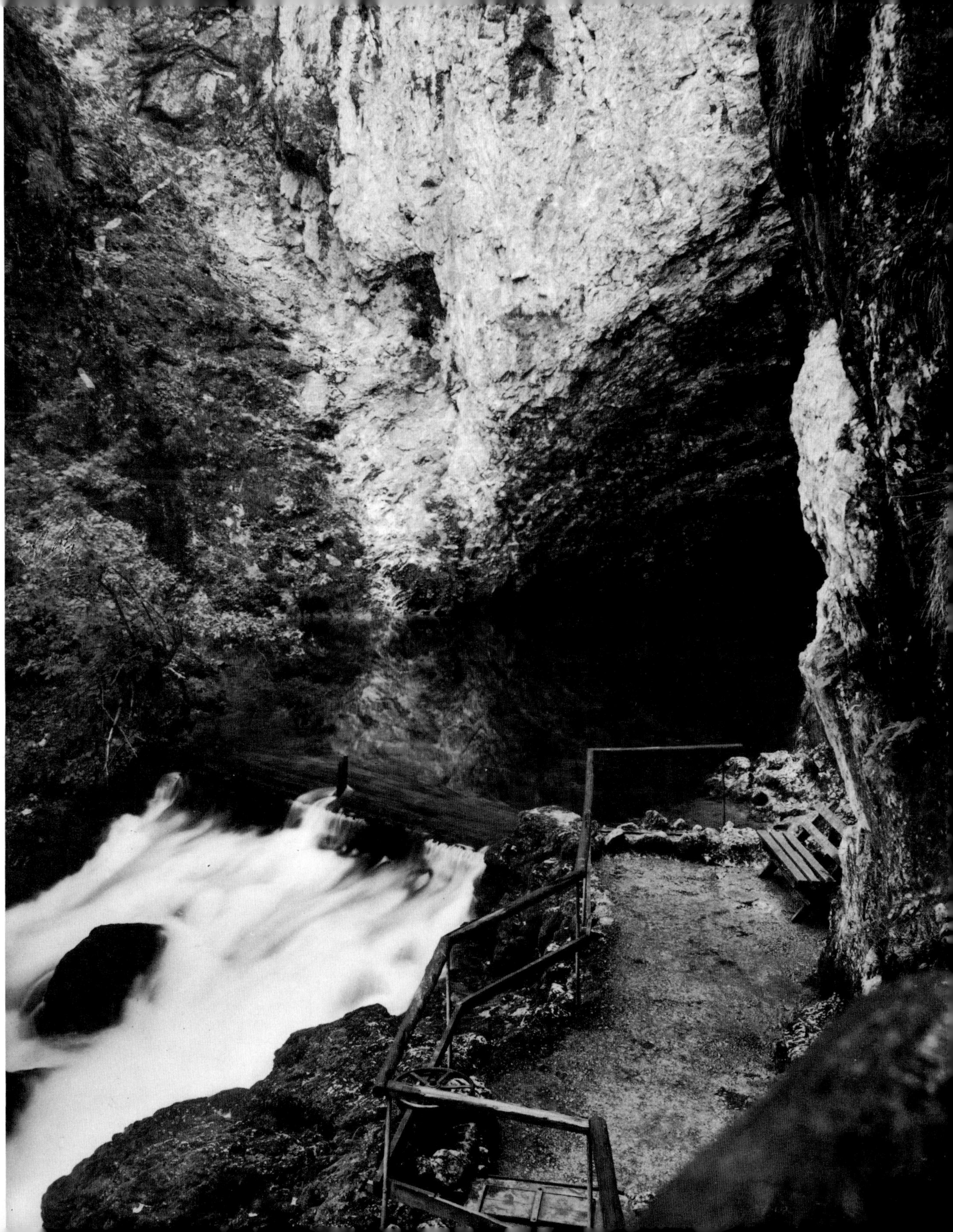

Heißt der Kogel jetzt Hebenkas oder Kraxenberg?

Der verdiente oberösterreichische Volkskundler Dr. Franz Lipp, Linz, stellt bezüglich der Einheimischen in den Talsiedlungen am Fuße des Toten Gebirges fest, „daß es zwischen ihren Bewohnern über das Gebirge hinweg keinerlei Querverbindungen und Berührungspunkte gibt. Das Stodertal ist im Bewußtsein des eingeborenen Salzkammerers so weit von der Traun entfernt wie das Zillertal oder das Lesachtal – er kommt weder dort noch da hin".

Mag diese Behauptung auch durch die Existenz des uralten Salzsteigs von Stoder nach Aussee sowie durch die früher übliche alljährliche Prozession der Stoderer zum Wallfahrtskirchlein Maria Kumitz bei Obersdorf im Steirischen anfechtbar sein, so sprechen die häufig vorkommenden Unterschiede in der Namensgebung für ein und denselben Gipfel durchaus für eine sehr spärliche Kommunikation zwischen den Leuten von hüben und drüben.

Was dem steirischen Ausseer der Semmelbergrücken ist, heißt im Stodertal Bösenbühel; wenn die Stoderer Hochkasten sagen, denken die Ausseer an den Hebenkas; nun haben die Stoderer aber einen eigenen Hebenkas, der drüben wiederum Kraxenberg heißt. Das stoderische Brandleck wird zum steirischen Weißengries, der Eisenberg zum Almkogel, der Mitterberg zum Torstein.

Stand Erzherzog Johann 1810 auf dem Großen Rabenstein, so war sehr wahrscheinlich der heutige Zwölferkogel der „Almtaler Sonnenuhr" gemeint. Steigt noch heute ein Bergsteiger aus Bad Ischl auf den Wildenkogel und reicht am Gipfel einem Ausseer die Hand, so hat dieser daheim den Schönberg als Ziel angegeben. Es war ein rechtes Kreuz für die bisherigen Führerautoren, in diesem Wirrwarr einen klaren Kopf zu behalten. Die drei Blätter der lange ersehnten Alpenvereinskarte Totes Gebirge im Maßstab 1:25.000 (Blatt West 1967, Mitte 1971, Ost 1974) haben nun endlich eine eindeutige Nomenklatur geschaffen. Und dabei soll es wirklich Leute geben, die auf einen Berg hinaufsteigen, ohne überhaupt zu fragen, wie er heißt! Einfach, weil ihnen der Berg so gefällt . . .

Blick aus dem Stodertal in der Nähe des Dietlgutes auf Brandleck, Scheißmauer und Kleinen Hochkasten mit dem einsamen Prentnerkar.

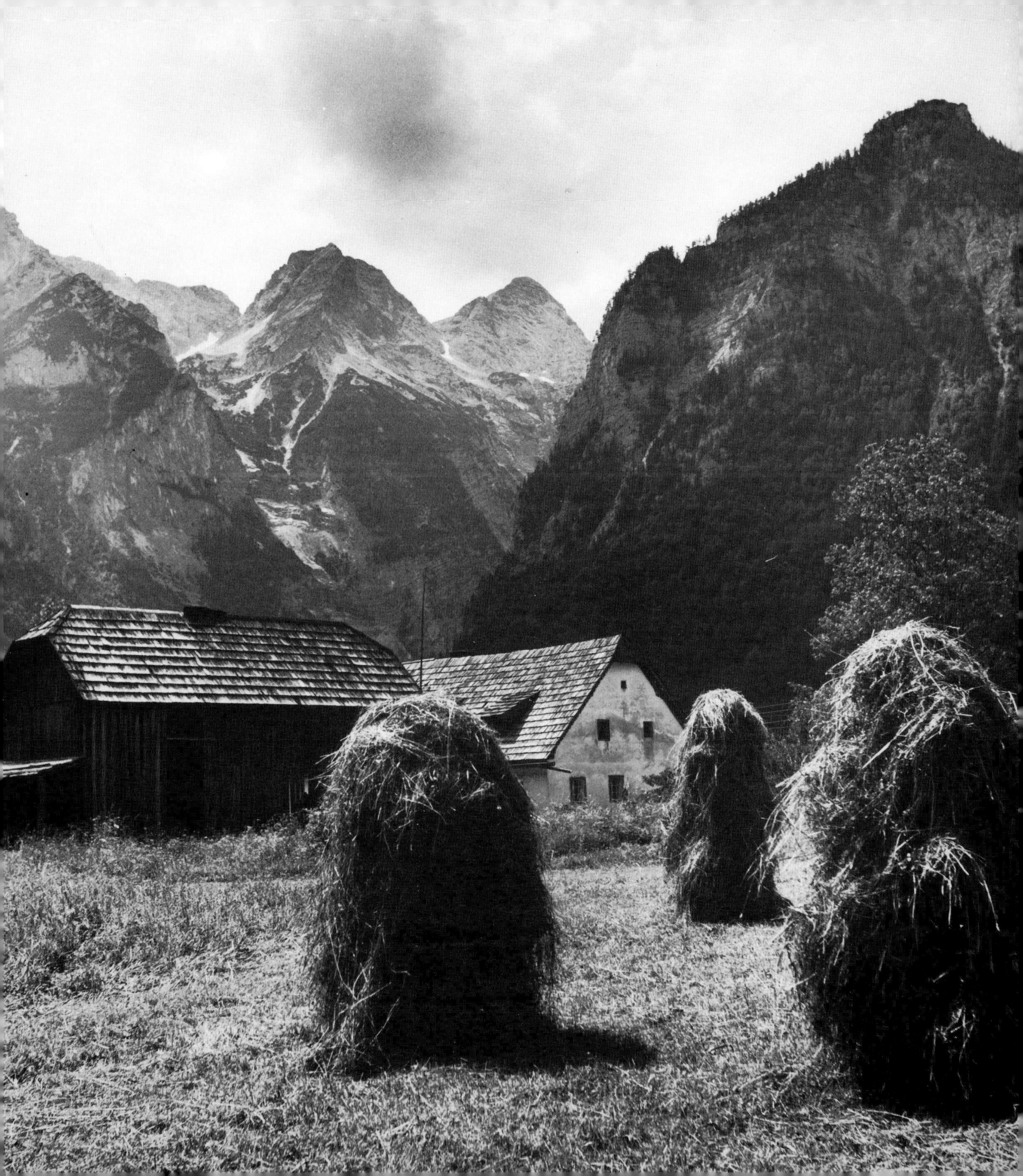

Totes Gebirge – ein Eldorado für Höhlenforscher

Wenn Höhlenforscher den Namen „Totes Gebirge" hören, werden sie quicklebendig. Die verkarstungsfreudigen Kalkgesteine zwischen der Traun und der Teichl bergen rund 630 bisher bekannte, wissenschaftlich erfaßte und fein säuberlich am Eingang numerierte Höhlen. Davon stehen derzeit 16 unter Denkmalschutz und dürfen nach den Bestimmungen des österreichischen Naturhöhlengesetzes aus dem Jahre 1928 nur mit ausdrücklicher Zustimmung des Bundesdenkmalamtes begangen oder – wie es in der Fachsprache heißt – „befahren" werden.

Der Linzer Höhlenforscher Erhard Fritsch stellte in der 2. Auflage des „Alpenvereinsführers Totes Gebirge", München 1974, die interessantesten Höhlen ausführlich dar und erwähnt dabei, daß erst ein kleiner Teil als gänzlich erforscht angesehen werden könne und Neuentdeckungen auf den weiten Kalkhochflächen jederzeit möglich seien! Wen kribbelt es da nicht, etwa mit den Linzer, Sierninger, Ausseer oder Liezener Höhlenforschern eine Bergtour in das geheimnisvolle Innere des Toten Gebirges anzutreten? Um allerdings „a guater Innengeher" zu werden, muß einer zuerst einmal „a guater Außengeher", d. h. ein mit allen alpinen Techniken vertrauter Bergsteiger und Kletterer sein. Dies jedenfalls meint der Steyrer Heiner Thaler, der mit Wiener Höhlenexperten schon einmal eine zehntägige Expedition in die Welt ohne Sonne unternommen hat und seitdem mit allen Höhlenwassern gewaschen ist. Gerade das nasse Element spielt bei diesem ausgefallenen Hobby oft eine entscheidende Rolle! Höhlenseen und unterirdische Bäche, die in Jahrmillionen in Verbindung mit tektonischen Störungen die riesigen Hohlräume schufen, stellen sich den Eindringlingen in den Weg, zaubern andernorts phantastische Eisgebilde hervor oder versperren bei plötzlichen Schlechtwettereinbrüchen als Siphon den Rückzug.

Und der Lohn für all den Wagemut? Zuerst einmal „Nix", wie die trübweißen Bergmilchablagerungen etwa der Kreidenlucke bei Hinterstoder im Volksmund heißen. Knochen von Höhlenbären, Elch und Wisent müssen da schon als handfestere Fundstücke gelten, ebenso Tropfsteine und Kalzitkristalle, seltene Frostmusterböden und schließlich als Sternstunde für Zoologen Pseudoskorpione und Höhlenblindkäfer. Die wissenschaftlich bedeutsamsten Entdeckungen wurden seit 1924 in der Salzofenhöhle gemacht, die sich mit rund 2000 Metern Seehöhe als höchstgelegene Jagdstation des Eiszeitmenschen in Österreich erwies. Radiokarbondatierungen dort vorgefundener Artefakten (= von Menschenhand geschaffener Werkzeuge) ergaben ein Alter von mindestens 30.000 Jahren.

Das Prunkstück aller Höhlen im Toten Gebirge ist zweifellos die erst 1961 entdeckte und hauptsächlich von Linzern vermessene Raucherkarhöhle in der Nähe der Ischler Hütte. Sie weist vom Haupteingang in 1563 Meter Höhe weg ein Labyrinth mit einer derzeit erforschten Gesamtlänge von mehr als 18 Kilometern bei einer Höhendifferenz von 700 Metern auf und zählt damit nach dem Urteil von Erhard Fritsch „zu den ausgedehntesten Höhlensystemen der Erde". Die „Höhlenmenschen" haben sicher recht, wenn sie ihr Arbeitsgebiet als das letzte wirkliche Neuland in unseren Alpen bezeichnen, und ihre Begeisterung für die unterirdische Wunderwelt in ewiger Nacht läßt sich am besten aus den Namen für die Entdeckungen ablesen: so gibt es in der Raucherkarhöhle nach dem „Eingangslabyrinth" u. a. einen „Gigantendom", einen „Eissaal", eine „Zyklopenhalle", ein „Tropfsteintor", einen „Windstollen", eine „Schachtbrücke" und einen „Märchengang", allerdings auch eine „Arschbackenrumpel", die den Forscherdrang allem Anschein nach jedoch nicht aufhalten kann.

Eisgebilde in der etwa 700 Meter langen Eislueg-Höhle am Osthang des Brandlecks (Stodertal). Eine Befahrung dieser Höhle ist sehr schwierig.

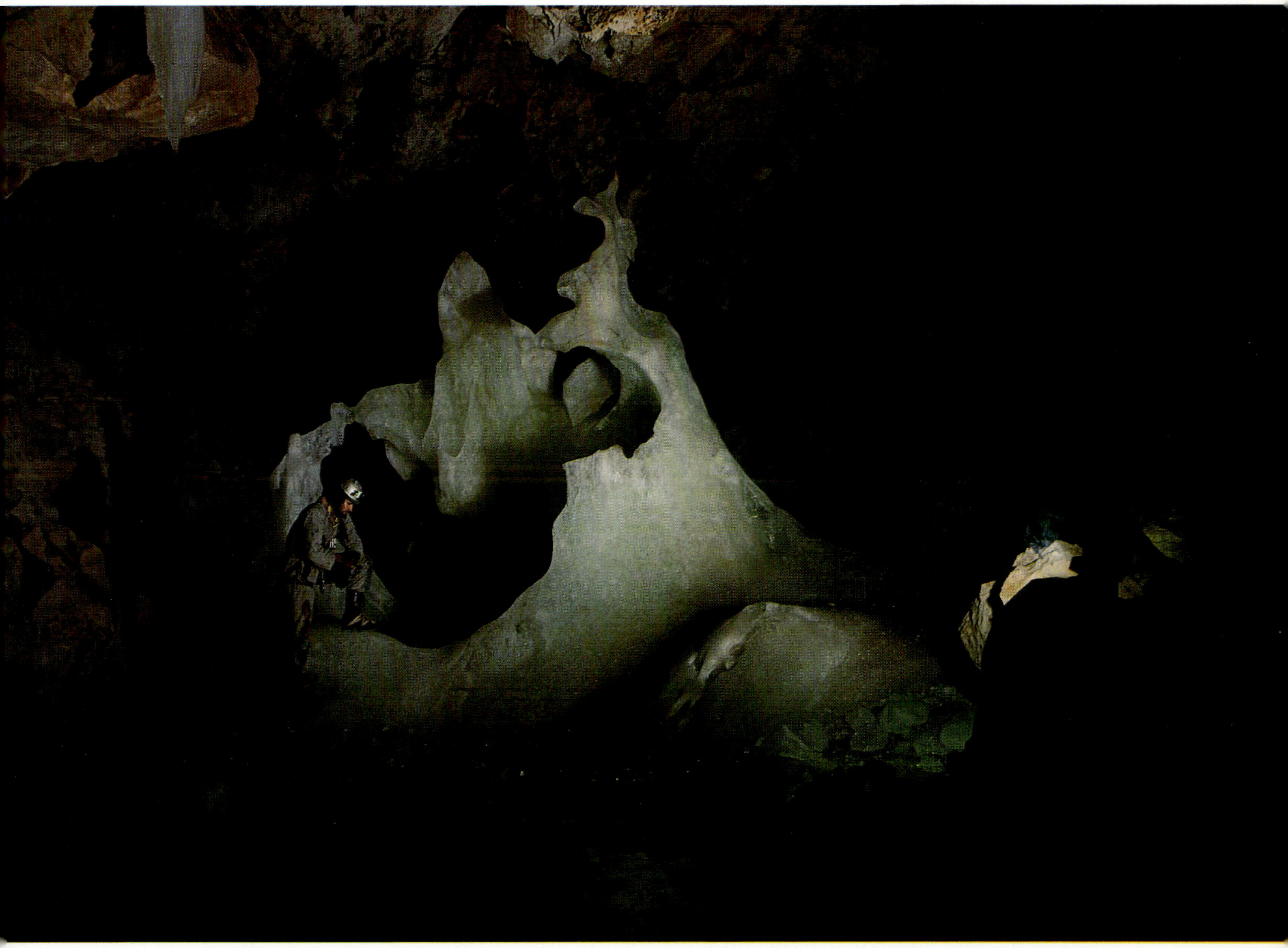

Die Stöderer in Haus und Sitte, Geschäft und Lebensweise

Im Jahre 1881 kam ein junger, frischgebackener Lehrer aus Pfarrkirchen bei Bad Hall auf seinen ersten Posten nach Hinterstoder, auf dem er volle 40 Jahre wirken sollte: Josef Angerhofer, späterer Schuldirektor, Mundartdichter, Amateurfotograf, Heimatforscher und Schriftsteller in einer Person. Als er 1947, 87jährig, auf dem Friedhof seiner geliebten Bergheimat zur letzten Ruhe gebettet wurde, standen Generationen von Schülern am offenen Grab und erwiesen dem um das Stodertal hochverdienten Mann die letzte Ehre.

Angerhofer hatte unter dem Pseudonym A. N. Gerhofer den ersten und bis heute unübertroffenen Lokalführer über ,,Hinterstoder mit dem Stoderthale" herausgebracht, dem mehrere Auflagen folgten. Unter der obigen Überschrift erzählt er aus eigener Anschauung von den Lebensgewohnheiten der Einheimischen in den letzten Dezennien des vergangenen Jahrhunderts: Man unterschied damals das eigentliche holzgedeckte Bauernhaus mit getrenntem Stall und separater Scheune, die Hütte des Kleinbauern oder Söldners und schließlich die Haarstube zur Warmröste des Flachses, die ebenfalls häufig ganzjährig bewohnt war. Zum Bauerngut gehörten in der Regel ein Reut (= Niederalm) und eine Alpe (= Hochalm), in welcher sommersüber die Schwaigerin mit den Almdirndln hauste. Jeder größere Bauer besaß daneben eine kleine Mühle sowie einen Webstuhl und war eigenjagdberechtigt, alles in allem also weitgehend autark. Die Bauernhäuser glichen einander völlig in der Raumaufteilung und enthielten ebenerdig ein großes Vorhaus, die Stube, ein Stübl sowie die Küche mit offenem Herd, im Obergeschoß das ,,Oberzimmer" und etliche Schlafkammern. Dieser Haustyp ist auch heute noch häufig im Stoder- und Garstnertal zu finden. Im Hofraum stand ein ,,rinnender Brunnen", die Bäuerin unterhielt einen ,,Büschlgarten" mit Nelken als Lieblingsblumen.

Unter den zahlreichen Dienstboten bestand eine strenge Hierarchie vom Meier über Prüglknecht, Fasser, Ableerer und Stümmel bis zum Schaferlbuben, bei den Mägden von der Schwaigerin über Kühdirn und Hausdirn bis zur ,,Kindsin", welche die Kinder hüten mußte.

,,In puncto Liebe des Kärntners Seitenstück" schildert Angerhofer seine Landsleute ansonsten als heitere, gutmütige, arbeitsame und genügsame Menschen, die von Sterz und Schottsuppe (aus Käse) lebten. Fleisch gab es höchst selten. ,,Die Kleidung ist einfach, oft ganz aus Loden, der im Hause selbst, wie die Leinwand, angefertigt wird. O, möchten die Bewohner bei ihren selbsterzeugten Stoffen: Loden, Leder und Leinwand bleiben." Die Füße steckten in ,,Pechdrahternen"; die Weibsleut trugen kleine schwarze Hüte aus Filz, häufig mit Nelken oder der ,,Kraftblume", dem Petergstamm (Primula auricula), geschmückt. Getanzt wurden ,,Ländler" und ,,Steyrer", Gesang und Musik erfreuten sich großer Beliebtheit und verherrlichten das freie Leben auf der Alm und als Schütz. Leider sollte dieses freie Leben nicht ewig dauern. Schon kurz nach der Jahrhundertwende klagt der vielgereiste Wiener Bergsteiger und Freund des Stodertales Dr. Fritz Benesch im Alpenvereinsjahrbuch 1912: ,,Jetzt haben reiche Jagdliebhaber auf einmal eine merkwürdige Vorliebe für Stoder bekommen. Weit und breit kaufen sie alles an, die schmucken Almen werden aufgelassen, und wo ehedem das Jauchzen der munteren Schwaigerin widerhallte, ertönt jetzt nur mehr das Röhren der Hirsche. Warum soll der Bauer auch das schwere Geld nicht nehmen, das ihm der Boden nie und nimmer getragen hätte? Er lebt jetzt in Saus und Braus, und wenn auch die Kinder und Enkel vielleicht nichts mehr davon haben, so finden sie doch als Jäger und Holzknechte in den herrschaftlichen Besitzungen einen Verdienst. Es liegt eine arge Unmoral in diesem traurigen Bild unserer Zeit."

Nun, inzwischen macht Hinterstoder wieder ein recht freundliches Bild mit schmucken Pensionen, Hotels und Liftanlagen und ernährt durchaus seine Bewohner. Die Almen allerdings verfallen ebenso wie überall im Gebirge und dienen bestenfalls dem Fremdenverkehr als nostalgische Staffage.

Spitzmauer und Großer Priel aus dem Stodertal. Lithographie von Alexander Kaiser nach Joseph Höger, um 1850.

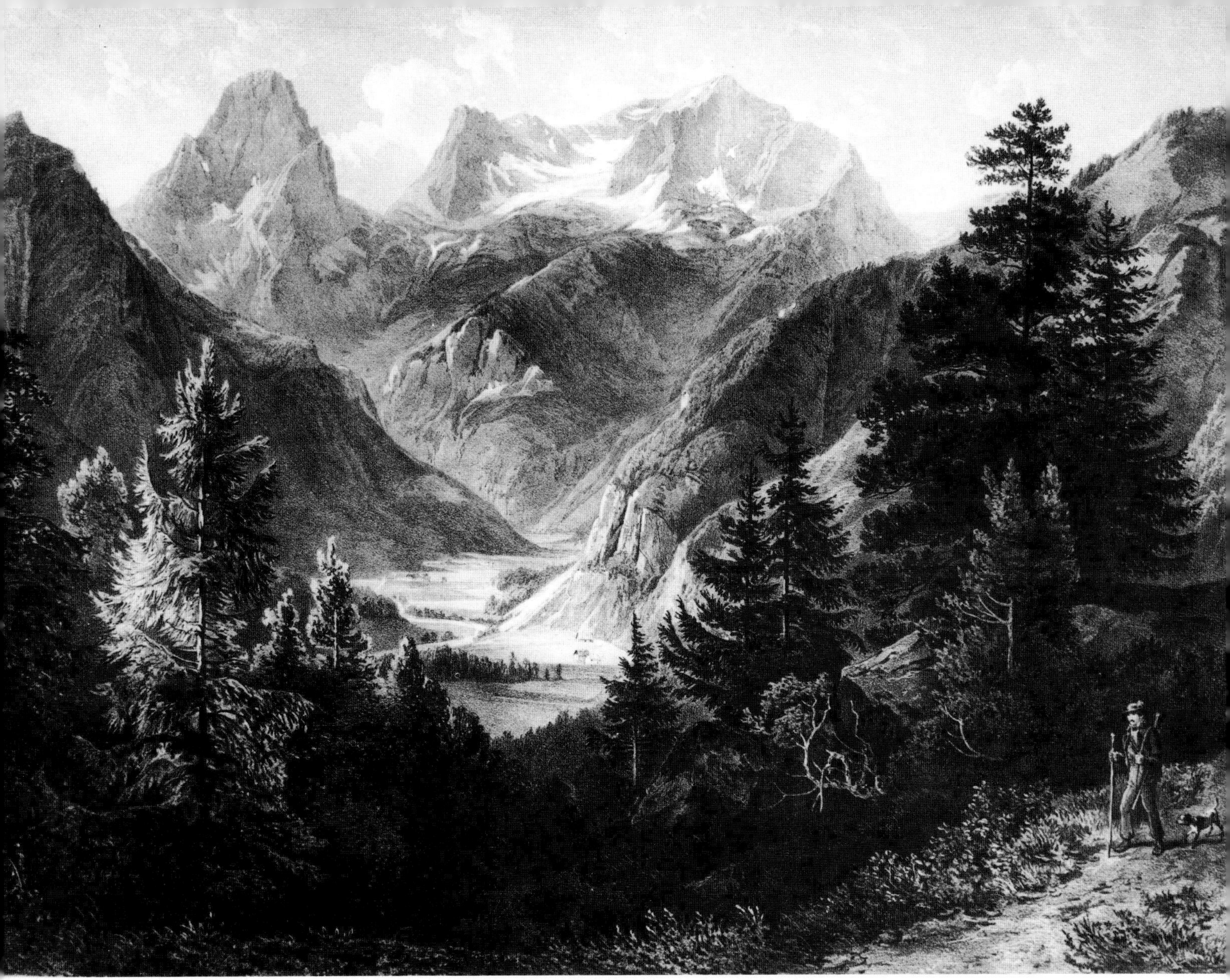

A Buschn Almbleamerl

Wenn die auffallende Pflanzenarmut der wilden Karrenflächen auf dem Hochplateau einst namengebend für das Tote Gebirge war, so wohl deshalb, weil im Gegensatz dazu ringsum die Almen und Talgefilde strotzten von blühendem Leben. Sinnigerweise nannten daher die Schwaigerinnen im 19. Jahrhundert den jeweils um die Sonnenwende einsetzenden Almauftrieb des Viehs „Bloamsuah" (= Blumenbesuch). Blumensuchen war damals also vorrangig eine nahrhafte Beschäftigung fürs Rindvieh. Heute dagegen grasen nur allzuoft Herden von Sommerfrischlern die Almregionen ab, um in blinder Gier alles auszureißen, was da duftet und blüht. Aus dieser Sicht erschien es dem Verfasser unangebracht, die letzten Standorte der trotz strenger Naturschutzbestimmungen immer seltener werdenden Alpenpflanzen im Toten Gebirge detailliert anzugeben. Der wirkliche Blumenliebhaber findet darüber genügend Angaben in der umfangreichen Spezialliteratur und wird bei deren Studium höchst erstaunt sein über den Artenreichtum der Flora im Toten Gebirge.

Frauen besitzen zumeist ein besonders inniges Verhältnis zu Blumen; wir folgen daher gern dem Urteil der bekannten steirischen Bergschriftstellerin Liselotte Buchenauer, wenn sie sagt: „Die wilde, weiße Narzisse, auf Tal- und Bergwiesen um das Gebirge und in ihm vorkommend, könnte man geradezu die Blume des Toten Gebirges oder sein Symbol nennen." Der Kletterer dagegen denkt besonders an den zwischen den Felsen goldgelb blühenden Petergstamm (Alpenaurikel), den man früher auch „Kraftblume" nannte und der von den Einheimischen ausgesprochen verehrt wurde. Wer aus Tirol oder Bayern kommt, wird in den Laubwäldern der Niederungen mit Erstaunen die üppige Pracht der Schneerose bewundern, die im Salzburger Land ihre Westgrenze erreicht. Ebenso steht es um den durchdringend riechenden echten Gelben und Roten Speik, der vor Jahrzehnten noch in Massen auf den „Speikböden" gesammelt wurde. Relativ häufig findet man auch die Hirschzunge, die Akelei, das Kohlröserl, den Seidelbast, den Frauenschuh, Trollblumen und Knabenkräuter. Wie trocken wirken aber derlei Aufzählungen gegenüber den Worten des Mundartdichters Gregor Goldbacher (1875–1950), der mit heißem Herzen in der Sprache der Heimat auch deren Blumen vorstellt:

A Buschn Almbleamerl
(Auszug aus dem Gedichtband von Gregor Goldbacher „Bergsteign und Almalöbn", Steyr 1917)

Azisn
(Narzisse)

Schneeweiß san dö Sterndl
Wia frisch gfallna Schnee.
A kloans goldas Kranl
Steht mittn in d' Heh.

Kohlröserl

In da Sunnwendnacht gehngan
Dö Kohlröserl auf,
Drum liegt dö ganz Schenheit
Va da Summerszeit drauf.

Hoadara
(Heidekraut)

Ganz braun san noh d' Wiesn
Und d' Berg volla Schnee,
Da röckst dein rots Köpfl
Schon lusti in d' Heh.

Lawendl
(Alpenseidelbast)

Bi aufikralt, bi abigstiegn,
Suach 's Bleamerl überall.
Han lang schon gschmöckt den guaten Gruch
Dort drunt ban Bach in Tal.

Almrausch

Kimmst aufi in d' Heh
Und siachst, wia all's glüaht,
Aft moanst, daß di d' Freud
Gar nimmamehr bfüat'.

Budabloaman
(Trollblume)

Kügerl, gwiß a Million,
Ganz aus lautern Gold,
–
's wann da Himmel dös allsand
Mir grad schenkn wollt.

Pedagstam
(Alpenaurikel)

Goldkern und Edelstoan
Wachst nöt in unsrö Wänd
Und sö leuchtn doh so hell,
Wer dö Platz kennt.
Goldanö Sterndl san's,
Angstaubt mit Mehl ganz fein.
D' Wurzn, dö grabn sö tiaf
In dö Stoan ein.

Eine für die Karstflora typische Blütenpflanze, wie sie oft inmitten der Felswüsten des Toten Gebirges anzutreffen ist: Polster des blaugrünen Steinbrechs.

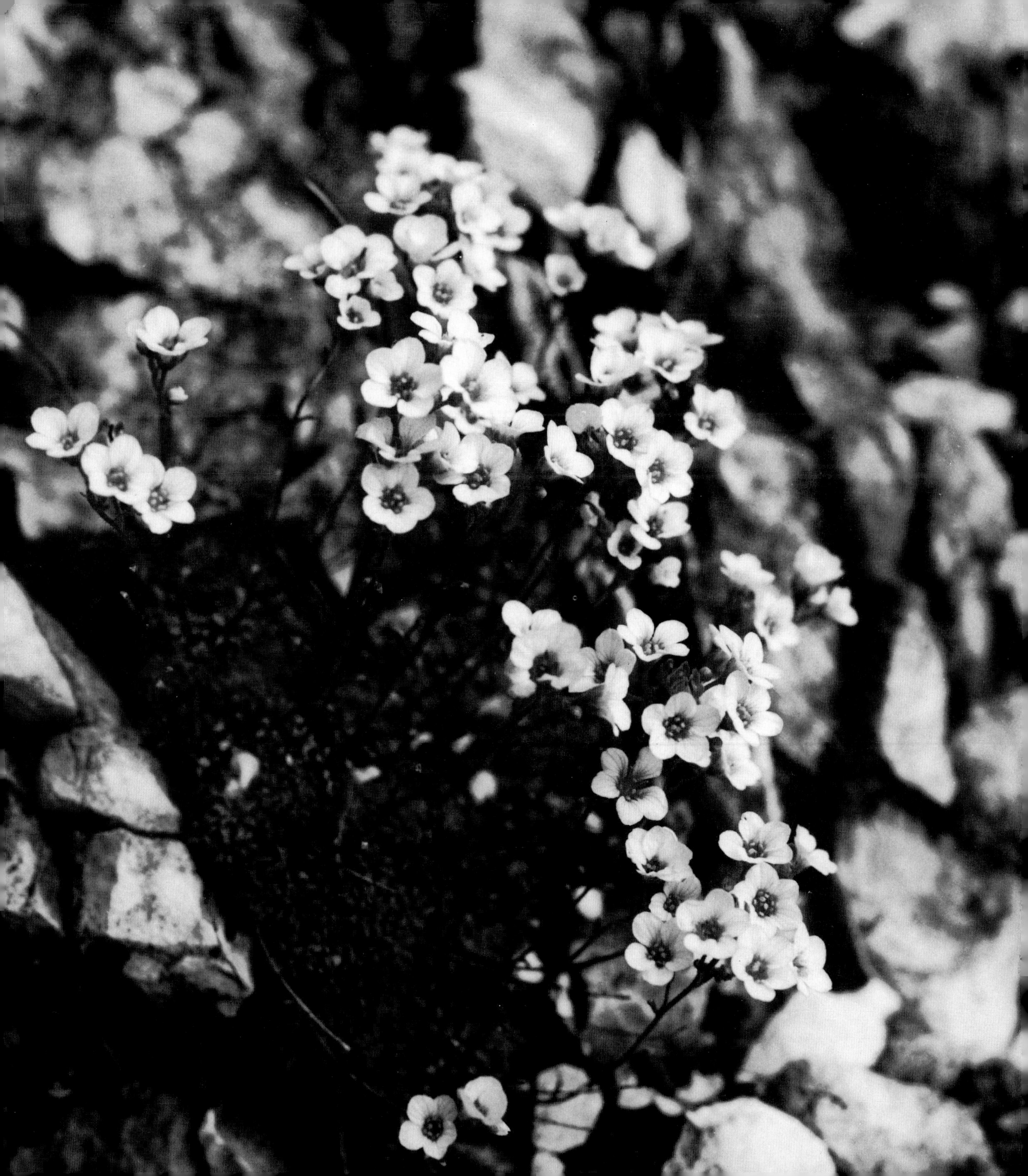

Ritt auf wilden Wassern – Kajakflüsse im Toten Gebirge

Zwischen den beiden großen Weltkriegen gesellte sich zu den altbekannten alpinen Disziplinen Bergsteigen und Skilaufen eine feuchtfröhliche dritte: das Wildwasserfahren. Man sprach von der „alpinen Dreifaltigkeit", und ein waschechter Bergfex war im Fels, auf den Skiern und im Kajak gleichermaßen zu Hause. In den großen gebirgsnahen Sektionen des Alpenvereins und der Naturfreunde entstanden eigene Faltbootabteilungen, deren Mitglieder häufig im Anschluß an Bergtouren etwa im Gesäuse die Enns befuhren oder sich aus dem Toten Gebirge auf der Traun, Alm oder Steyr heimwärtsschaukeln ließen.

Mit der durch den Energiehunger der letzten Jahrzehnte notwendig gewordenen Vergewaltigung der meisten größeren Alpenflüsse seitens der Kraftwerksbauer gingen die natürlichen Voraussetzungen für ausgedehnte Flußwanderungen immer mehr zurück, das klassische Faltboot verlor zusehends an Attraktivität und mit ihm schien das Abenteuer auf Alpenflüssen endgültig der Vergangenheit anzugehören. Kurioserweise lag es aber wiederum primär an der Technik, daß mit der Verwendung neuartiger Polyesterharze im Bootsbau etwa ab der Mitte der sechziger Jahre plötzlich eine ungeahnte Wende im Wildwassersport eintrat. Mit den neuen, robusten und leicht zu reparierenden Booten eroberte man nun die zwar verblockten, aber noch unverbauten schmalen Oberläufe der Bergflüsse. Wildwasserfahren war innerhalb weniger Jahre wieder „in", ja es übt heute als berg- und naturverbundene Sportart eine größere Anziehungskraft aus als jemals zuvor.

In unserem Steyrer, vorzugsweise aus Bergsteigern und Skitourenfahrern zusammengesetzten Freundeskreis fand die erste Begegnung mit dem kristallklaren Wildwasser des Steyrflusses im heißen Sommer des Jahres 1970 auf höchst dilettantische Weise statt: In einem Konvoi teils ovaler, teils länglicher Schlauchboote (!) ritten wir zum allgemeinen Gaudium die langgezogenen Schwälle hinunter. Ein Zweier-Kanadier als Mutterschiff barg im Unterwasser schwieriger Gefällstrecken die in Seenot Geratenen, und alle paar Kilometer mußten sämtliche Insassen wegen drohender Unterkühlung mit Kognak wieder aufgeheizt werden.

So abenteuerlich und lustig diese Fahrten auch waren, im Laufe etlicher Wochenenden ging das eiskalte Wildwasser manchem doch langsam an die Nieren und man beschloß, in sportlich perfekte Kajaks umzusteigen. Neoprenanzüge und Spritzdecken ließen den Kognakkonsum merklich zurückgehen, doch dafür gab es anfangs mit den kippligen Slalombooten ungleich mehr Kenterungen als zuvor bei unseren gutmütigen „Gummischifferln". Die Eskimorolle (Aufrichten des gekenterten Kajaks ohne auszusteigen) als elegantester Rückweg ins Boot gelang erst nach vielen „abgesoffenen" Versuchen.

Inzwischen ermöglicht die im Jahr 1976 in Klaus an der Steyr gegründete 1. Oberösterreichische Wildwasserschule auch Anfängern das schnelle Erlernen der Wildwassertechnik und veranstaltet darüber hinaus Wanderfahrten auf allen geeigneten Wildflüssen des Toten Gebirges. Ebenso erhielten die Kajaksportvereine „Forelle Steyr" und „Paddelsektion ATSV Steyr" im Mai 1976 in St. Pankraz an der Steyr ein neues Trainingszentrum für ihre seit 30 Jahren bei Weltmeisterschaften und Olympiaden überaus erfolgreichen Sportler. Leider können diese im Zusammenhang mit dem Kraftwerksbau entstandenen Einrichtungen nicht restlos über den Verlust der nun eingestauten Schluchtstrecke der Steyr zwischen St. Pankraz und Klaus hinwegtrösten.

1977 endlich brachte der traditionsreiche Wiener Landkartenverlag Freytag & Berndt eine völlig neuartige Kanusportkarte für das Tote Gebirge im Maßstab 1:100.000 mit einem beigefügten, vorzüglichen Wildwasserführer von Hans Matz heraus. Der Autor informiert darin über alle erforderlichen Einzelheiten zur Befahrung von Alm, Traun einschließlich sämtlicher Quellflüsse, Grimmingbach, Salzabach, Rettenbach und Steyr, womit einem Probeschluck allerfeinsten Wildwassers der Güteklasse I nichts mehr im Wege stünde!

Wildwasserfahrer auf der Steyr. In dem kristallklaren Wasser (Güteklasse I, d. h. Trinkwasserqualität) sieht man jeden Stein.

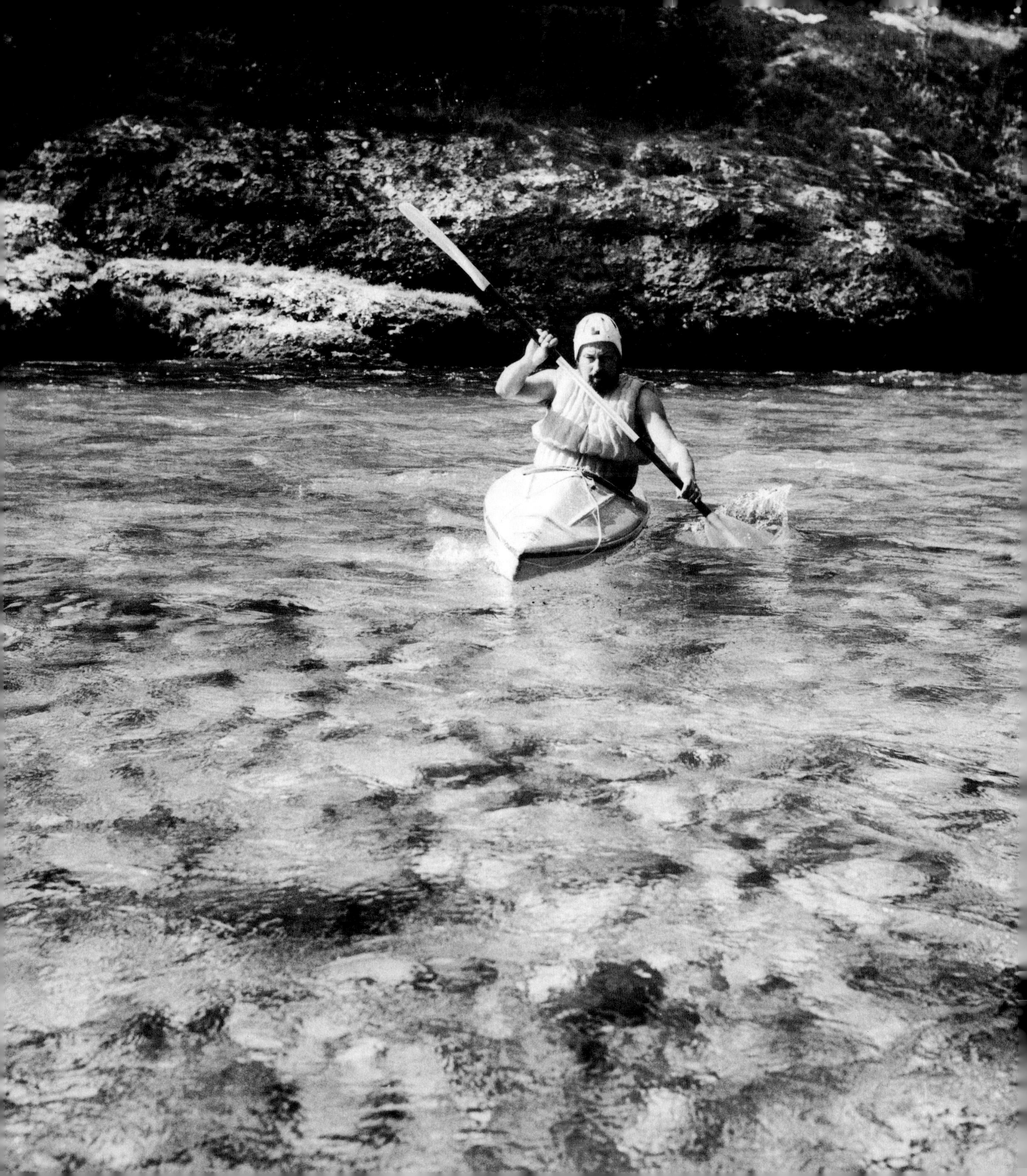

Der Alpenmaler E. T. Compton und das Stodertal

Von allen Malern, die sich um die künstlerische Darstellung des Hochgebirges bemühten, dürfte der am 29. Juli 1849 im Londoner Vorort Stoke Newington geborene Edward Theodor Compton der zumindest in Bergsteigerkreisen bekannteste sein. Seit 1867 in Deutschland lebend, heiratete er 1872 die Münchnerin Gusti von Romako und ließ sich in der damaligen Künstlerkolonie Feldafing nieder. Von seinem Heim am Starnberger See aus durchstreifte er nahezu fünf Jahrzehnte lang die Ost- und Westalpen, dabei zeitweise als Seilgefährte so berühmter Bergsteiger wie eines Ludwig Purtscheller oder des Viertausendersammlers Dr. Karl Blodig. Von 1883 bis etwa 1912 schmückten seine Illustrationen die „Zeitschrift des Deutschen und Österreichischen Alpenvereins", daneben aber auch so bekannte Werke wie Lendenfelds „Aus den Alpen", Zsigmondys „Im Hochgebirge" oder Purtschellers „Über Fels und Firn". Das alpine Museum des ÖAV in Innsbruck besitzt mit 280 Zeichnungen, Aquarellen und Ölgemälden des von Blodig auf über 2000 Bilder geschätzten Lebenswerkes die umfangreichste Sammlung dieses volkstümlichen Alpenmalers.

1905 kam der zu jener Zeit schon berühmte und anerkannte Künstler auf Einladung des Pensionsinhabers Georg Julius Schachinger (heute Pension „Prielkreuz") erstmals nach Hinterstoder und war von der Schönheit des Stodertales so begeistert, daß er von da an bis zu seinem Lebensende am 22. März 1921 noch etwa ein dutzendmal diesen paradiesischen Flecken Oberösterreichs besuchte. Sein letzter Aufenthalt fand im Nachkriegswinter 1919/20 statt, als ihn der Mangel an Heizmaterial von Feldafing zum warmen Kachelofen Schachingers nach Hinterstoder trieb. Oft hielt er sich wochenlang in Schachingers Pension auf und wurde zu einem engen Freund der Familie, den Sohn Gustav sogar einmal auf das Warscheneck begleiten durfte. Auch mit dem in Hinterstoder als Förster und Gutsverwalter des Fürsten Eulenburg-Härtefeld tätigen Hobbymaler Max Rieger pflegte E. T. Compton Kontakt und wurde dem jungen Autodidakten ein hochverehrter Lehrer.

In Steyr besuchte Compton mehrmals den großen Meister des Stahlschnitts, Michael Blümelhuber, der sich sehr für seine Bilder interessierte, in Linz fand er im Sportartikelhändler Josef Dobretsberger einen engagierten Freund und Verehrer seiner Kunst, der sogar für E. T. C. posthum ein Erinnerungsdenkmal am Fleischbanksattel unterm Großen Priel errichten wollte, wozu es allerdings nicht mehr kam.

Im Herbst des Jahres 1919 veranstaltete der Oberösterreichische Kunstverein in Linz eine große Compton-Ausstellung, auf der allein 28 Bilder mit Motiven aus dem Stodertal zu sehen waren, darunter auch das heute in Linzer Privatbesitz befindliche berühmteste Ölgemälde dieser Schaffensperiode „Blick auf die Felsenwüste des Toten Gebirges vom Großen-Priel-Aufstieg". Dr. Karl Blodig erzählt, der Hofmarschall des Herzogs von Württemberg habe dieses ergreifende Bild, als er es unmittelbar nach dessen Vollendung in Hinterstoder zu sehen bekam, mit den Worten kommentiert: „Da könnte man die Hände falten."

Im Ausstellungskatalog von 1919 werden als Motive immer wieder die Spitzmauer, die Polsterlucke, die Dietlhölle, aber auch Vorderstoder mit der Prielgruppe und das Salzsteigjoch erwähnt. Einige der Bilder wurden seinerzeit von der oberösterreichischen Landesregierung erworben, weitaus die meisten Werke Comptons aus dem Stodertal befinden sich jedoch in Privatbesitz und sind heute einem größeren Kreis leider kaum mehr zugänglich.

Ausschnitt aus einem Ölgemälde von E. T. Compton „Blick vom Großen Priel zum Dachstein". Im Mittelgrund die Spitzmauer.

Pyhrnerkampl, Ostrawitz, Baumschlagerreit – Namen künden von Illyrern, Slawen und Baiern

Steile Berge und enge Schluchten werfen für die Straßenbauingenieure von heute keine technischen, sondern höchstens finanzielle Probleme auf. Die Menschen vergangener Jahrhunderte mußten sich dagegen viel stärker den natürlichen Gegebenheiten anpassen, wenn sie das Land erschließen wollten.

Die heutige Stodertalstraße gehört zu den Kunstbauten der Neuzeit, während der von der Natur vorgezeichnete, früher wohl einzige Zugang von Windischgarsten ausgehend über Vorderstoder verlief. Wir haben allen Grund zur Annahme, daß die ersten menschlichen Besucher des Stodertales nicht der Steyr entlang von Norden in dieses relativ abgelegene Hochtal eindrangen, sondern von Osten aus, dem Loigesbach folgend. Wann und durch wen dies geschah, liegt im dunkeln der Vor- und Frühgeschichte. Sehr wahrscheinlich waren es Jäger oder Hirten illyrischer Stämme, die gegen Ende des 2. vorchristlichen Jahrtausends auf ihren Streifzügen auch das Stodertal berührten. Mehr als ein hier vorgefundener Dolch sprechen für diese Hypothese die überlieferten Bergnamen wie Pyhrnerkampl, Pyhrnpaß oder das geheimnisvolle Wort Stiriate, in dem Sprachforscher die Wurzel von ,,Steyr" vermuten.

Mit dem Vordringen der Römer hellt sich die Vergangenheit schlagartig auf: sie errichteten in Norikum an der wichtigen Heerstraße vom Ennstal über den Pyhrnpaß hinaus nach Colonia Aurelia Antoniana Ovilava, dem heutigen Wels, im Gebiet von Windischgarsten ein Standlager, Mansio Ernolatia, von dem reiche Funde künden. Zur Zeit der Völkerwanderung ging diese Ansiedlung wieder zugrunde, an Stelle der Römer nahmen die slawischen Avaren von der Gegend Besitz. ,,Ein Stamm derselben, Wenden oder Winden genannt, hatte seinen Wohnsitz auch in den schönen Tälern am Priel und in der Nähe des hohen Sengsengebirges aufgeschlagen; von daher hat Windischgarsten den Namen, und das Stodertal (vom slawischen Stodor) war von ihm bewohnt", berichtet F. X. Pritz in seiner 1837 erschienenen ,,Geschichte der Stadt Steyr und ihrer nächsten Umgebung" (Nachdruck durch Wilhelm Ennsthaler, Steyr, 1965).

Die Wenden hinterließen uns neben ,,Stoder", was nach Prof. Finsterwalder ,,wenig tiefgründiger Ackerboden auf Felsenuntergrund" bedeutet, auch Namen wie etwa Ostrawitz (vgl. Hochosterwitz in Kärnten!), zu deutsch ,,Scharfenberg", Woising, Toplitz u. a. Vom 7. Jahrhundert n. Chr. an machte sich bei teilweiser Verdrängung der Slawen die Germanisierung und Hand in Hand damit die Christianisierung durch die Landnahme der Baiern bemerkbar, insbesondere durch die Ausstrahlung des im Jahre 777 durch den Bayernherzog Tassilo gegründeten Stiftes Kremsmünster. Ein Kremsmünsterer Stiftsurbar von 1467 zählt im Stodertal bereits 79 Höfe auf. Erst die Baiern kultivierten das Stodertal im großen Stil durch entsprechende Rodungen, wie wir aus den daraus abgeleiteten Namen wie Baumschlagerreit, Herzogreit, Schafferreit, Bärenreit, Stegbauernreit, Prielerreit und den vielen bajuwarischen Hof- und Flurnamen erkennen. Allerdings dauerte es noch bis zum Jahre 1784, bis die Streusiedlung im Stodertal eine Kirche mit Pfarr- und Schulhaus und damit ein ausgeprägtes Ortszentrum erhielt.

Die Stockerkapelle an der Straße von Vorder- nach Hinterstoder. Am linken Bildrand die Spitzmauer.

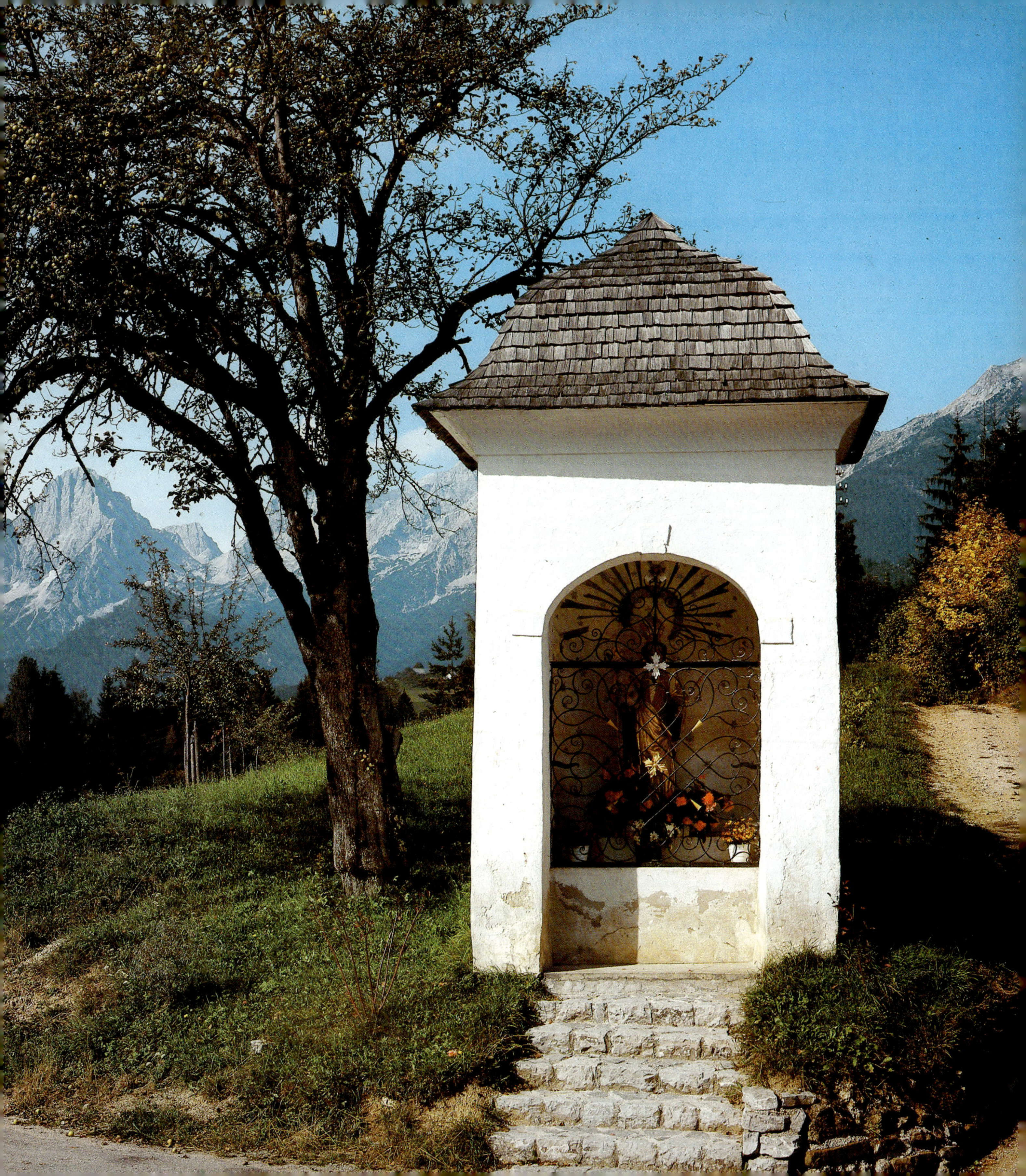

Sagen aus dem Stoder- und Garstnertal

Wer sich heute Sagen aus den Bergen unmittelbar von deren Bewohnern erzählen lassen will, wird dabei nicht viel Glück haben. Besser erging es vor gut hundert Jahren dem damaligen Lehrer von Vorderstoder, Franz Niederader. Der von Niederader aus dem Volksmund geborgene Schatz ist in zwei (allerdings sehr selten gewordenen) Büchlein niedergelegt: im „Führer durch Windischgarsten", Wien 1888, und in „Hinterstoder mit dem Stoderthale", Linz 1891. So findet man dort u. a.:

Die Wetterlucken

Häufig finden sich im Toten Gebirge senkrecht in ungeheure Tiefe hinabführende Löcher, die Wetterlukken. Wirft man in dieselben einen Stein, steigt aus dem Grunde bald ein kleines Nebelwölkchen herauf, das zur Wetterwolke anwächst und den Frevler mit einem gewaltigen Wettersturz und Hagelschlag straft. Will man aber einen ergiebigen, fruchtbaren Regen, so muß man ein Stückchen Brot ins Wetterloch werfen.

Die Entstehung der Kreidelucke

Vor alters waren dem Teufel die Leute in Hinterstoder zu fromm, so daß es für ihn dort fast keine Seelen zu holen gab. Er versuchte, die Leute mit allen möglichen Mitteln zum Abfall zu bringen, aber umsonst. Endlich beschloß er, das ganze Tal zu ersäufen. Er machte sich daran, den Kleinen Priel und den Steyersberg übereinanderzuwerfen, damit sich die Steyr staue und so Stoder ein See werde. Allein ihm wollte dies nicht gelingen. Nur einzelne Felsbrocken brachte er los, die jetzt noch in der Steyr liegen. Der schwarze Schweiß floß ihm dabei in Strömen vom Leib, woraus der heute noch fließende Schwarzbach entstand. Schließlich fuhr er vor Wut mitten durch den Berg in die Hölle, so daß ein gewaltiges Loch entstand: die Kreidelucke.

Die Büffelnattern

Auf den höheren Teilen der Berge lebten früher schlangenähnliche, aber mehr kurze und dicke Tiere, die einen mächtigen Kopf mit einem zahnbesetzten Rachen besaßen und seitlich mit vier kleinen, zum Gehen fast unfähigen Füßchen versehen waren: die Büffelnattern, kurz Büffeln genannt. Schrilles Pfeifen verriet ihre Anwesenheit. Sie verfolgten Kühe und andere Alpentiere, ja sie haben öfters schon Menschen ums Leben gebracht. Die Büffelnattern bewegen sich durch Sprünge fort, indem sie ihren kurzgestutzten Hinterleib zwischen die Vorderfüße setzen und sich dann vorwärtsschnellen. Wen sie beim Sprunge treffen, den durchbohren sie. Seit die Jäger Feuergewehre haben, ist die Büffelnatter allerdings äußerst selten geworden.

Der Alperl

Der Alperl ist ein echter Alpengeist. Er zieht im Herbst, wenn das leichtfertige Volk der Schwaigdirnen zu Tal gefahren ist, in die verlassenen Hütten ein, um als Rächer der geschehenen Übeltaten zu walten. Wenn die Schwaigdirnen ein ausschweifendes Leben führten, so rumort der Alperl fürchterlich mit den Milchgeschirren, stellt sie aber hernach wieder fein säuberlich auf ihren Platz. Wenn von der Alpe abgefahren wird, lassen ihm die Bauersleute eine gute Milchspeise auf dem Tisch zurück.

Die Bergmännlein

Die Bergmännlein (Bergmandeln) sind kleine, kindlich-schalkhafte Zwerge, die sich nach Belieben unsichtbar machen können. Sie haben ein uraltes Gesicht und tragen unscheinbare, vielgenützte Kleider. Sie leben meist in der Hochalpenregion, wo sie das Vieh schützen und hegen. In den Klüften haben sie ihren Haushalt eingerichtet. Dort backen und kochen, waschen und spinnen sie. Oft treiben sie sich zwischen dem Vieh umher und setzen sich gerne zwischen die Hörner der Kühe.

Pießling-Ursprung und Gleinkersee

Der Gleinkersee, der einen ganz unbedeutenden Abfluß hat, soll seine Gewässer unterirdisch durch den Berg abfließen lassen. Als dieser Abfluß wird der Pießling-Ursprung angesehen. Steigt der Gleinkersee, so stehen gute Zeiten bevor, fällt er, so kommen schlechte Zeiten. Ähnlich verhält es sich mit dem Schafferteich.

Einer der schönsten Aussichtspunkte über das Stodertal: die Almweiden beim Ramsebner nördlich oberhalb von Vorderstoder.

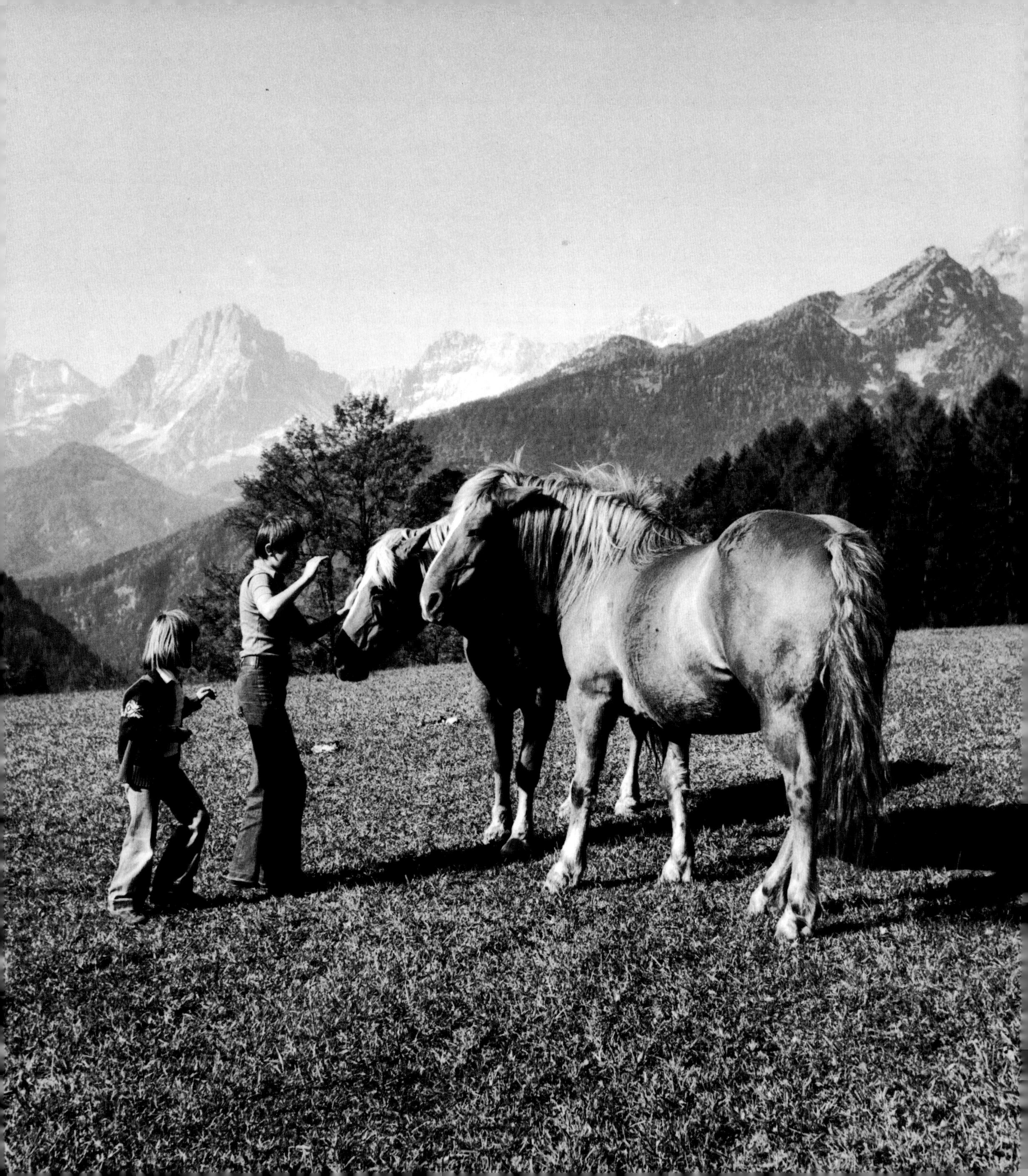

Die Schwarzen Grafen

Während der Fahrt von Windischgarsten nach Vorderstoder bietet sich dem gebietsfremden Besucher auf der Höhe von Roßleiten ein überraschender Anblick: unmittelbar unterhalb der Paßschwelle drängen sich vielfältige Werksanlagen in die schmale Talfurche des vom Warscheneckstock stürmisch herabeilenden Pießlingbaches, im Norden überragt von einem auf stolzer Anhöhe gelegenen Herrschaftshaus. Dumpfes Pochen dröhnt an Werktagen aus etlichen Gebäuden, durch deren rußige Fenster die züngelnden Flammen offener Schmiedefeuer leuchten. Wir befinden uns in einem der letzten fünf Sensenwerke Österreichs, der Franz de Paul Schröckenfux AG, und können auf der Giebelseite eines Gebäudes die Jahreszahl 1540 lesen.

Das Sensenwerk Roßleiten erinnert damit an die jahrhundertelange Tradition der Eisenverarbeitung zu Füßen des östlichen Toten Gebirges, wo an der Alm, Krems, oberen Steyr und Teichl die einstmals berühmte Zunft der Kirchdorf-Micheldorfer Sensenschmiede mit einer strengen Handwerksordnung aus dem Jahr 1595 entstand. In Abhängigkeit von der in Steyr befindlichen Innerberger Hauptgewerkschaft, der „Eisenobmannschaft", die mit uralten Stapelprivilegien und Verlegerrechten ausgestattet war, wurde das im steirischen Erzberg gewonnene und von den Hammermeistern des Enns- und Steyrtales mit Hilfe der „Zainhämmer" zu „Sensenknütteln" verarbeitete Roheisen ursprünglich von reinen Faustschmieden zu Sensenblättern ausgeschmiedet. Mit der Erfindung des wassergetriebenen „Breithammers" durch den Micheldorfer Eßmeister Konrad Eisvogel im Jahr 1584 begann ein ungeahnter Aufschwung, die „blauen" Sensen aus den insgesamt 42 Schmieden der Kirchdorf-Micheldorfer Zunft galten als die besten in Europa. Den Gewinn aus diesen Spitzenerzeugnissen der Sensenschmiedekunst bekamen die in Kleinbetrieben arbeitenden Hersteller allerdings selten zu spüren, er blieb in der Hauptsache bei den marktbeherrschenden Verlegern hängen. Erst gegen Ende des 18. Jahrhunderts konnten sich die Sensenschmiedemeister zumindest teilweise aus der wirtschaftlichen Abhängigkeit von den Handelshäusern lösen und gelangten zu Wohlstand, hie und da sogar zu Reichtum. Die „Schwarzen Grafen" waren geboren, und sie dokumentierten ihren sozialen Aufstieg in prächtigen Herrenhäusern, mit einem „Salettl" im weitläufigen Garten, mit Zwingern für die Jagdhunde und einem Scheibenstand zum Schießen. Zentrum ihres Lebens und Denkens blieb aber immer der Hammer oder die „Schmidtn", wie die Werkstatt genannt wurde.

Josef Zeitlinger, selbst Sproß eines alten oberösterreichischen Sensenschmiedegeschlechtes, gibt für das Jahr 1845 folgende 18 Meisterwerkstätten im Toten Gebirge bzw. dessen unmittelbarem Vorland an:
Fünf in Grünau bzw. Scharnstein, vier in Spital am Pyhrn, drei in Steyerling und je eine in Klaus, St. Pankraz, Pichl an der Unteren Pießling, Kaixen an der Mittleren Pießling, Roßleiten an der Oberen Pießling und schließlich am Dambach bei Windischgarsten.

Wegen der Hochwassergefahr siedelt man bewußt nur an relativ kleinen Bächen, dem Funkenflug bei Brandkatastrophen suchte man mit dem Anpflanzen von Linden zu wehren. Der beachtliche Holzkohlenbedarf wurde aus den Buchenwäldern der Umgebung gedeckt, wobei Kleinbauern sich ein Zubrot als „Kohlbauern" verdienten.

Wer sich näher für die historische Sensenschmiedekunst interessiert, der besuche das Heimatmuseum der alten Eisenstadt Steyr im Innerberger Stadel, wo er einen kompletten Sensenhammer aus dem 18. Jahrhundert originalgetreu bewundern kann.

Sensenschmiede bei der Arbeit im Hammerwerk Roßleiten. Nach einer Zeichnung von Hugo von Bouvard, 1923.

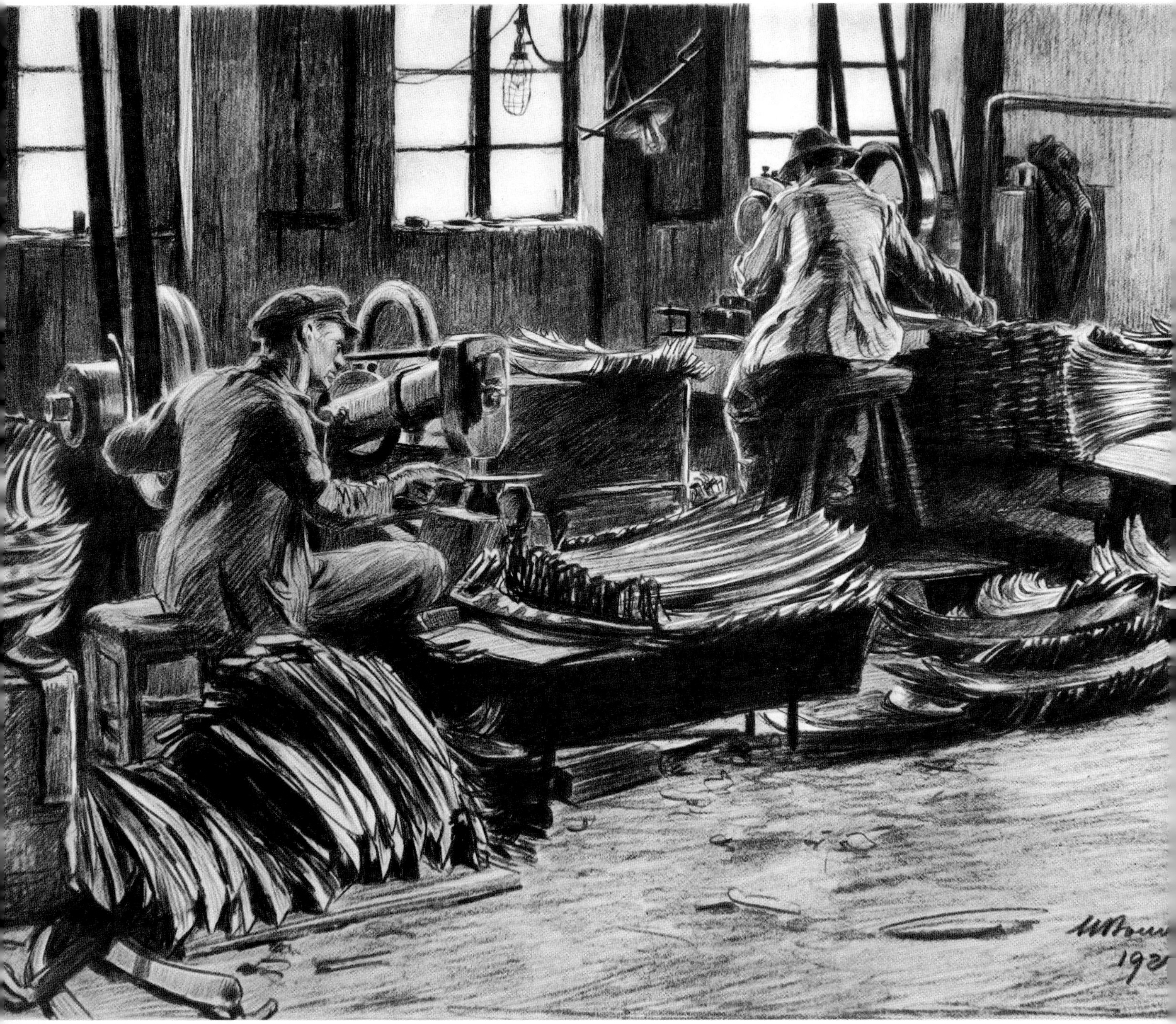

Ikarus am Wurbauerkogel

Das Fliegen muß die Menschen im Garstner- und Stodertal schon seit langem beschäftigt haben, berichtet doch Josef Angerhofer bereits 1891 von der Existenz einer Sage über die fliegenden Stöderer: „Einmal wollten Stöderer von der Trogleiten am Tamberg über das Tal zur Kirche hin fliegen. Sie banden sich Schweinsblasen an den Leib und nahmen Gänseflügel in die Hände; aber als sie abfliegen wollten, fielen sie zur Erde."

Was Schweinsblasen und Gänseflügel nicht vermochten, ermöglichen heute die Flugdrachen: schwereloses, vogelgleiches Gleiten von kleinsten Startplätzen aus, Fliegen über Distanzen von vielen Kilometern und sicheres Landen am vorher bestimmten Zielort. Seit der Amerikaner Mike Harker mit einem von den Küstenfliegern Kaliforniens entwickelten Fluggerät von der Zugspitze nach Ehrwald glitt, breitete sich das Drachenfliegen auch in den Alpenländern mehr und mehr aus. 1975 fand in Kössen (Tirol) die erste Weltmeisterschaft im alpinen Drachenflug mit 300 Teilnehmern aus 32 Nationen statt. Im gleichen Jahr wurde auch der alte Traum der Stöderer wahr: am 23. September 1975 versuchte der Windischgarstener Cafetier Heinz Mayr am Hotzn-Lift in Oberweng seinen ersten Luftsprung. Bald folgten Flüge vom Wurbauerkogel und auf der Hutterer Höß. Freunde begannen sich für die neue Sportart zu interessieren und innerhalb von zwei Jahren entstand in Windischgarsten ein an Mitgliederzahl bescheidener, aber recht aktiver Kreis von Drachenfliegern. Man schloß sich den „Skybirds Wels–Micheldorf" an und plant für 1978 die Errichtung einer eigenen Drachenfliegerschule im Garstnertal, nachdem die gefährliche Anfangsperiode als Autodidakten in dieser verwegenen Sportart unfallfrei abgeschlossen ist.

Begnügten sich die Windischgarstener anfangs noch mit Flügen vom Hofalm- und Arlingsattel, so erstiegen sie in der Folge mit ihren etwa 30 Kilogramm schweren Geräten nach und nach fast alle geeigneten Heimatberge der näheren und weiteren Umgebung, u. a. Warscheneck, Bosruck, Kremsmauer, Kasberg, Stoderzinken und Loser, wobei sie eine große Anzahl von Drachen-Erstbefliegungen für sich buchen konnten.

Wenn im Frühjahr und Herbst der Föhn über den Pyhrn einfällt und am Wurbauerkogel starke Aufwinde herrschen, gelingen nicht selten Drachenflüge mit mehreren hundert Metern Startüberhöhung. Die versierten Piloten begnügen sich dann nicht mehr mit dem einfachen Hinabschweben, sondern versuchen, die umliegenden Gipfel von unten aus anzufliegen. Ähnlich gestalten sich Thermikflüge, wo sich der Drachenflieger von einem nach aufwärts ziehenden Warmluftschlauch in die Höhe tragen läßt.

Erschrecken Sie also nicht, verehrte Leserin, wenn bei Ihrer nächsten Gipfelrast im Toten Gebirge mitten unter einem Schwarm von Bergdohlen plötzlich ein „Drachenmensch" angesegelt kommt. Wenn Sie recht lieb zu ihm sind, landet er vielleicht sogar vor Ihnen und läßt sich streicheln!

Drachenflieger beim Start am Wurbauerkogel oberhalb von Windischgarsten. Er benützt einen Hochleistungsdrachen Modell „Choucas" mit ca. 19 Quadratmetern Segelfläche.

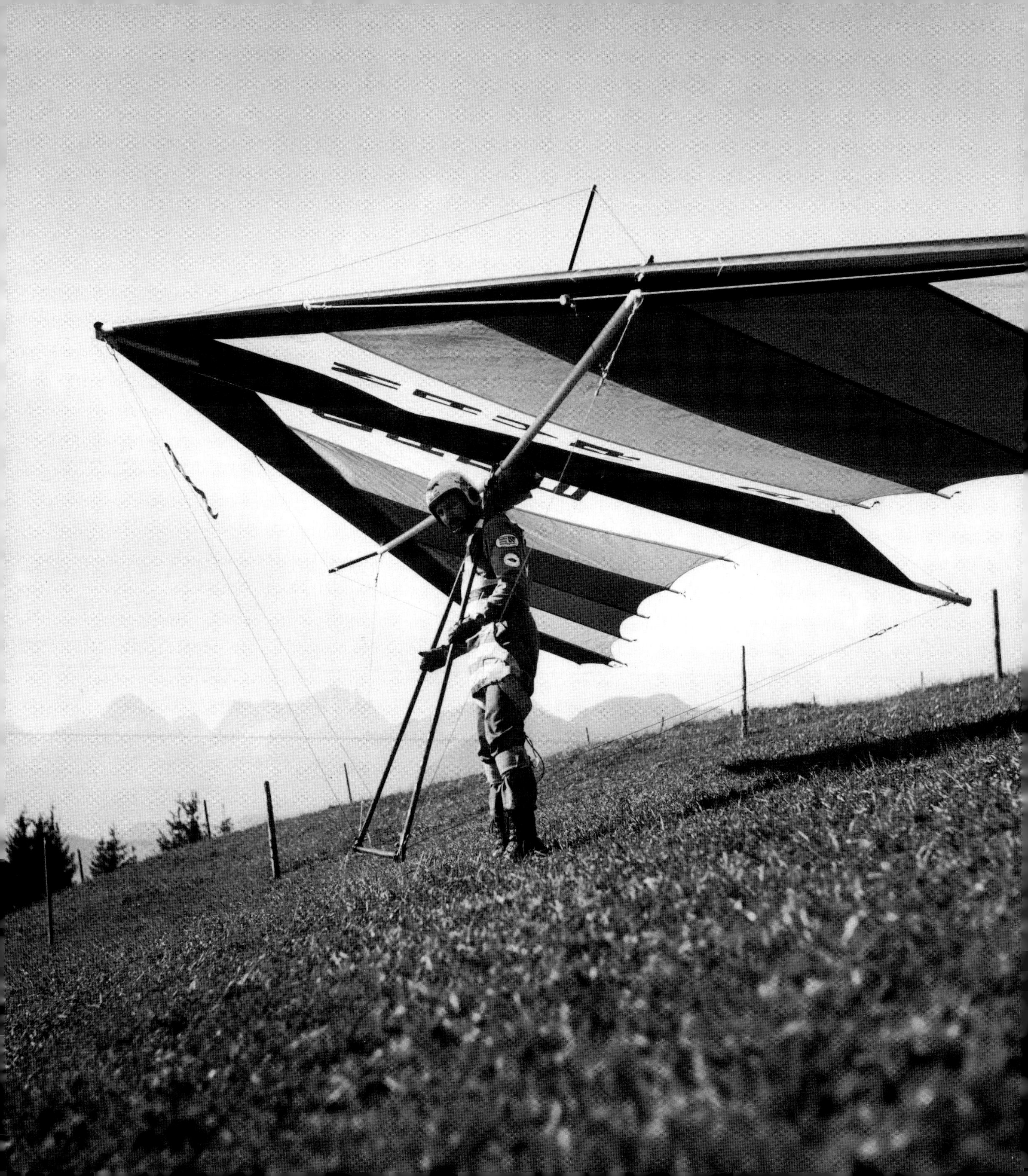

Der Bischof von Bamberg baute am Pyhrn

Das Tote Gebirge schließt als gewaltiges Bollwerk mit über 50 Kilometern Länge Oberösterreich im Süden ab und läßt nirgends auch nur das schmalste fahrbare Quertal offen. Wer vom Linzer Becken aus ins mittlere Ennstal oder gar weiter nach Kärnten, Jugoslawien oder Oberitalien will, wird an die beiden äußersten Flanken des Gebirgsstockes gedrängt: zum Pötschenpaß im Westen oder zum Pyhrn im Osten. Beide Übergänge waren schon den Kelten und Römern bekannt, beide vermittelten den aus Süden kommenden Invasoren schon vor zwei Jahrtausenden den einfachsten Zutritt nach Noricum. Dabei erwies sich die Trasse über den Pyhrn bereits damals als die vorteilhafteste: die berühmte Peutingerische Tafel, wertvollstes Zeugnis der Straßenverbindungen im römischen Weltreich, zeigt eine bestens ausgebaute und befestigte Route von Rom über Aquileja und Virunum (heute Maria Saal in Kärnten), über die Tauern und den Pyhrnpaß bis nach Wels, dem römischen Ovilava. Noch bis zum Jahre 1456 stand auf der Scheitelhöhe des Pyhrn ein Römerturm, der dann vom Stift Spital abgebrochen wurde, um an seiner Stelle eine Klause zu errichten.

Als sich die Römer nach fünf Jahrhunderten aus ihren transalpinen Besitzungen zurückzogen, wurde es auch am Pyhrn ruhiger. Dafür drangen nun slawische Stämme aus dem Ennstal nach Norden vor und ließen sich im Windischgarstener Becken nieder, wie noch heute aus verschiedenen Ortsbezeichnungen ersichtlich ist.

Im Hochmittelalter gelangte der Pyhrnpaß neuerdings zu überregionaler Bedeutung. Das Pyhrngebiet und Kirchdorf kamen im 11. Jahrhundert an das neugegründete Bistum Bamberg, und die einströmenden Franken kolonisierten nun gemeinsam mit den Baiern das Tal, durch welches immer häufiger Kreuzritter und Rompilger nach Süden zogen bzw. von dort zurückkehrten. Dieser rege Durchgangsverkehr veranlaßte den Bamberger Bischof Otto II. im Jahre 1190, am Fuße des Pyhrn ein Hospital zur Aufnahme von durchreisenden Pilgern und Kaufleuten zu gründen, welches in der Folge dem heutigen Ort den Namen gab. Schon neun Jahre später errichtete man neben der Herberge eine Kirche, die anfangs einer geistlichen Bruderschaft übertragen wurde. Als im Laufe des 14. Jahrhunderts die Pilgerzüge über den Pyhrn mehr und mehr zurückgingen, formte man das Hospiz in ein Collegiatstift für weltliche Chorherren um. 1605 schließlich wurde es sogar zur Probstei erhoben. Die monumentale Stiftskirche gehört trotz eines verheerenden Brandes im Jahre 1841 zu den imposantesten Bauten des Hochbarock im Garstner-, Krems- und oberen Steyrtal.

Kurioserweise blieb der Pyhrn während der wirtschaftlich wohl bedeutsamsten Blütezeit des Garstnertales, nämlich auf dem Höhepunkt der Sensenschmiedekunst im 17., 18. und beginnenden 19. Jahrhundert, verhältnismäßig einsam, da das steirische Inner- und Vordernberger Roheisen auf Grund eifersüchtig überwachter Stapel- und Verlegerrechte niemals direkt über den Pyhrn, sondern immer nur über die Stadt Steyr, bestenfalls noch über den Hengstpaß bezogen werden durfte.

So schien die große Zeit dieses genau an der Landesgrenze von Oberösterreich und der Steiermark gelegenen, 953 Meter hohen Passes bereits ein für allemal vorüber zu sein, wenn er nicht in unseren Tagen von den Verkehrsstrategen neu „entdeckt" worden wäre. Schon heute gilt die Pyhrnpaß-Bundesstraße als wichtigste Entlastungsstrecke für den Verkehr von Deutschland nach Südosteuropa. In absehbarer Zeit wird es hier eine Autobahn geben, und die Bamberger Trachtengruppen werden schneller als jemals zuvor ihre Stammesbrüder im Garstnertal besuchen können.

Zwei Lithographien von Ferdinand Ridler (1796–1867) aus Spital am Pyhrn: oben der Pflegerteich mit der alten Pyhrnpaßstraße, unten Wasserfall unterhalb des Pyhrnpasses.

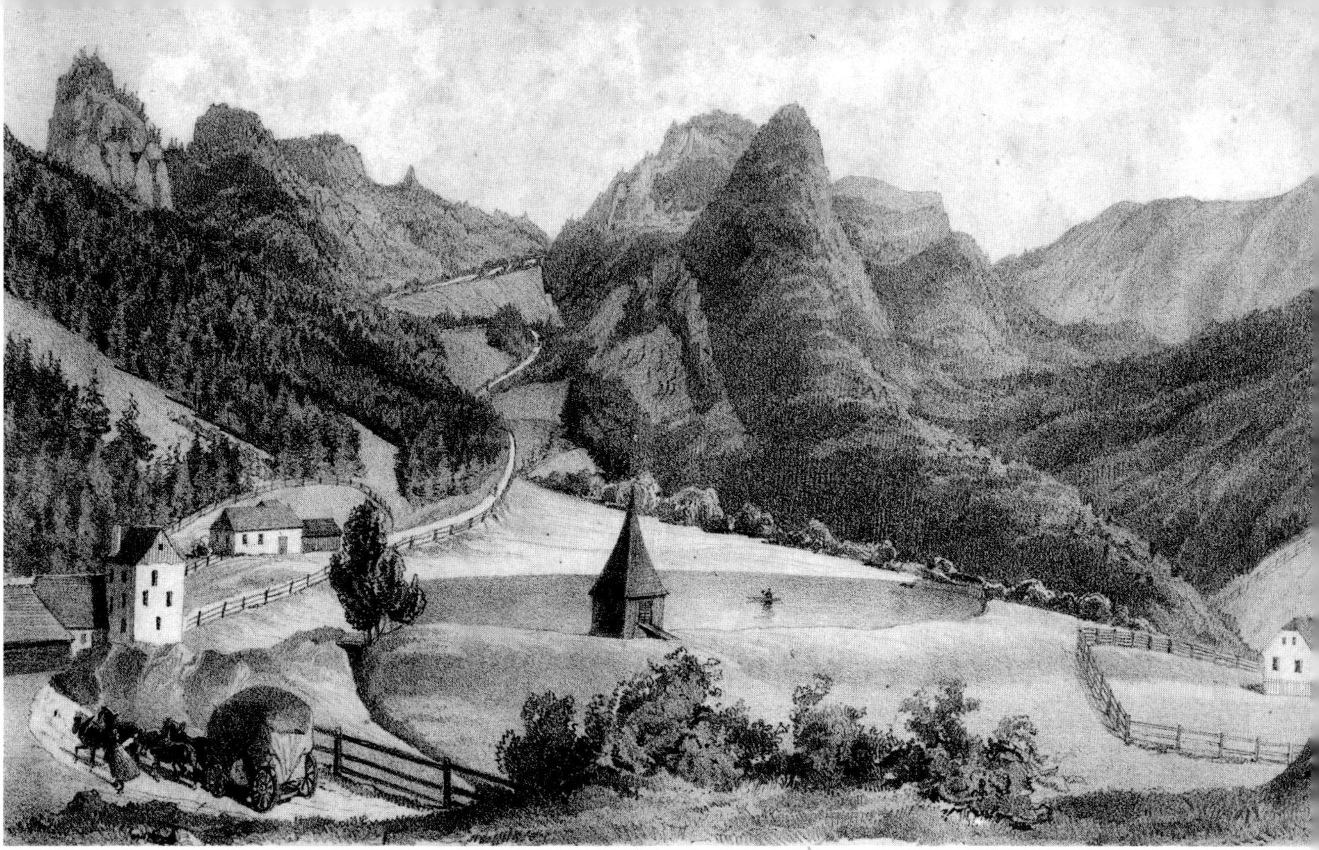

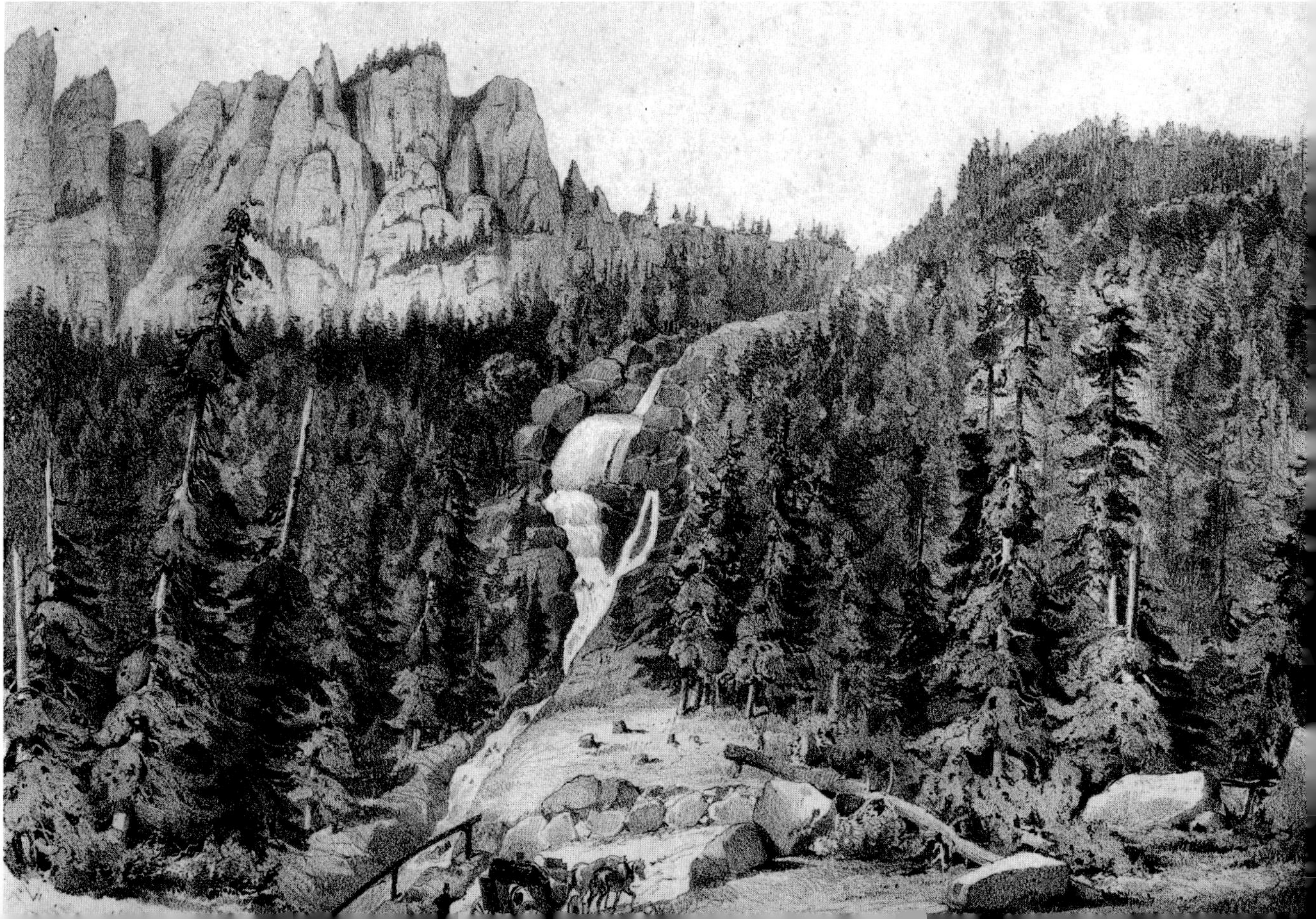

Das Warscheneck – Behäbiger Koloß über dem Garstnertal

Der Warscheneckstock zwischen Windischgarsten und Spital am Pyhrn im Osten, Liezen und Weißenbach im Süden sowie dem Hochtal von Vorderstoder im Norden gehört in keiner Weise zu den Bergmassiven, bei deren Anblick die Leute schon vom Tal aus ihre Kameras zücken und in Bewunderungsrufe ausbrechen. Ein dichter Waldgürtel mit vielen Terrassen, unscheinbaren Gräben und flachen Kämmen läßt kaum erahnen, daß sich darüber ein breit hingelagerter Steinkoloß erhebt, der mit einer Höhe von 2388 Metern kulminiert und nach der Priel- und Wildenkogelgruppe sozusagen das dritte Bein des Toten Gebirges verkörpert.

Wie der runde Rücken eines riesigen Elefanten steigt das Warscheneck von Osten aus empor, um sich mit dem nach Westen ausgestreckten Rüssel des Mölbing- und Hirscheckkammes beim Salzsteigjoch brav an das zentrale Hochplateau des Toten Gebirges anzuhängen. Drei Hütten, nämlich Zellerhütte, Dümlerhütte und Linzerhaus, erleichtern die Besteigung des harmlosen Riesen auf gut markierten Wanderwegen, wovon derjenige mit der AV-Nummer 201 sogar zu einem Teilstück des nordalpinen West-Ost-Weitwanderweges von Bregenz nach Wien avancierte. Doch unser Elefantenbulle hat bei aller Gutmütigkeit auch seine Stoßzähne: die versteckt aus dem hintersten Weitkar aufsteilende Südwand wie den östlich vorgelagerten, durch seine ausgeprägte Schichtung auffallenden Ramesch, 2087 Meter. Letztlich müssen auch die gewaltigen, höhlenreichen Riffkalkwände der Weißenbacher Mauern als unterster Sockel des Warscheneckstockes hervorgehoben werden.

Die bereits vor mehr als hundert Jahren von Georg Geyer im Rahmen seiner grundlegenden monographischen Abhandlung „Das Todte Gebirge" bezüglich des Warschenecks getroffene Feststellung, dieses sei „an landschaftlicher Schönheit, an naturhistorischem Interesse ein mindestens ebenbürtiger Rivale des Priel", wird von den jüngeren Forschungen voll bestätigt. Das Gebiet weist eine Fülle von geologischen, geomorphologischen, speläologischen, karstgeografischen und auch botanischen Besonderheiten auf, wie sie dermaßen konzentriert nicht gleich wieder zu finden sind. Auf das eine oder andere wird in diesem Buch an anderer Stelle hingewiesen.

Der jungen, aktiven Bergsteigergarde, die sich die Begegnung mit derlei wissenschaftlichen Überraschungen ebenso wie gemütliche Gipfelwanderungen für später aufheben will, sei eine Tourenkombination empfohlen, die ich mit meiner Frau bei größtem beiderseitigen Vergnügen ausprobiert habe und die kaum mehr als einen halben Tag beansprucht:

Mit dem besten Gewissen der (Berg-)Welt fuhren wir per Bahn zur Wurzeralm und weiter mit dem Frauenkarlift auf 1863 Meter Höhe. Von da aus querten wir nahezu eben in einer guten halben Stunde auf Gamswechseln nach Westen ins herrlich einsame Weitkar und erreichten über ein steiles Schuttfeld den Einstieg zur Warscheneck-Südwand auf zirka 2000 Meter Höhe. Die von J. Pruscha 1945 im Alleingang gefundene Route beginnt mit einer kleingriffigen IIIer-Seillänge und bleibt anschließend im II. Schwierigkeitsgrad bei wunderbar festem und oft auch ausgesetztem Fels. Eine in der Wandmitte eingelagerte flachere Zone beruhigt die Nerven, bevor man die letzten 100 Höhenmeter durch Rinnen und angenehm gegliederte Stufen direkt zum Gipfelkreuz emporklettert.

Als Abstieg wählten wir, von vielen Gipfelbesuchern mit Schaudern kritisiert, den aussichtsreichen Südostgrat (I), der uns über eine Rückfallkuppe, den Widerlechnerstein, wieder direkt zur Bergstation der Sesselbahn hinableitete. Gesamtgehzeit vom Lift aus einschließlich Rasten: zirka fünf Stunden. Gefühl nach der Tour: Hunger im Bauch, im Herzen satte Zufriedenheit.

Warscheneck, Ramesch und Toter Mann vom Wurzerkampl oberhalb der Wurzeralm aus.

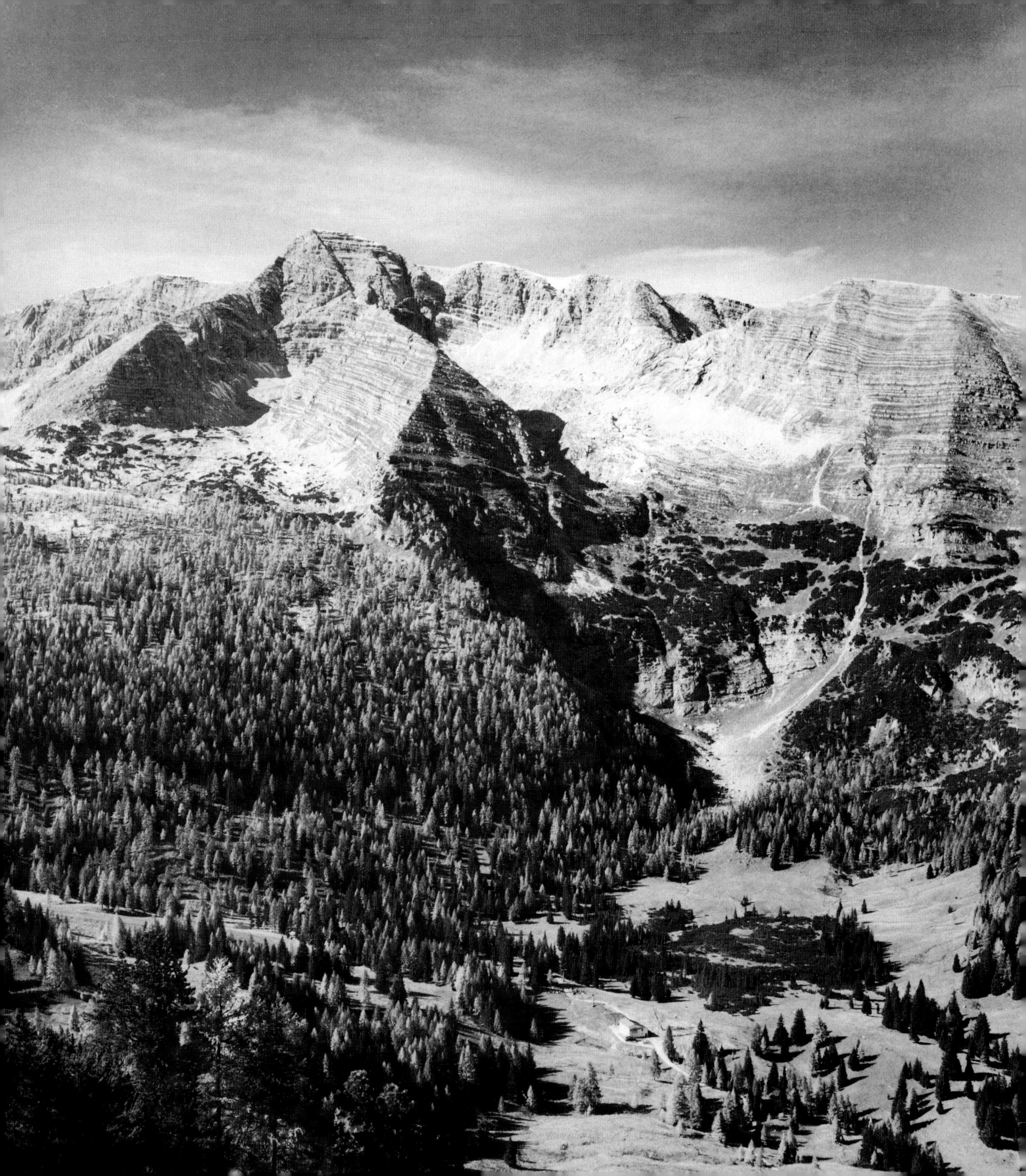

Gipfelfressen ist kein Kinderspiel

Kinder halten nichts vom „Gipfelfressen", auch wenn ehrgeizige Bergsteiger-Eltern manchmal meinen, ihr Sprößling sei die berühmte Ausnahme von der Regel, vielleicht sogar ein alpines Wunderkind. Kleinkinder auf der Buckelkraxe im Hochgebirge umherzuschleppen, bedeutet m. E. grob fahrlässiges Verhalten der Eltern. Man kann auch Zehnjährigen den Appetit aufs Bergsteigen ein für allemal verderben, indem man sie zu stundenlangen Märschen auf Gipfel zwingt, deren Aussicht die Kinder nicht im mindesten interessiert. Kinder wollen spielen, und sie wollen das auch im Gebirge. Ein fünf Meter hoher Kletterbrocken neben einem Bergbach bedeutet ihnen ungleich mehr als der Große Priel mit all seinen Trabanten. Der einsichtige Bergsteiger-Vater sollte also, wenn er mit der Familie ins Gebirge fährt, von Anfang an auf große Tourenpläne verzichten und sich statt dessen überlegen, wo er auf seinen bisherigen Streifzügen dem alpinen Idealgelände für seine Kinder begegnet ist: leicht erreichbar vom Auto oder Lift aus, ohne halsbrecherisches Steilgelände, mit blumenübersäten Almwiesen und schattigen Waldrändern, seltenen Steinen, Beerenplätzen, mit Quellen, seichten Bergseen und langsam strömenden Bächen, die man gefahrlos durchwaten kann. Wenn er dann gar noch eine aufgelassene Almhütte oder eine unerschlossene Höhle ausfindig macht, wird er im Ansehen seiner Kinder höher steigen als durch jede noch so gut gemeinte häusliche Erziehungsmaßnahme.

Hier nun ein paar Anregungen, vom Verfasser mit seiner Familie erfolgreich ausprobiert und zur Wiederholung vorgemerkt:

Tip 1: Die weiträumige Wurzeralm mit Brunnsteiner See und Teichlbach sowie dem Italienerloch am Aufstieg zum Toten Mann.

Tip 2: Mit größeren Kindern per Sessellift zum Frauenkar, wo herrlich rauher Plattenkalk zu ersten Klettereien lockt.

Tip 3: Von Hinterstoder auf die Hutterer Höß mit ihren latschendurchsetzten Almwiesen und dem „Schneeofen", wo man mitten im Sommer Schneeballschlachten veranstalten kann.

Tip 4: Von Hinterstoder auf der Mautstraße zu den Hutterer Böden und ins einsame obere Rottal zur verfallenen Loferalm.

Tip 5: Im Stodertal bis hinter zur Baumschlagerreit und zum Steyr-Ursprung, wo armdicke Quellen aus dem Boden sprudeln.

Tip 6: Vom Dietlgut mit Gummistiefeln dem Höllbach entlang aufwärts in die Dietlhölle.

Tip 7: Mit dem Auto über Steyrling zum Forsthaus Bernerau und zu Fuß in die wildromantische Hungerau, wo hinter einer alten Klause der Hungeraubach zwischen riesigen Schotterfeldern mäandriert.

Tip 8: Zum Almtalerhaus und durch Wald zu den beiden Ödseen. Schlauchboot mitnehmen!

Tip 9: Von der Tauplitz zum Steirersee und Schwarzsee, im Frühsommer weiter ins Blumenparadies um die Leistalm.

Tip 10: Von Schachen am Grundlsee der Zimitz entlang zur Zimitzalm.

Tip 11: Mit dem Auto auf den Tressensattel und zum Tressenstein, wo man vielleicht den Kletterern am Däumling zuschauen kann (und auch sonst einiges vom Ausseer Land sieht!).

Tip 12: Auf der neuen Loserstraße zum Augstsee und zum Loserfenster, einem natürlichen Felsentor.

Überall dort und an tausend noch schöneren, weil von Ihnen selbst entdeckten alpinen Abenteuerspielplätzen werden Ihnen Ihre Kinder im Toten Gebirge die Augen öffnen für Dimensionen, die Sie vielleicht vollkommen vergessen hatten: Das Großartige im Kleinen!

Ein Kletterbrocken wie hier das Spitzmäuerl am Südhang des Tambergs bei Vorderstoder ist für die meisten Kinder viel interessanter als die „richtige" Spitzmauer.

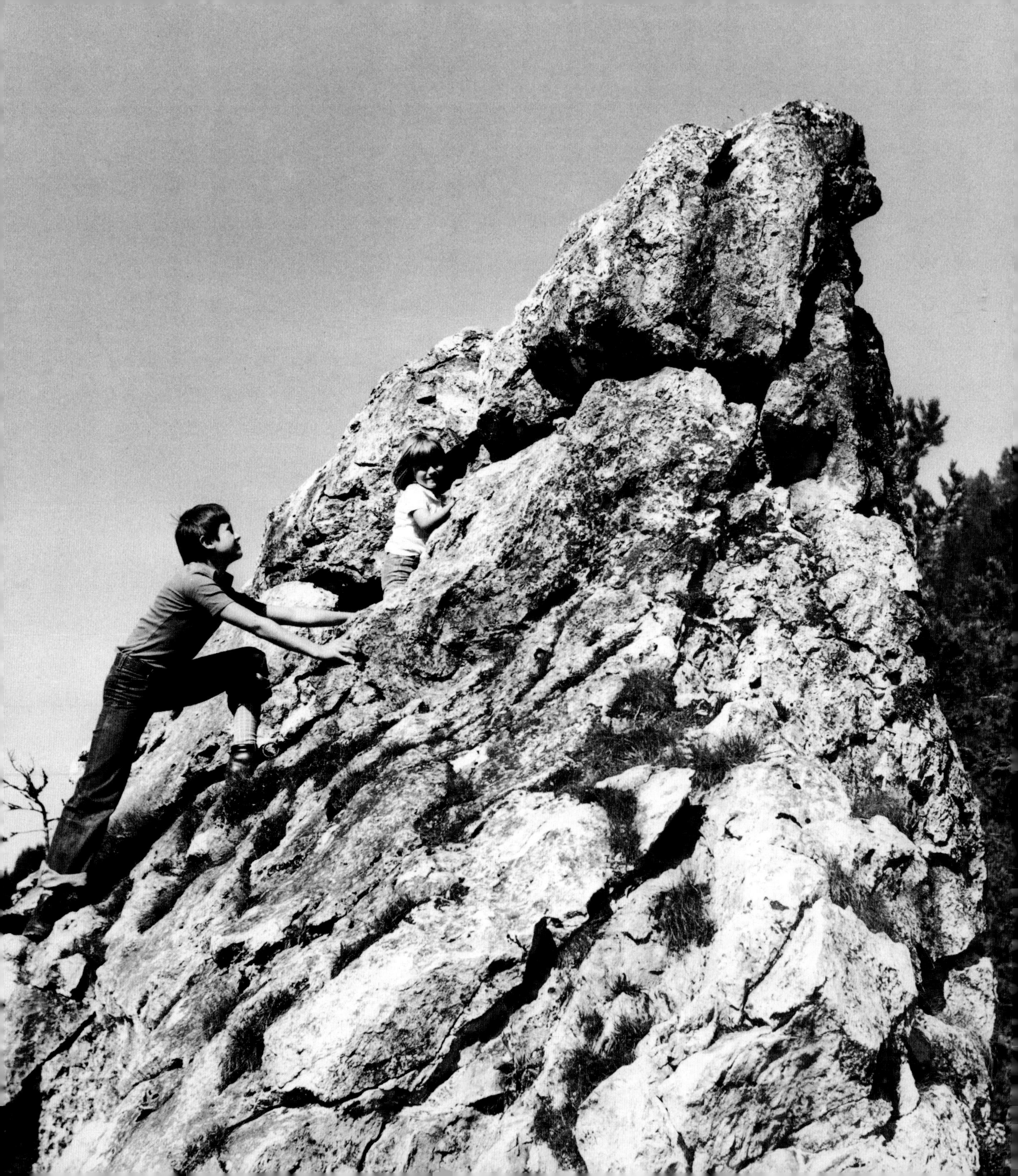

Schwierigkeitsgrad VI, A 3

Auch wer Gipfel nur auf einfachen, markierten Wegen sammelt oder Blumen neben der Schutzhütte fotografiert, kommt irgendwann einmal mit der Schwierigkeitsbewertung von Kletterrouten in Berührung. Er liest wahrscheinlich davon in den alpinen Führerwerken oder hört Gespräche am Hüttentisch, wo vielleicht ein paar junge Leute eine Route mit der Bemerkung: „Ach, nix G'scheites, bloß ein 3er!" abqualifizieren oder sich gegenseitig mit der ausführlichen Schilderung von 5er- und 6er-Stellen auf schwersten Führen die Schneid abkaufen wollen.

Der erfahrene Kletterer weiß, daß Schwierigkeitsangaben mit römischen Ziffern von I (= unschwierig) bis VI (= äußerst schwierig) nach der in den Ostalpen hauptsächlich verwendeten sog. Alpenskala immer nur ein Kriterium unter vielen zur Beurteilung einer bestimmten Bergfahrt sein können. Seit einigen Jahren verwendet man bei Touren im Schwierigkeitsbereich V und VI zusätzlich noch Angaben über die Schwierigkeit beim Schlagen von Haken und unterscheidet dabei drei Stufen von A1 (= sehr schwierig) bis A3 (= äußerst schwierig). Der Buchstabe A kommt vom französischen Wort „artificiel" = künstlich, d. h. die Kletterei kann nur unter Verwendung künstlicher Hilfsmittel wie herkömmlicher Felshaken, Bohrhaken, Klemmkeile und Steigschlingen – im Gegensatz zum freien Klettern – bewerkstelligt werden. „Schwierigkeitsgrad VI, A 3" bedeutet demnach verbal etwa „äußerst schwierige Kletterei, wobei auch künstliche Hilfsmittel nur äußerst schwierig eingesetzt werden können", oder kürzer: die solchermaßen eingestufte Klettertour gehört zum derzeit Schwierigsten überhaupt.

Im Toten Gebirge gibt es vergleichsweise wenig Supertouren der letztgenannten Art, und von den wenigen genießt keine internationalen Rang. Sie eignen sich daher herzlich wenig für Leute, die mit Bergfahrten Ansehen und Publicity verdienen müssen. Ein Kletterzirkus wie im Wilden Kaiser oder an den Drei Zinnen blieb dem Toten Gebirge bisher erspart, woran auch ein Fernsehfilm über die Sturzhahn-Südwestwand nichts ändern konnte.

Dagegen gibt es zwischen Stubwieswipfel und Trisselwand eine Vielzahl von Routen im unteren und mittleren Schwierigkeitsbereich (vgl. unseren Beitrag über die schönsten Klettertouren!), wo man auch heute noch beim Klettern den Berg für sich allein hat und nicht schon beim Einstieg anstehen muß. Wahrscheinlich liegt das daran, daß die Zugänge den reinen Sportkletterern zu lange und mühsam sind. Im Toten Gebirge decken sich daher noch weitgehend die Begriffe „Bergsteiger" und „Kletterer", worin der Verfasser etwas durchaus Erfreuliches sieht.

Das „Tote" ist somit eine vorzügliche Bergsteigerschule, der Vater Hauenschild bereits 1871 ins Stammbuch schrieb: „Jeder Lehrer der edlen Bergsteigerei wird seine Zöglinge successive an die hohen und höchsten Berge, Beschwerden und Genüsse gewöhnen, wenn er anders nicht bloße blasierte Bergfexen erziehen will, die in ihrem zwanzigsten Jahre schon nur mehr die Liste der noch unerstiegenen Jungfrauen studieren und es unter zehntausend Schuhen überhaupt nicht thun."

Extremkletterer in der Südwestwand des Sturzhahns, Schwierigkeitsgrad VI A 3.

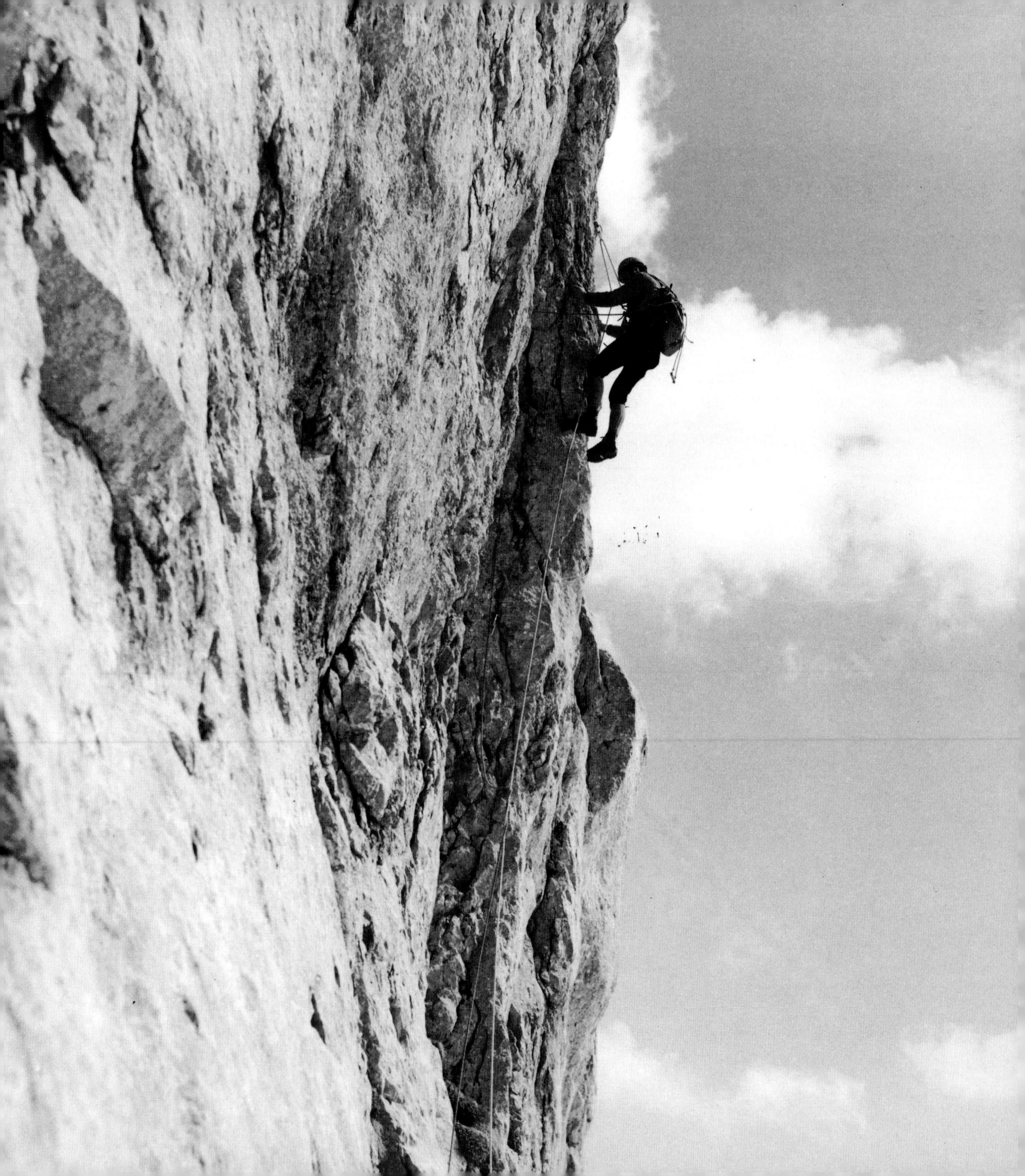

Auf der Wurzeralm können die Steine reden!

Das Sammeln seltener Gesteine und Mineralien ist in jüngster Zeit zu einem beliebten und lehrreichen Hobby geworden. Die Menschen unserer Freizeitgesellschaft betätigen sich mit zunehmender Begeisterung als Amateur-Naturforscher, vielleicht nicht zuletzt deshalb, weil sie hier Begegnungen mit Elementen erleben, zu denen sie im Zeitalter der Automation alle Beziehungen zu verlieren drohen. Inzwischen stellt sich jedoch langsam ein neues Umweltbewußtsein ein, der Stellenwert der unverdorbenen Natur und ihrer Wunder ist deutlich im Wachsen.

Steine, und nicht nur die „edlen", haben seit jeher viele Menschen fasziniert. Sie erzählen dem Kundigen von der Entstehung und vom Verfall unseres Planeten, vom Bau der Gebirge, die sich vor Jahrmillionen, aus dem Meer geboren, emporhoben, von fossilen Pflanzen und Tieren. Auf der Wurzeralm unter dem Warscheneck im Toten Gebirge reden die Steine sogar vom Menschen aus grauer Vorzeit.

Menschen haben dort in rätselhafter Bildersprache ihre Gedanken den Steinen anvertraut, leicht ritzbaren Plassenkalkblöcken, die aus der Westwand des Stubwieswipfels in die „Höll" stürzten und sich in dämonischem Wirrwarr mit glatten Plattentafeln als Geschichtsbuch anboten. Die genaue Lage der Felszeichnungen, die erst im Jahr 1958 von Prof. Burgstaller, Linz, entdeckt und wissenschaftlich untersucht wurden, ist der Alpenvereinskarte „Totes Gebirge Ost, Warscheneck-Gruppe", Ausgabe 1974, leicht zu entnehmen. Sie befinden sich auf etwa 1280 Meter Seehöhe zwischen Schwarzeck und Stubwieswipfel und sind vom bekannten Linzerhaus in einer guten Viertelstunde zu erreichen.

Die Felsbilder der Höll zeigen zunächst einmal viele abstrakte Zeichen, wie zum Beispiel Leitern, Rauten, Räder, Gitter oder Fadenkreuze wie aus den Zieleinrichtungen moderner Schußwaffen. Als besonderes Kuriosum fallen geometrische Figuren ins Auge, die wir vom „Mühlespielen" unserer Kindheit her kennen. Aber auch Menschen- und Tierdarstellungen sowie eine als Weltenbaum gedeutete Zeichnung sind zu finden. Die Wissenschafter schließen aus Vergleichen mit verblüffend ähnlichen Felsbildern im Val Camonica unterm Tonalepaß und am Monte Bego in den Seealpen, daß die vorrömische Alpenbevölkerung, wahrscheinlich illyrische und keltische Stämme, hier jahrhundertelang Kultstätten in Form von Naturheiligtümern schuf. Eine exakte Datierung und erst recht eine Übersetzung der „Incisionen", wie die Fachwelt die Ritzzeichen nennt, konnte bisher noch nicht vorgenommen werden. Die Steinzeichnungen der Höll werden daher als eines der ältesten Kulturdenkmäler in unseren Alpen noch geraume Zeit die Fachwissenschafter wie die interessierten Laien, etwa den bekannten Wiener Bergsteiger Karl Lukan, beschäftigen. Andererseits ist durchaus damit zu rechnen, daß künftig noch weitere Orte mit derartigen prähistorischen Felsbildern bekannt werden. Die Experten versprechen sich in dieser Beziehung von den Nördlichen Kalkalpen eine besondere Fündigkeit. Also Augen auf, vielleicht machen Sie, verehrter Leser, auf einer Ihrer Wanderungen im Toten Gebirge die nächste, für die Wissenschaft aufschlußreiche Entdeckung!

Vermutlich prähistorische Ritzzeichnungen an den Plassenkalkblöcken in der Höll unterhalb des Stubwieswipfels.

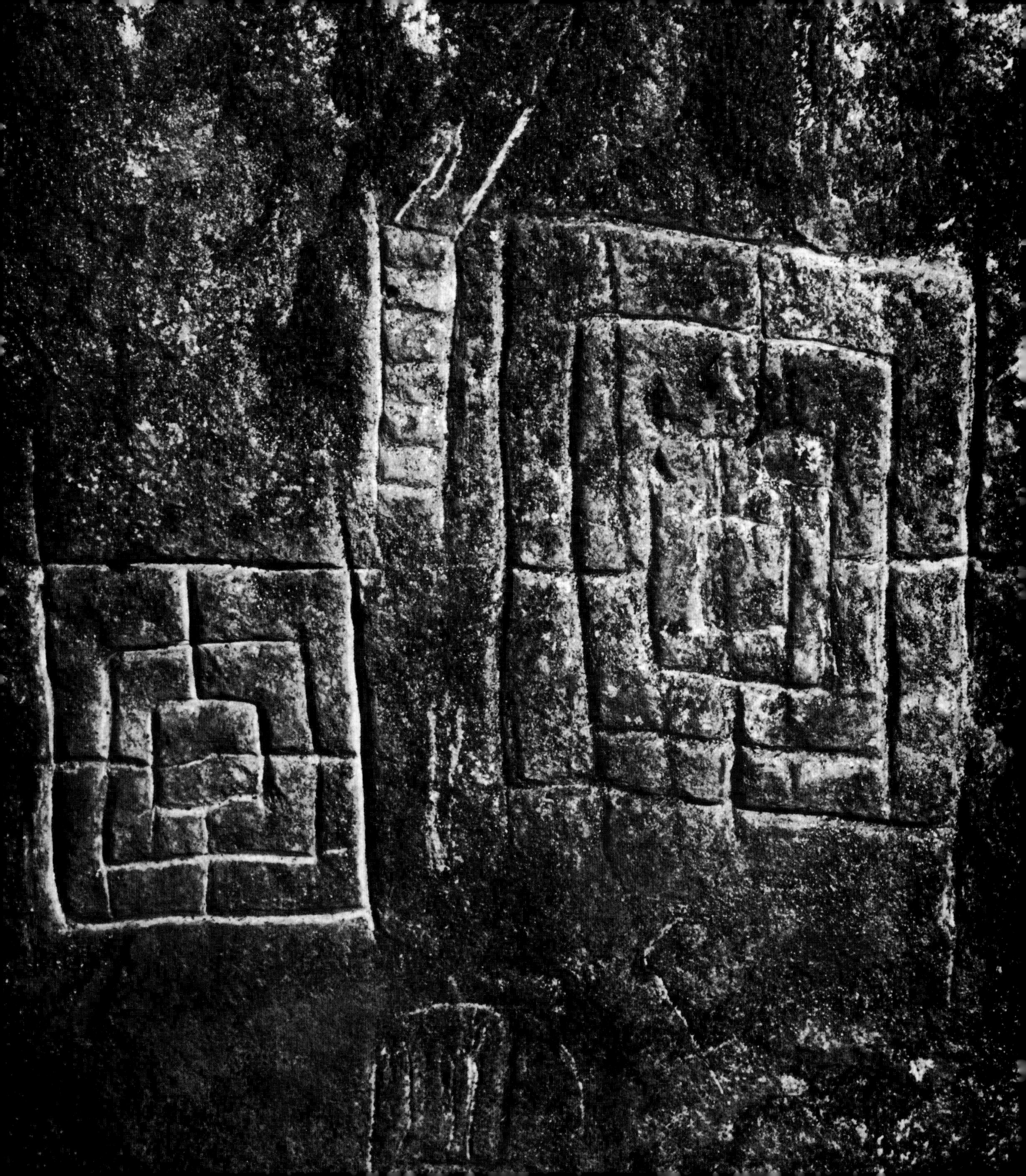

Es lächelt der See

"Es lächelt der See, er ladet zum Bade..." Dieser Gesang des Fischerknaben in Schillers Alpen-Epos "Wilhelm Tell" kam mir noch jedesmal in den Sinn, wenn wir müde und sonnenverbrannt vom Priel, Warscheneck oder Wildenkogel ins Tal stiegen. Nach welcher Himmelsrichtung auch immer man die Hochfläche verläßt, überall grüßen und locken den Wanderer die hellen Augen von insgesamt 25 Seen ringsum am Saum des Gebirgsstockes, wo aus den geologisch bedingten Quellhorizonten das Wasser kristallklar hervortritt. Trotz des überaus verkarstungsfreudigen Gesteins finden wir im Toten Gebirge aber auch echte Hochgebirgsseen: als höchstgelegenen den Augstsee unterm Loser, stolze 1643 Meter über dem Meer, dann den Elmsee knapp unterhalb der Pühringerhütte, weiterhin den Großsee, Schwarzsee, Wildensee, die beiden Lahngangseen und den Brunnsteiner See. Freilich empfiehlt es sich nicht unbedingt, von der Bergtour erhitzt in die eiskalten Fluten dieser Gewässer zu springen. Auch der beste Kreislauf könnte das schnell übelnehmen. Warten wir lieber mit dem Baden, bis wir tiefer ins Tal hinabgestiegen sind: am Gleinkersee, den beiden Ödseen, dem Offensee, Grundlsee und Altausseer See dürfen wir immerhin Maxima der sommerlichen Wassertemperatur von mehr als 20 Grad Celsius erwarten!

Aber auch wer beim Anblick eines Sees nicht gleich ans Schwimmen denkt, freut sich auf das köstliche Naß nach stundenlangem Marsch durch Latschen und Geröll. Das mit Wetter und Jahreszeit sich ständig wandelnde Farbenspiel des Wassers, die im Gegenlicht tanzenden Sonnenkringel, der leise Schlag der Wellen an die Uferfelsen bezaubern uns und laden ein zu träumerischer Rast nach gelungener Bergfahrt.

"Es lächelt der See, er ladet zum Bade; der Knabe schlief ein am grünen Gestade." Ob Knabe oder extremer Bergsteiger in den besten Jahren, sind Sie nicht auch schon einmal am Ufer eines Bergsees träumend eingenickt? Wie tief wohl das Wasser sein mag? Welche Schätze mögen wohl auf seinem Grunde schlummern? Beim Toplitzsee zwischen Grundl- und dem winzigen Kammersee gibt es auf die erste Frage eine klare Antwort: er weist mit 104 Metern die mit Abstand größte Wassertiefe aller Seen im Toten Gebirge auf. Über die Schätze auf seinem Grund dagegen existieren nur Legenden. Taucher suchten hier vor Jahren nach angeblich versenkten Goldbarren aus Hitlers Kriegskasse, doch außer in die Tiefe gesunkenen Baumleichen hat man bisher nichts gefunden. Mehr Aussicht auf Erfolg haben da schon die Sportfischer: sie dürfen auf Saiblinge, See- und Lachsforellen hoffen, wie sie schon vor Jahrhunderten den Klöstern Kremsmünster und Gleink willkommene Fastenspeise boten, ja lebend in Fässern auf dem Wasserweg über Traun und Donau bis an den Wiener Hof geliefert wurden.

Kleiner Seenführer in Stichworten

Mit dem Auto erreichbar sind Grundlsee, Altausseer See, Augstsee, Offensee, Almsee und Gleinkersee.
Mit Lift bzw. Bergbahn kommt man zum Großsee und Brunnsteiner See.
Auf kurzen Wanderwegen erreichbar sind Toplitzsee, Kammersee, die beiden Ödseen, Steirersee, Schwarzsee, Schiederweiher und Schafferteich.
Mehrstündige Bergwanderungen erfordern Wildensee, die beiden Lahngangseen und der Elmsee.
Am einsamsten ist wohl der Drei-Brüder-See.
Das bekannteste Echo findet sich bei günstigem Wind am Almsee (siebenfach) und Gleinkersee (elffach).
Am geheimnisvollsten mutet der Höhlensee in der Kreidenlucke bei Hinterstoder an.
Das Prädikat "schönster" verlieh Georg Geyer dem Vorderen Lahngangsee. Und Sie, werter Leser?

Der einsame Drei-Brüder-See auf 1640 m Höhe mit dem Hinteren Bruderkogel, am besten vom Verbindungsweg Appelhaus – Pühringerhütte zu erreichen.

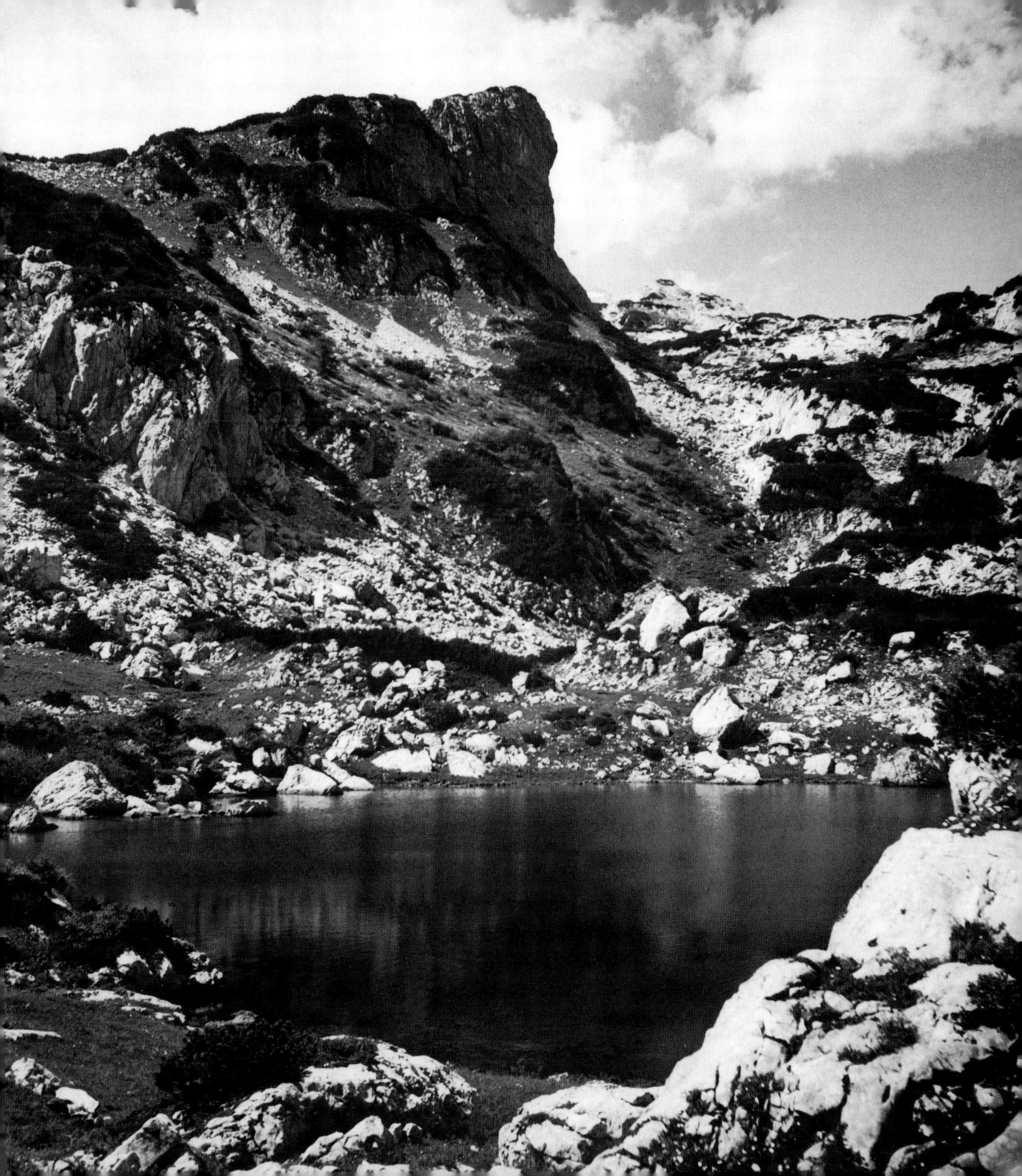

Wetterbäume soll man meiden – Gewittererlebnis unterm Pyhrnerkampl

Seit dem frühen Vormittag liegt die ganze Familie am oder im Pichlinger See und sucht Schutz vor sommerlichen Höchsttemperaturen. Aus einem Kofferradio zehn Menschenleiber links von uns ist zu vernehmen: „Wetteraussichten für morgen, 10. August, Alpennordseite: Das ausgedehnte Hochdruckgebiet bleibt weiterhin erhalten. Tageshöchstwerte in den Niederungen bis zu 28 Grad, in 2000 Meter Höhe um 16 Grad."

In 2000 Meter Höhe um 16 Grad! Nur 16 Grad! Nichts wie ins Gebirge! Am nächsten Morgen schweben meine Frau und ich von Hinterstoder mit dem Sessellift hinauf zur Höß. Es ist zwar schon gleich 11 Uhr, als wir von der Bergstation aus ins oberste Rottal hineinqueren, aber fürs Pyhrnerkampl reicht die Zeit leicht! Was soll uns bei dem Wetter schon passieren? Hinauf durch die Nordschlucht, vom Hauptgipfel Gratwanderung zum Schrocken und zurück zum Lift, das haut schon hin! Kurz unterm Gipfel, so gegen 14 Uhr, haut es dann uns fast hin: von Westen her schiebt sich urplötzlich und in Windeseile eine schwarze Gewitterwand über den Stoderkamm, aus der bereits erste Blitze zucken. Wir getrauen uns nicht mehr, das Gipfelbuch aus der eisernen Kassette zu nehmen, sondern turnen in höchster Eile hinunter zur Elmscharte. Inzwischen bricht es auch schon über uns los. Der Biwaksack schützt zwar vor dem Platzregen, aber die Angst vor den Blitzschlägen kann er uns nicht nehmen. Zusammengekauert hocken wir im Windschatten eines Gratturmes und erwarten unser letztes Stündlein. Warum sind wir nicht wieder zum Pichlinger See gefahren, dort war das Wasser viel angenehmer!

Als der zeitliche Abstand zwischen Blitzschlägen und Donner etwas länger wird, rennen wir trotz des immer noch strömenden Regens pfadlos über den steilen Elmplan hinab nach Norden. Wenn wir nur schon im schützenden Urwald des obersten Rottals wären! Bei den ersten Bäumen will sich meine Frau erschöpft niederlassen, da fährt ein Blitz etwa 400 Meter seitlich von uns in eine riesige, freistehende Wetterfichte. Diese mutigen Vorposten des Bergwalds sind die besten Blitzableiter und als Unterstand bei Gewittern absolut ungeeignet. Bleich und zitternd rennen wir weiter abwärts, wir möchten uns am liebsten im dichtesten Unterholz verkriechen wie Tiere und Augen und Ohren schließen vor lauter Angst. Da tauchen vor uns die verfallenden Hütten der aufgelassenen Loferalm auf. In einer Ecke sind die hölzernen Dachschindeln noch dicht, wir stellen uns unter und atmen auf, durchnäßt bis auf die Haut. Das Leben hat uns wieder! Was die sturmzerzausten, vom Blitz verstümmelten, trotzigen Wetterfichten betrifft, so genießen sie seitdem unsere uneingeschränkte Bewunderung, nur unterstellen werden wir uns dort lieber nicht mehr.

Wetterlärche im Hochmölbing-Gebiet.

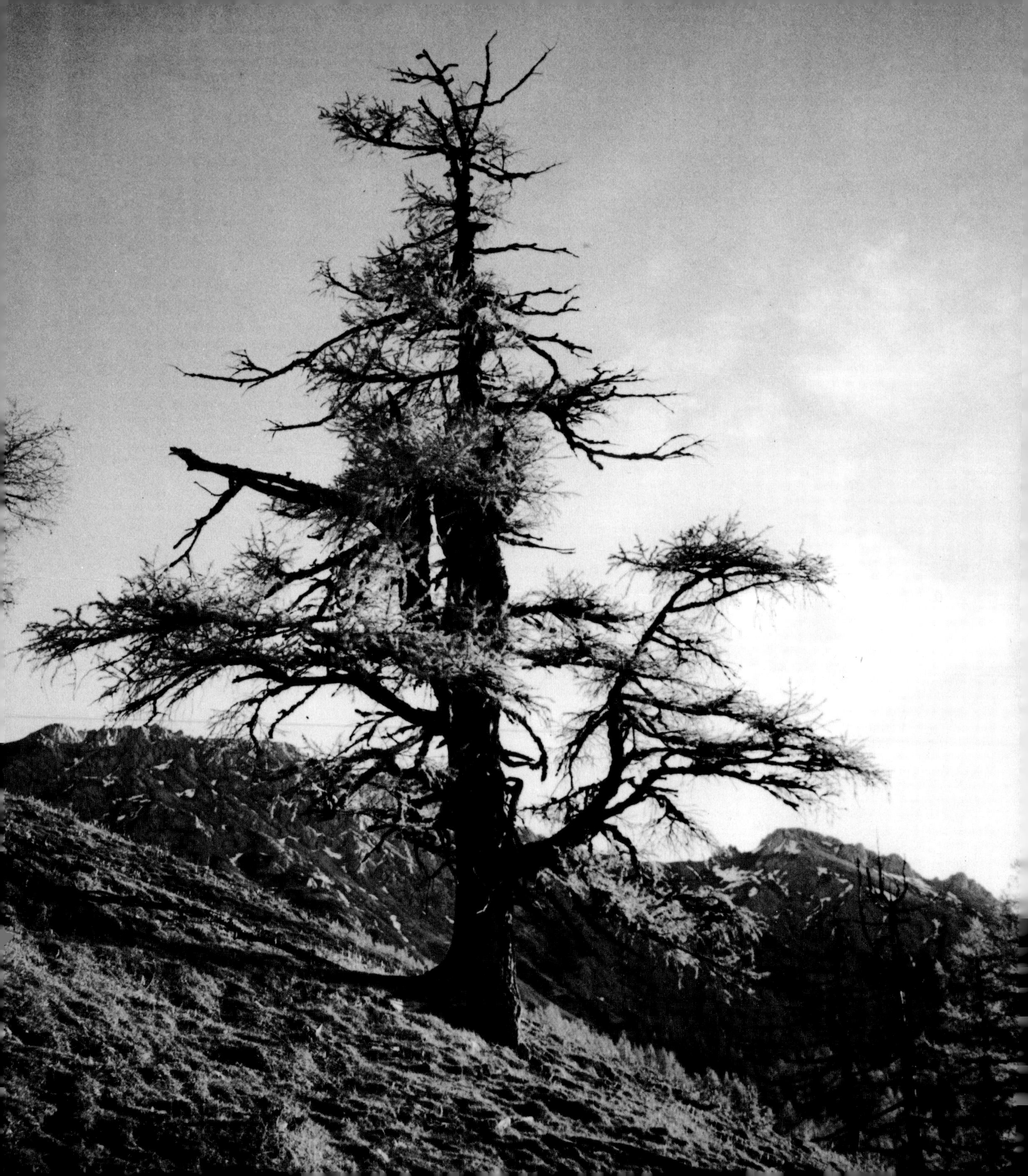

Hoch über Tal und Wolken – Kammwanderung Schrocken–Hochmölbing

Sind die mehr als zwanzig Gipfel des Priel- und Stoderkammes, angefangen beim Kleinen Priel bis hinüber zur Gamsspitze am Salzsteigjoch, auch heute noch ohne mechanische Aufstiegshilfen und damit großenteils einsam geblieben, so erleichtern auf der Südseite des Stodertales der Doppelsessellift zur Hutterer Höß wie der Bärenalmlift den Zugang zu den Bergen der westlichen Warscheneckgruppe bedeutend. Insbesondere die Höß-Bahnen bringen alljährlich Tausende bequem in das Almparadies auf 1800 Meter Höhe und ermöglichen von da aus herrliche Tagesausflüge in die Hochregionen.

Eine der dankbarsten Touren für trittsichere Bergsteiger bietet die Kammwanderung vom Schrocken, 2289 Meter, über die Kreuzspitze, 2333 Meter, zum Hochmölbing, 2341 Meter, insbesondere an klaren Tagen mit Rückseitenwetter nach einem abgezogenen Tiefdruckgebiet, und natürlich im Herbst.

Schon bei der Auffahrt fasziniert der Blick nach Norden und Westen: der Große Priel steht mächtig über dem lieblichen Stodertal, die benachbarte Spitzmauer imponiert mit den riesigen glatten Plattenschüssen ihrer wunderbaren Ostwand, das von unten betrachtet so kecke Horn des Ostrawitz schrumpft von Liftstütze zu Liftstütze immer mehr in sich zusammen, während die beiden Hochkästen, sonst bescheiden im Hintergrund, nun auf einmal mächtig emporwachsen. Lichte Lärchenwälder begleiten die zweite Teilstrecke des Sessellifts, der uns oberhalb der Baumgrenze in die Almenregion entläßt. Bei der Wanderung südwärts zu den Schafkögeln, 1999 Meter, begegnen uns im gefahrlosen Wiesengelände noch viele Seilbahngäste, die sich irgendwo zwischen den Latschen die herrlichsten Schau- und Rastplätzchen suchen, um ein paar Stunden genießerisch zu verträumen. Auch Kinder können hier ungefährdet spielen.

Nach einer knappen Gehstunde verlassen wir diese Almenidylle und stehen vor dem sich plötzlich aufschwingenden Nordwestgrat des Schrockenbergs, Schwierigkeitsgrad I nach der Alpenskala. Hier haben Halbschuhtouristen nichts mehr zu suchen. Der Grat verschärft sich im Mittelteil zu einer recht ausgesetzten Schneide, die volle Vertrautheit mit dem Fels und natürlich absolute Schwindelfreiheit erfordert. Die letzten hundert Höhenmeter bieten danach keine besonderen Schwierigkeiten mehr und wir lassen uns aufatmend beim 2289 Meter hohen Gipfel des Schrocken nieder. Die Aussicht ist besonders nach Norden überaus eindrucksvoll. Sie reicht vom Sengsengebirge über das obere Steyrtal, durch welches aus weiter Ferne das Mühlviertel grüßt, bis zur Sigistalhöhe und den Hochflächen der Tauplitz. Südöstlich breitet sich unter uns eines der riesigen, für das Tote Gebirge so typischen Karrenplateaus bis hinüber zum Warscheneck aus.

Vom Schrocken weg verfolgen wir den runden Kamm südwestlich bis zur Kreuzspitze, 2333 Meter, wobei wir zur Rechten beständig die Dachsteingruppe mit dem blinkenden Schladminger Gletscher vor Augen haben. Schließlich gehen wir nochmals zehn Minuten fast eben südwärts und stehen auf dem Hochmölbing, 2341 Meter. Wir haben den absoluten Höhepunkt unserer Kammwanderung und zugleich einen der schönsten Aussichtsberge des Toten Gebirges erreicht, zirka zweieinhalb Stunden vom Lift aus. Neben dem bereits geschilderten Panorama liegen nun auch die Niederen Tauern und der einzigartige Grimming offen vor uns. Diese Kammwanderung ist an sich so schön, daß auch der Rückweg auf der gleichen Route niemals langweilig wird. Bei frühem Aufbruch und sicherem Wetter wäre es aber durchaus möglich, die Tour über den Mitter- und Kleinmölbing fortzusetzen, zur Hochmölbinghutte abzusteigen und von dort aus nach Überschreitung des Grimmingbaches über die Türkenkarscharte und die Bärenalm ganz hinunter ins Stodertal zu wandern. Wer jedoch das Höchste wagen will, der überschreite in acht bis zehn Stunden von der Hochmölbinghütte aus den ganzen Mölbing- und Warscheneckkamm bis hinüber zum Linzerhaus auf der Wurzeralm. Er kann dabei acht Zweitausender bezwingen und als schönsten Lohn eine herrliche Erinnerung für sein ganzes Leben mit ins Tal hinunternehmen.

Der aussichtsreiche Grat vom Schrocken über die Kreuzspitze zum Hochmölbing, 2341 m, das schönste Wanderziel von der Hutterer Höß aus.

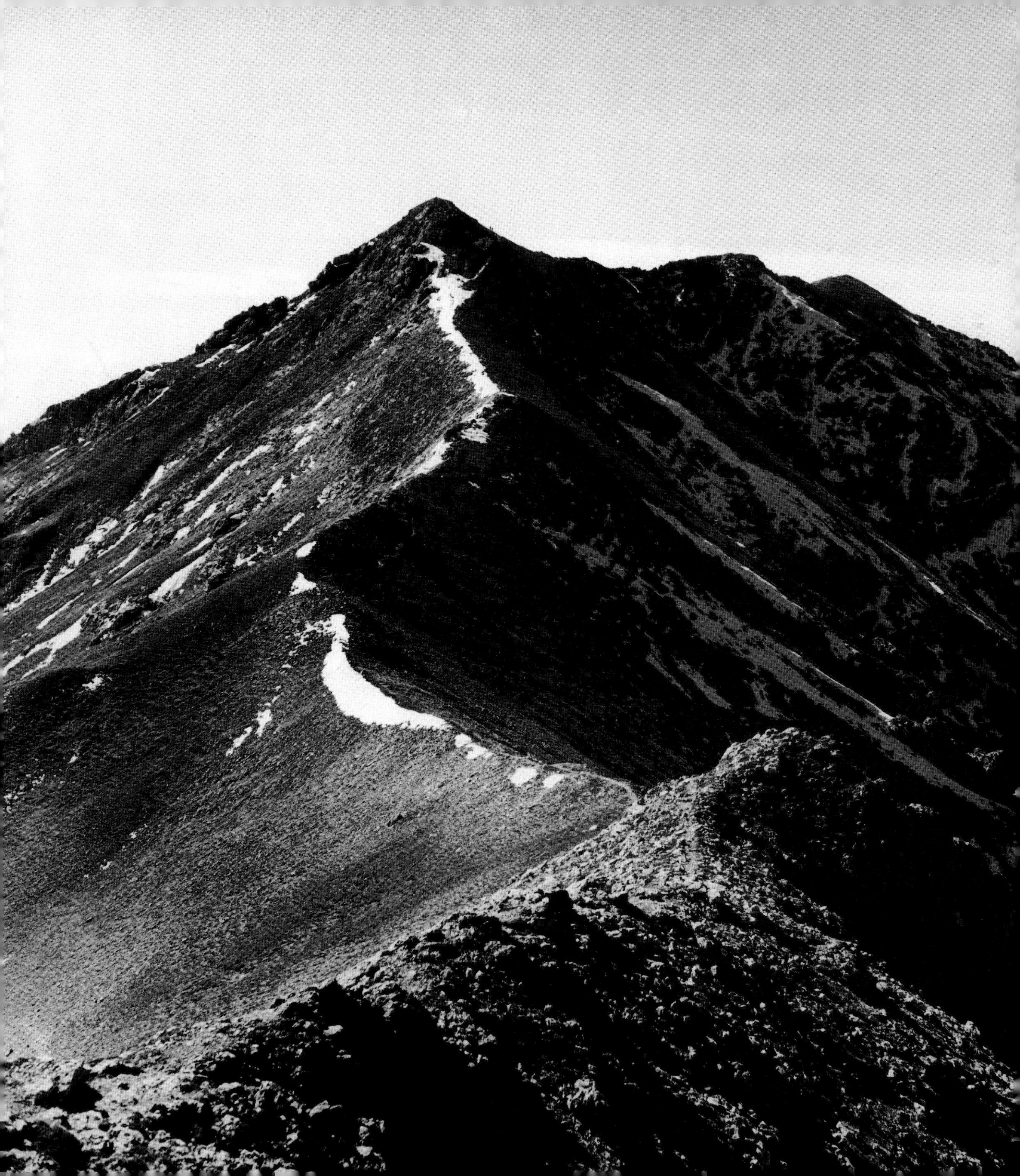

Bäume aus dem Mittelalter

Der Warscheneckstock birgt auf seiner zentralen Hochfläche zwischen der Liezenerhütte im Westen und der Gameringalm im Osten einen etwa neun Kilometer langen, lichten Waldgürtel, der als ausgedehntester Bestand der in den Nördlichen Kalkalpen äußerst selten gewordenen Zirbelkiefer oder Arve (Pinus Cembra) gilt. Dr. Hermann von Wißmann, Liezen, ermittelte in den zwanziger Jahren den Anteil der Zirbe an den Bergwäldern dieses Gebietes mit 18 vom Hundert. Bedingt durch die Abgeschiedenheit des Standortes, konnten hier die „Alpinisten" unter den Bäumen seit Jahrhunderten ungestört gedeihen und kletterten vereinzelt in Höhenlagen bis zu 2000 Metern, wohin ihnen auch die zähe Hochgebirgslärche nicht mehr zu folgen vermochte. Andererseits steigt die Zirbe am Burgstall nördlich von Weißenbach bis auf 1250 Meter herunter und erreicht hier einen ihrer tiefsten natürlichen Standorte in den Alpen.

Den Zirben kann man als Bergsteiger und Naturfreund nur mit größter Hochachtung gegenübertreten: der unglaublich zähe, überaus langsam wachsende Baum erreicht ein Alter bis zu eintausend Jahren! Äußerst genügsam in ihrem Nahrungshaushalt, hat die Arve ihren Höhenwuchs erst nach 200 Jahren abgeschlossen, wobei sie unter günstigen Standortbedingungen bis zu 20 Meter schafft. Die von Wind und Wetter gezeichneten Stämme mit ihren hoheitsvollen, pyramidenförmigen Kronen oder im Greisenalter bizarr in den Himmel gereckten Ästen (Kandelaberbäume) verkörpern die mittelalterlichen Tugenden des Rittertums, deren Blütezeit sie als Sprößling erleben durften. Die herrlichen Bäume werden so zum Symbol für höchsten Mut und Trotz gegen alle Unbill, für stete Kampfbereitschaft und unerhörten Lebenswillen. Darin ebenso wie im Alter ebenbürtig sind den Zirben wohl nur die noch selteneren Eiben, die sich am Hechelstein und Hochtausing versteckt halten.

Wie so oft im Reich der Natur galt bisher auch hier der Mensch als ärgster Feind. Jahrhundertelang mußten die Zirben wegen ihres ungemein gleichmäßig gemaserten, für Schnitzwaren hervorragend geeigneten Holzes ihr Leben lassen. Die als äußeres Zeichen des langsamen Wuchses nur 0,3 Millimeter auseinanderliegenden Jahresringe der Zirbe sind praktisch nur mit Hilfe einer Lupe zu erkennen. Bekannt und beliebt war auch der feine, balsamische Duft zirbenholzgetäfelter Stuben, wie sie etwa noch heute im Unterengadin ohne jeglichen Holzwurmbefall anzutreffen sind. Sogar den Zapfen, die nur alle sechs bis zehn Jahre reifen, stellte der Mensch nach, galten doch die bis zu haselnußgroßen, ungeflügelten Samenkörner, die eßbaren Zirbelnüßchen, zumindest bei den Almdirndln als Delikatesse. Prof. Friedrich Simony, der um Dachstein und Totes Gebirge so verdiente und vielseitige Alpenforscher des 19. Jahrhunderts, berichtet darüber im Jahrbuch 1870 des ÖAV: „Wenn der Herbst angebrochen ist, herrscht unter der Zirbe zuzeiten ein gar munteres Leben. Schäkernde Sennerinnen sind da eifrig beschäftigt, auf dem Boden umherliegende und in dem niedrigen Gestrüppe versteckte Zirbelzapfen aufzulesen, während ein in dem dichten Buschwerk der Krone hockender Bursche von Zeit zu Zeit durch einen kräftigen Rüttler die Mädchen mit einem Regen von wuchtig niederfallenden Früchten überschüttet und mitunter wohl auch eines der vegetabilischen Projektile mit sicherer Hand und wohl gezielt nach einer alpinen Schönen abfeuert."

Die Zirbe wanderte erst während der Eiszeit, aus Sibirien kommend, in den Alpen ein. Noch können wir ihr im Toten Gebirge begegnen. Wir sollten aber unbedingt verhindern, daß man in Zukunft wieder bis nach Sibirien fahren muß, um diesem alpinsten aller Bäume die gebührende Reverenz zu erweisen!

Zirbenbäume im Toten Gebirge. Sie kommen im Warscheneck-Gebiet besonders häufig vor und werden bis zu tausend Jahre alt.

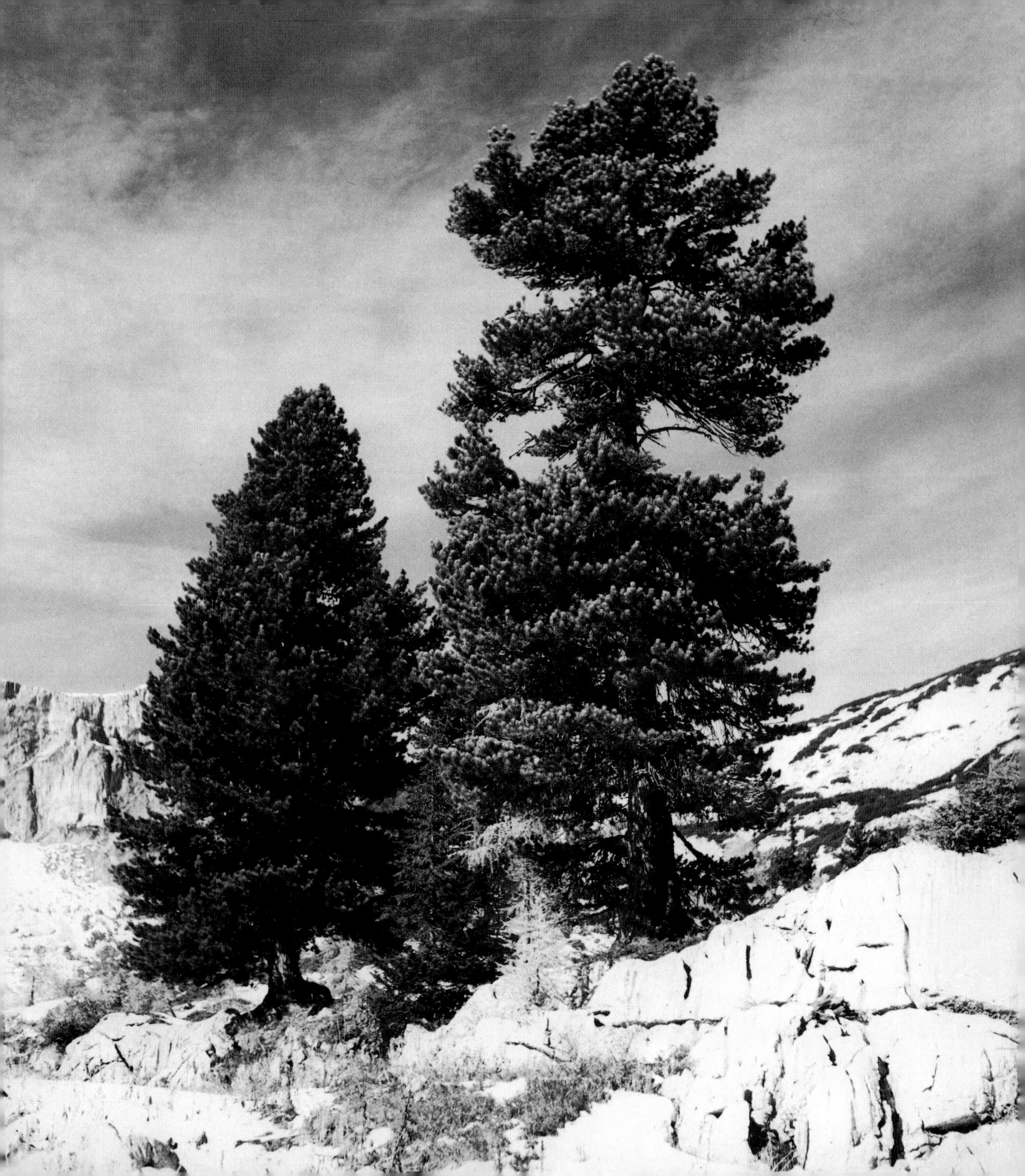

Die lutherischen Salzpascher

Im Gebiet um den Pyhrn mit Windischgarsten, Spital, Vorder- und Hinterstoder fand die reformatorische Lehre Martin Luthers bereits im frühen 16. Jahrhundert erstaunlich viele Anhänger, die mit bäuerlicher Zähigkeit mehrere Generationen lang den neuen Glauben gegen alle Bestrebungen der Bamberger und Kremsmünsterer Kirchenobrigkeit verteidigten. Schon 1527 hatte Windischgarsten einen eigenen evangelischen Prediger, 1558 trat gar der damalige Stiftsdechant von Spital, Wolfgang Pruggner, zu den Lutherischen über und schaffte im ganzen Tal den katholischen Gottesdienst ab. Zwölf Jahre später verjagte der streng katholische Jakob Gienger als neuer Dechant des Stifts die lutherischen Prädikanten wieder, worauf die Bauern Jacob Streun aus Leonstein, „einen Mann von ansehnlichem Wuchs und kriegerischer Haltung", als Prediger und zugleich Kopf eines religiösen Aufstands ins Tal holten. In einem alten Führer durch Windischgarsten und Umgebung (Wien 1888) findet man darüber: „Dem Meßner von Windisch-Garsten wurden die Kirchenschlüssel, dem Marktrichter die Sakristeischlüssel abgenommen und der Prädikant von 300 Bewaffneten in militärischer Ordnung zur Kirche geleitet, über 1000 Zuschauer bildeten Spalier. Vertragsmäßig waren Streun 300 Gulden nebst Stola, Schutz mit Leib, Leben, Gut und Ehre vor niederer und hoher Obrigkeit, selbst vor dem Kaiser versprochen und ihm zu seinem persönlichen Schutze zwei Wächter beigestellt. Nunmehr bemächtigten sich die Aufrührer auch der Filialkirchen in St. Pankraz und Vorderstoder, befolgten keine höheren Befehle und äußerten sich unverhohlen, daß sie nicht gehorchen würden, wenn auch ein ganzer Wagen voll kaiserlicher Patente ins Tal geschickt würde. Sollte ein Fähnlein Knechte gegen sie anrücken, würden sie es mit ihren Filzhüten totwerfen! Abgaben und Roboten wurden dem Stifte nicht mehr geleistet, jeder schlug Holz nach Belieben in den herrschaftlichen Wäldern."

Erst mit Beendigung des oberösterreichischen Bauernkrieges von 1626 fanden diese nicht ausschließlich religiös, sondern auch sozialrevolutionär motivierten Unruhen im Garstner- und Stodertal ein Ende.

Der historische Salzsteig zwischen Hinterstoder und Bad Aussee soll nach etlichen, allerdings in keinem Fall authentischen Quellen während dieser Zeit der Gegenreformation entstanden sein. Um die starrköpfigen Stoderer Bauern zur Rückkehr zum alten Glauben zu bewegen, verhinderte man kurzerhand die Einfuhr des Salzes. „Alle Straßen wurden abgesperrt, allein die Stöderer ließen sich diesen unentbehrlichen Artikel durch Schwärzer von Aussee bringen. Es war dies aber ein lebensgefährliches Geschäft, und weil jeder Mann nur einen Sack voll tragen konnte, wurde das Salz damals ungemein teuer." (Nach Josef Angerhofer, 1891.)

Der Salzsteig, für die lutherischen Pascher einst „lebensgefährliches Geschäft", bietet den heutigen Bergwanderern einen vergnüglichen, wenn auch acht- bis zehnstündigen Gang von Oberösterreich in die Steiermark bzw. umgekehrt. Das steilste Stück des Weges stellt der Aufstieg aus dem hintersten Stodertal zum Salzsteigjoch, 1720 Meter, dar (rund 600 Höhenmeter, streckenweise drahtseilversichert). Falls man die gut markierte Tour durch eine Übernachtung auf der „Mittelstation" Tauplitz entschärft, kann man sogar größere Kinder mitnehmen und unterwegs die schönsten Almen- und Seenidylle des Toten Gebirges auskosten.

Der Schwarzensee östlich der Tauplitzalm. Hier entlang zogen einst die Salzschmuggler von Aussee nach Hinterstoder.

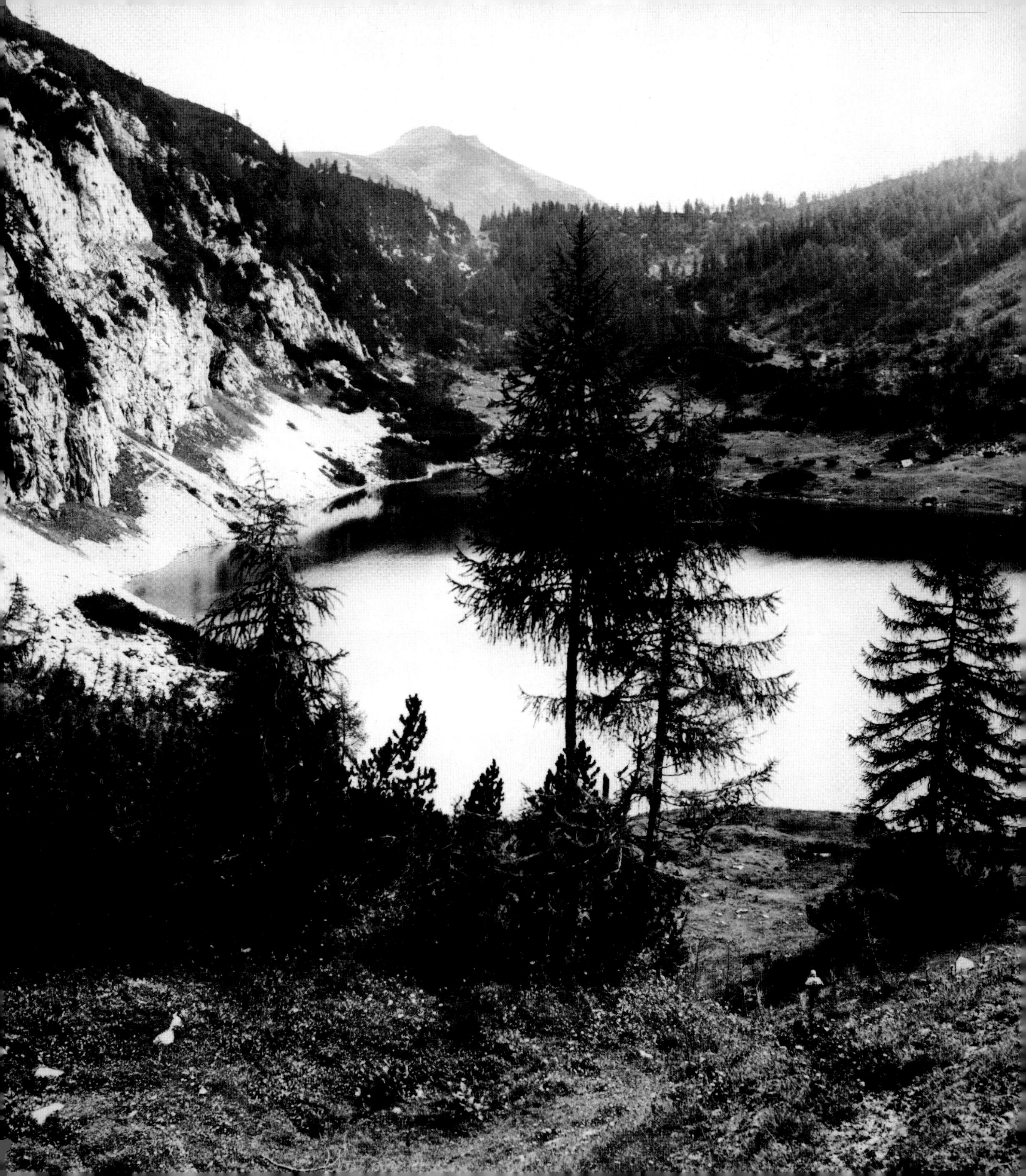

Das steirische Kripperl

Wo die uralte Salzstraße, von Hallstatt und Aussee durch das breite Mitterndorfer Hochtal kommend, zwischen dem Riesen Grimming und den Ausläufern des Toten Gebirges entlang des Grimmingbaches niedersteigt in die weiten Talgefilde der Enns, wacht auf dem sonnigen Rücken des Burgstalls seit vorrömischer Zeit eine winzige, aber geschichtsträchtige Siedlung: Pürgg. Peter Rosegger nannte das malerische Bergdorf treffend „Kripperl von Österreich", denn gleich einer der vielen bodenständigen, kunstvoll geschnitzten Weihnachtskrippen drücken sich die schindelgedeckten Bauernhäuser auf schmaler Hangterrasse schutzsuchend um die romanische Pfarrkirche des hl. Georg, überhöht von der frei auf einem Hügel erbauten Johanniskapelle. Der aus dem Toten Gebirge, etwa vom Hochmölbing nach Südwesten absteigende Wanderer genießt hier einen überwältigenden Blick auf die zerfurchte Ostflanke des himmelstürmenden Grimming und über die versumpften Mooswiesen des Ennstales hinweg auf das Gipfelmeer der blaugrün wogenden Niederen Tauern.

Die beherrschende Lage über der Gabelung zweier einstmals wichtiger Handelsstraßen veranlaßte die Traungauer Markgrafen, hier wahrscheinlich schon in karolingischer Zeit die Burg Grauscharn als zeitweise Residenz, ja sogar als Zentrum eines erhofften Paß-Staates zu errichten. Manche Historiker sehen in „Grauscharn auf der Purg" die Wiege der „ehernen Mark" neben Steyr und den Stammsitz der ersten Herzöge, der steirischen Ottokare. Heute künden nur noch vereinzelte Ringwallspuren auf dem Burgstall von jener Zeit.

Die dem hl. Georg geweihte Pfarrkirche besaß im Mittelalter eine bis über Aussee hinausreichende Pfründe und zeigt noch verschiedentlich romanische Bauelemente (Portal, Arkaden, südliches Seitenschiff). Zusammen mit Pfarrhof, Wirtschaftsgebäuden und Friedhof war sie ursprünglich als Wehrkirche mit geschlossener Verteidigungsanlage konzipiert.

Als kunsthistorische Besonderheit gelten die erst im Jahre 1870 entdeckten romanischen Wandmalereien in der kleinen Johanniskapelle, die als geschlossen erhaltener Verband wertvollste ikonographische Hinweise auf das Vorkommen des byzantinischen Monumentalstils im Nordalpenraum erlauben. Der Kunsthistoriker Dr. Georg Kodolitsch verweist auf die in Inhalt und Ausführung sehr enge Verwandtschaft der Pürgger Fresken mit den erst 1946 in der Deutschordenskirche in Friesach aufgefundenen Wandgemälden und vermutet für beide eine gemeinsame, um 1150 entstandene Vorlage.

Wer Bergwandern und Kunstgenuß vereinen will, der steige von Pürgg aus auf der „Himmelsstiege" empor zum Gasthaus Dachsteinblick, schlendere weiter zum Leistensee und pilgere über die gleichnamige Alm hinab ins Ennstal zu Pürggs einstiger Tochterkirche St. Ruprecht in Niederhofen bei Stainach. Er lasse sich aber nicht vom barocken Zwiebelturm des Gotteshauses täuschen: dahinter öffnet sich eine spätgotische, zweischiffige Hallenkirche mit vorzüglichen Temperamalereien aus der Zeit um 1500.

Auf dem Rückweg winkt als lohnender Abschluß Schloß Trautenfels mit einem als Außenstelle des steirischen Landesmuseums Joanneum geführten Heimatmuseum in den prächtigen, ehemaligen Wohn- und Festräumen des Schlosses.

Pürgg mit dem mächtigen Grimming, dem „mons Styriae altissimus" unserer Vorfahren.

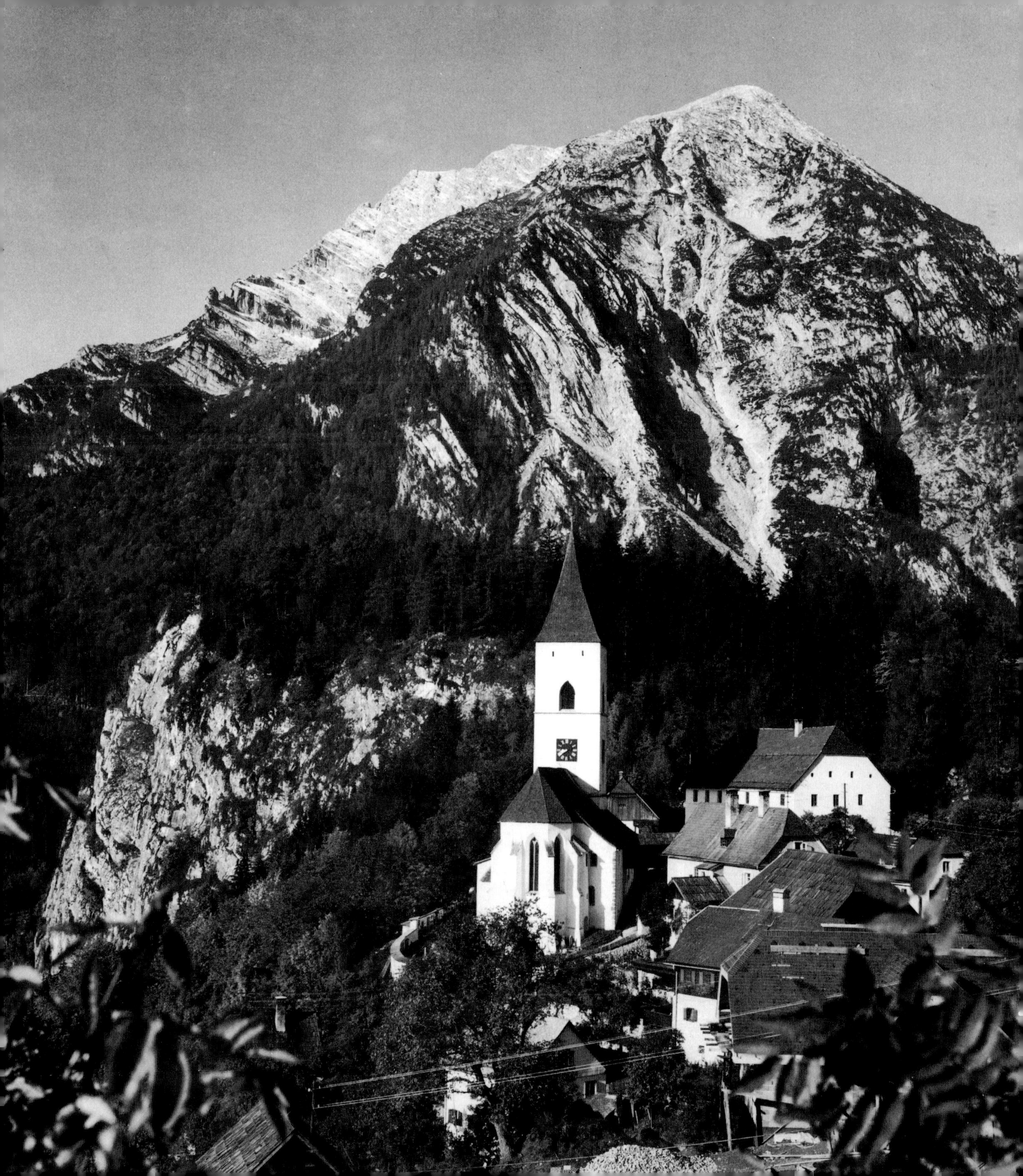

Vom Sturzhahn zur Eiger-Nordwand

Der Sturzhahn, 2031 Meter, stellt eigentlich nur einen Absturz des vom Großen Tragl über Kleines Tragl und Löckenkogel nach Südwesten ziehenden Steyrerseekammes dar, aber seine fotogene Süd- und vor allem Westwand machen ihn zum hochalpinen Schaustück der lieblichen Tauplitzalm. Wie ein Dolomitenberg ragt er mit seinen glatten Wandfluchten aus den blumenübersäten Bergwiesen um den Steyrersee in den Himmel und zieht die Blicke der Autotouristen, besonders aber der Kletterer unwillkürlich auf sich.

Der Sturzhahn (früher auch Traglsturz oder Traglhahn genannt) gilt heute trotz der relativ geringen Wandhöhen von 200 Metern als meistbesuchter Kletterberg an der gesamten Südflanke des Toten Gebirges zwischen Stubwieswipfel und Sandling. Seine durch Lift und Mautstraße begünstigten leichten Zugänge, die infolge der geringen absoluten Höhe sehr frühzeitig im Jahr einsetzende Ausaperung und vielleicht auch die Möglichkeit, im Blickfeld zahlreicher Zuschauer Felsakrobatik demonstrieren zu können, lassen gelegentlich sogar eine Art von Klettergartenstimmung an ihm aufkommen. Solchermaßen prädestiniert, stand der Sturzhahn bereits im Mittelpunkt eines Fernsehfilms, wobei er allerdings dem am Stahlseil in die Wand gehievten Kameramann eine gehörige Portion Angst einjagte, als nämlich die Seilwinde infolge technischer Mängel längere Zeit blockierte und der Arme wie ein Kreisel hilflos zwischen Himmel und Erde schweben mußte.

Die Almbauern und Schützen wagten sich auf einen so wilden Berg erst gar nicht hinauf und überließen es einem Großstädter, den Gipfel 1887 als erster im Alleingang zu betreten. Sie konnten freilich nicht wissen, daß der Wiener Heinrich Heß, ein enger Freund von Ludwig Purtscheller und Schriftleiter der Zeitschrift des DuÖAV, im benachbarten Gesäuse bereits viel schwierigere Felstouren unternommen hatte. Als 1892 wieder einer der renommiertesten Wiener Bergsteiger, Dr. Fritz Benesch, zur ersten Wiederholung anrückte, zweifelte man noch immer an der Ersteigbarkeit dieses Berges. Benesch erzählt: „Auf die Einheimischen hatte mein Unternehmen einen verblüffenden Eindruck gemacht. Die Sennerin von der Steyrerseealm hatte sich, wir mir Freunde später erzählten, bekreuzigt, als sie mich auf der Spitze auftauchen sah, und als ich dann unten eine Erfrischung verlangte, war das abergläubische Ding aus Angst vor dem Bösen, der mir geholfen hätte, nirgends zu finden." Zur Ehrenrettung der sonst so wagemutigen einheimischen Jäger und Wildschützen sei jedoch festgehalten, daß der Sturzhahn einer der ganz seltenen Berge ist, die auf keiner Seite über einen sog. „Normalweg" erstiegen werden können. Der von Heß 1887 gefundene leichteste Zustieg weist noch heute den Schwierigkeitsgrad II auf, der üblicherweise bereits die Anwendung eines Kletterseiles bedingt.

Wie verlockend mußte dagegen so ein von wilden Gerüchten umrankter Felsklotz auf einen Mann wie Robert Damberger wirken! 1908, bereits auf dem Höhepunkt seiner Erschließertätigkeit im Toten Gebirge, wollte er es genau wissen: mit den Linzer Freunden Obermüller und Niederdöckl stieg er durch die teilweise brüchige Nordwand (III) vom Steyrertörl aus zum Gipfel. Sicher haben die Linzer damals schon begierig den prallen Westabsturz gemustert, aber dieser blieb noch lange tabu. Kein Geringerer als der bekannte Grazer Expeditionsbergsteiger Heinrich Harrer holte sich dort im Herbst 1935 nach schwierigster neunstündiger Kletterei mit seinem Freund Kurt Wallenfels den Sieg. Harrer war damals 25 Jahre jung und trainierte eifrig für das große Problem Eiger-Nordwand, die er bekanntlich drei Jahre später gemeinsam mit Kasparek, Heckmair und Vörg bezwang. Derzeit ist die klassisch schöne Harrer-Route (V bis VI) mit modernen Bohrhaken übel verschandelt. Wahrscheinlich wäre sie „by fair means" heute noch schwieriger als die 1968 von Schlömmer und Perner in 18stündiger Arbeit (für 200 Höhenmeter!) ernagelte Südwestwand.

Die eindrucksvolle Westwand des Sturzhahns, 2031 m, auf der Tauplitzalm, ein Lieblingsberg der Kletterer.

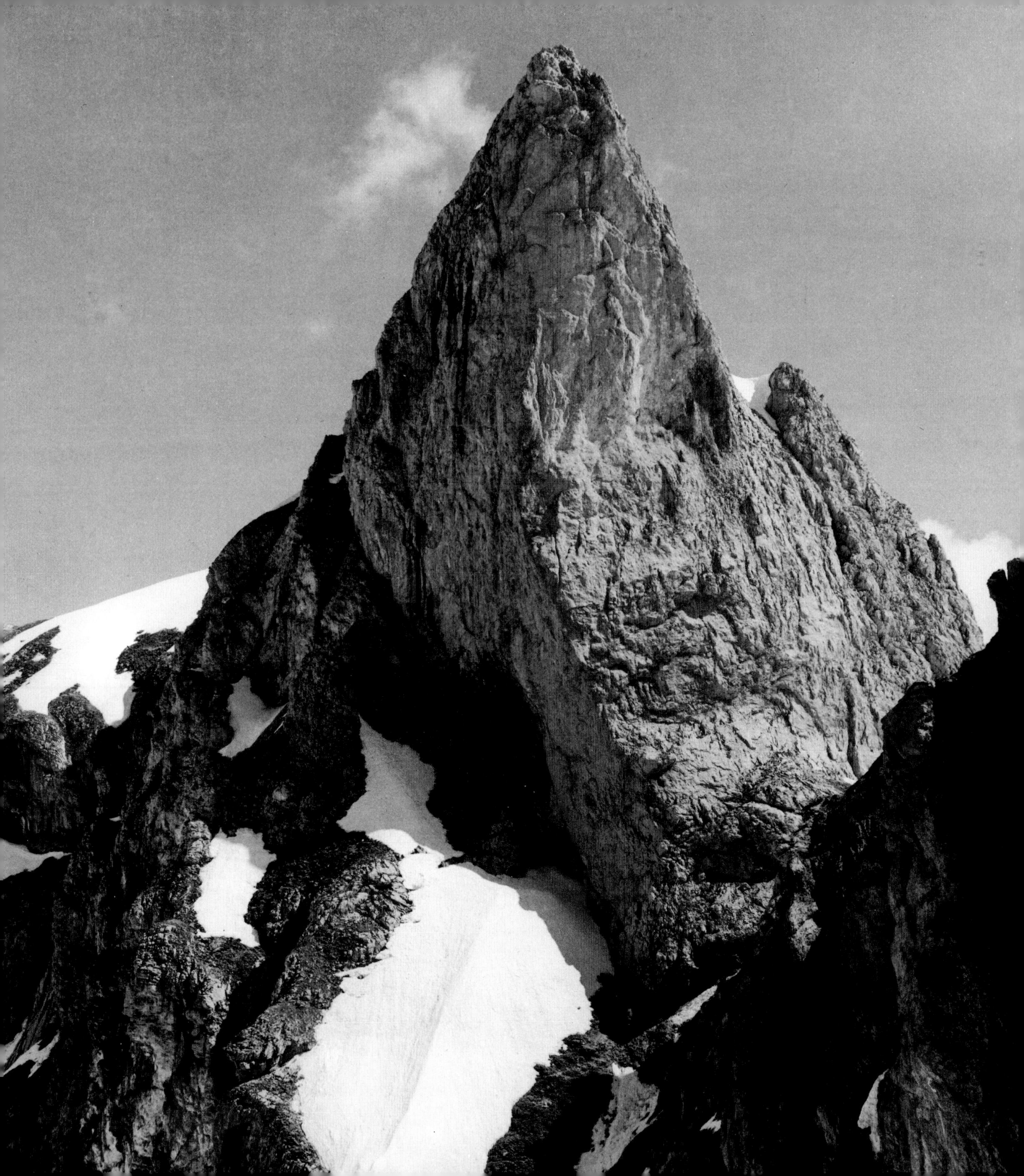

Im Freigebirg war das Jagen frei

Das Thema „Hochgebirgsjagd" mit und vor allem ohne Berechtigung zieht sich wie ein roter Faden durch die alpenländischen Romane, wird im Volksliedgut besungen und in Hunderten von Episoden und Sagen verherrlicht. Das Tote Gebirge macht hierbei keine Ausnahme, sondern bereichert die Überlieferung vom Wildererunwesen vergangener Zeiten um einige besondere Glanzlichter.

Nach einem alten Kremsmünsterer Stiftsurbar nannte man die zentrale Hochfläche zwischen Röllsattel, Weitgrube und Tauplitz „Freigebirg", ein Name, der gerne in der Bedeutung von „Niemandsland" oder konkreter: „zum Jagen für jedermann freies Gebirge" ausgelegt wurde.

„Im Freigebirg – moant ma – daß d' Gamsjoad war frei.
Da hörat von selm auf die Gamsjagerei!
Dem 's Gjoad g'hört, der wurd sie bedanka gar schön,
Wann d' Wildschüzzn derfat'n Gamsschoiß'n gehn!"
(Gstanzln, Steyr 1891)

Josef Angerhofer, Lehrer und Heimatdichter in Hinterstoder, schreibt 1906: „Der bedeutende Wildbestand gab seinerzeit manchem Sohn der Berge Veranlassung, zumeist aus purer Lust und Leidenschaft Wildschütz zu werden. In neuerer Zeit ist die Gilde der Wildschützen der Auflösung nahe, aber noch immer nicht ausgestorben. Es liegt in Blut und Luft."

Wie Herzog Philipp von Württemberg als Jagdpächter großer Teile des Stodertales mit den Wildschützen aufräumte, schildert Robert Angerhofer, Sohn des Josef A., mit den Worten: „Er wurde der Lage dadurch Herr, daß er den schlauesten und wagemutigsten Wildschützen das Angebot machte, in seine Dienste als Jäger zu treten. Herzog Philipp gewann mit diesem Schachzug nicht nur sehr tüchtige Jäger, sondern befreite das Jagdgebiet überdies von der damals schwer zu begegnenden Wilderertätigkeit."

Am ärgsten trieben es die Wildschützen auf der unwegsamen Karsthochfläche zwischen der Weißen Wand und dem Stoderkamm. Hier herauf verirrte sich selten ein Jäger, andererseits wuchsen hier zwischen den Karren die besten Gamskräuter und entsprechend stark war der Wildbestand. Schon Georg Geyer schildert zwei große Höhlen in diesem Gebiet, die „Kalte" und die „Warme Herberg'", als beliebten Unterschlupf der Schützen, und Fritz Benesch bekundet noch im Jahr 1912 aus eigener Anschauung: „Noch jetzt sind dort die Lager, morsche Löckerstaudenzweige (= Latschenzweige) und Reste von Kochgeschirr zu sehen. Da sollen die übermütigen Wilderer mehr als einmal die Jäger gezwungen haben, mit ihnen von dem gestohlenen Wildbret zu essen."

Im Almtal wurde mir von Jägern glaubwürdig erzählt, daß die Wilderer früher bei ihrem verbotenen Treiben gewissermaßen „exterritorial" vorgegangen seien: während die Oberösterreicher hauptsächlich im Süden des Hauptkammes, also im Steirischen, gewildert hätten, seien die steirischen Schützen mit Vorliebe nach Norden in das Gebiet um den Offensee oder ins Kohlenkar vorgedrungen. Auf solche Weise hatte man jeweils daheim seine Ruhe mit der Obrigkeit und alles war in bester Ordnung.

Der Sage nach verdankt sogar ein herrlicher Kletterberg, nämlich der Brotfall, 2380 Meter, seinen Namen den Wilderern: Auf der Flucht vor den Jägern entglitt ihnen, die sich auf dem Gipfel des Berges bereits in Sicherheit wähnten, ein großer Laib Brot und kollerte über die Felswand hinunter, den Jägern genau vor die Füße. Bis die Grünröcke dann allerdings den Gipfel aus dem Kühkar erreicht hatten, waren die Wildschützen schon längst durch die Weitgrube und die Dietlhölle entkommen.

Düster und unheimlich wirkt das Zentralplateau in 2000 Meter Höhe zwischen Rotkögel- und Temelbergsattel, wenn der Weststurm die Wolken darüberjagt.

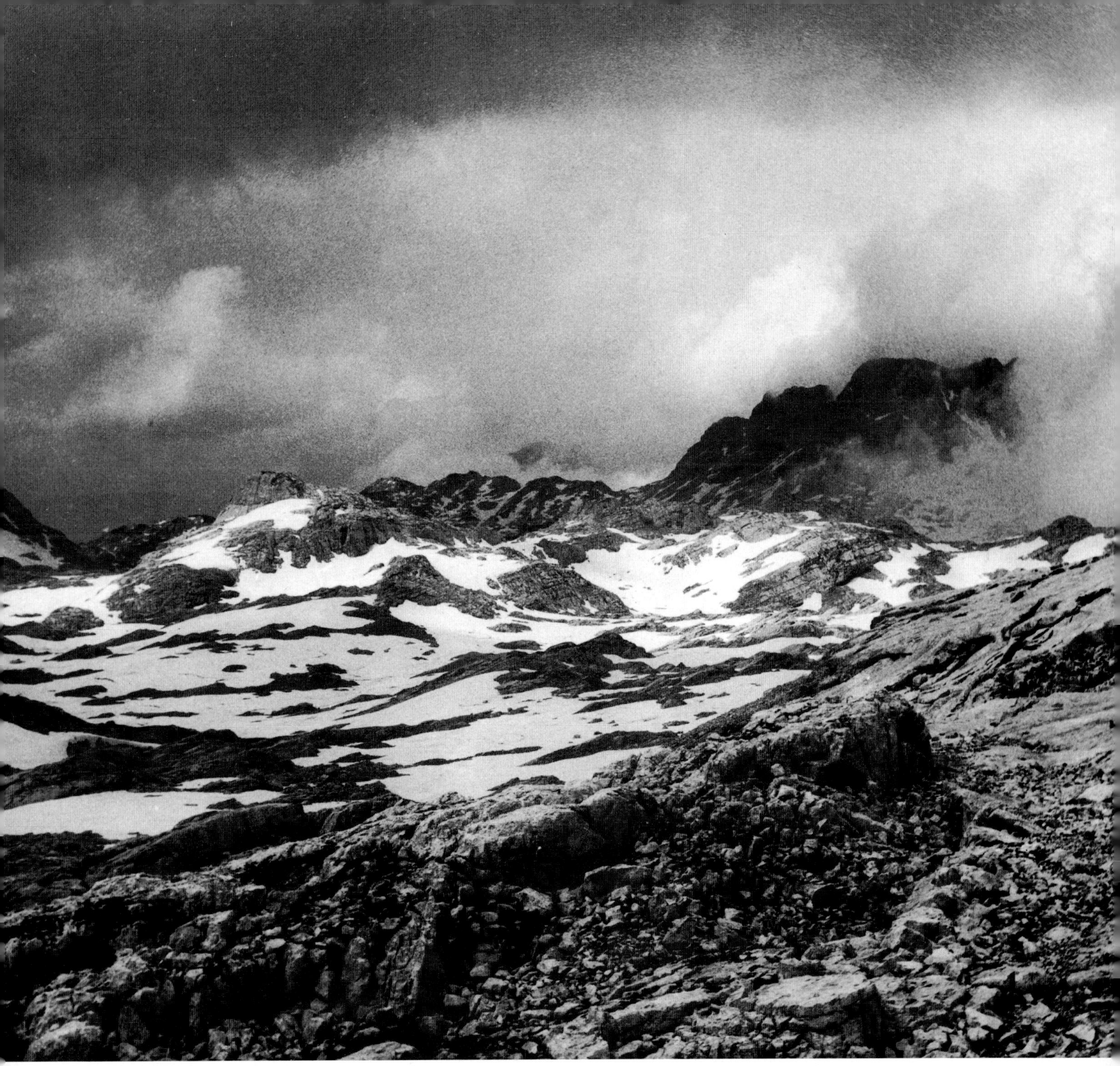

Ein Mathematikprofessor zirkelt die ersten Skischwünge

Als in den neunziger Jahren des vergangenen Jahrhunderts der Skilauf von Skandinavien aus verstärkt in die Alpenländer vordrang, hatten die Bürger der alten Eisenstadt Steyr das unverhoffte Glück, mitten in der Stadt von norwegischen Offizieren den denkbar besten und zudem kostenlosen Anschauungsunterricht in dieser neuen Sportart zu erhalten. Die Militärs waren eigentlich erschienen, um Waffen aus den damals weltberühmten Werndlschen Fabriken zu übernehmen, aber sie hatten in weiser bzw. ,,weißer'' Voraussicht auch ihre Skier aus dem hohen Norden mitgebracht und sausten nun unter allgemeinem Staunen der Einheimischen den sog. Gsangberg hinunter. Kein Wunder, daß daraufhin die vier Buben des Tischlermeisters Hans Stohl ihrem Vater keine Ruhe mehr ließen, bis er ihnen und etlichen Freunden ebensolche Brettln nachgebaut hatte. Bereits 1898 entstand an der damaligen Realschule eine kleine Skiabteilung, die vom Winter 1899 an vom Steyrer Mathematikprofessor Gregor Goldbacher liebevoll ausgebaut wurde. Am 6. Jänner 1904 gründete Goldbacher den 1. Oberösterreichischen Skiklub ,,Telemark'' in Steyr, veranstaltete Skikurse auf dem Damberg und wagte sich nach und nach mit den Skiern auch ins nahe Gebirge, das er von vielen sommerlichen Bergfahrten her bestens kannte. Rückblickend auf diese Anfänge, erzählte Goldbacher später: ,,Die Skiläufer von heute können sich gar keine Vorstellung mehr von der Mühe und Anstrengung machen, welche beispielsweise eine Besteigung der Voralpe bei tiefem Neuschnee mit den Brettln verursachte, da es ja anfangs noch keine Seehundfelle und schon gar kein Klebewachs gab, so daß wir mit umgebundenem Tannenreisig und rauhen Tüchern uns notdürftig behelfen mußten.'' Trotzdem besuchte man bereits kurz nach der Jahrhundertwende z. B. den Hohen Nock, das Stodertal und die Tauplitz. Prof. Gregor Goldbacher entwickelte sich so zum profunden Kenner der damals aufkommenden, allerersten Skitouren im Toten Gebirge und erhielt als solcher den ehrenvollen Auftrag, im ältesten deutschsprachigen Skiführer ,,Skitouren in den Ostalpen'', bereits 1906 in Wien herausgegeben, u. a. den Abschnitt über das Tote Gebirge zu bearbeiten. Sein Urteil darüber klang allerdings nicht sehr optimistisch: ,,Von Skifahrern wird es wegen der äußerst anstrengenden und langen Anstiege und wegen Mangel an Unterkunftshütten sehr selten besucht. Besonders lohnend sind die Gipfeltouren für den Skiläufer nicht, wenigstens vom Tale aus.'' So beschränkte sich Goldbacher vor 70 Jahren auf die Beschreibung von ganzen 13 Touren, wobei er den Tressensattel, die Rettenbachwildnis, den Loser und Hochanger, Traweng und Lawinenstein sowie das Warscheneck über die Zellerhütte am wärmsten empfahl. Stellt man den 13 Touren von 1906 das von den Linzern Dr. Gernot und Gisbert Rabeder verfaßte Buch ,,Skiführer Totes Gebirge'' aus dem Jahr 1970 mit insgesamt 823 Abfahrtsbeschreibungen gegenüber, so besagt dieser Vergleich mehr über die Entwicklung des alpinen Skilaufs als viele Worte. Und so urteilen die Brüder Rabeder heute über die einst ,,nicht besonders lohnenden'' Gipfeltouren: ,,Das Tote Gebirge bietet dem Skibergsteiger eine so große Fülle schöner und verschiedenartiger Tourenmöglichkeiten wie kaum ein anderes Gebiet der Nördlichen Kalkalpen. Das liegt nicht nur an seiner Größe, sondern vor allem an dem Umstand, daß fast alle Gipfel mit Skiern zu ersteigen sind.'' So ändern sich die Zeiten und wir mit ihnen!

Oben: Der 1. Oberösterreichische Skiklub ,,Telemark'' in Steyr, gegründet 1904.
Mitte: Die ersten Klubmitglieder im Gelände am Damberg. Man bevorzugte damals noch die Lilienfelder Ein-Stock-Technik des Skipioniers Mathias Zdarsky.
Unten: Der ehrenwerte Mathematikprofessor Gregor Goldbacher schockte die Steyrer bereits 1908 mit Skisprüngen in der Badehose.

I. ober-öster. Skiklub "Telemark" in Steyr

Pistenzentrum Tauplitzalm

Von den heute nahezu in jedem größeren Ort mit ausreichender Schneelage und entsprechenden Fremdenverkehrsambitionen vorhandenen lokalen Skiliften abgesehen, gibt es derzeit im Toten Gebirge vier große Pistenzentren von überregionaler Bedeutung: Hinterstoder mit Hutterer Höß und Bärenalm, Spital am Pyhrn mit Wurzeralm und Frauenkar, das obersteirische Seenplateau der Tauplitzalm einschließlich Bad Mitterndorf sowie als jüngstes Altaussee mit dem Loser.

Trotzdem darf jedes dieser Gebiete gewissermaßen als Geheimtip für Kenner gelten, denn der ganz große Skirummel ging an ihnen zumindest bisher vorüber. Dafür findet man auf den Pisten noch Menschen und weniger versnobte Masse als weiter im Westen.

Das Skigebiet um die Tauplitzalm besitzt von allen die längste Tradition. Schon kurz nach der Jahrhundertwende tummelten sich hier die ersten „Schneeschuhläufer", angelockt von dem enormen Schneereichtum und dem relativ gutmütigen Gelände zwischen 900 und 2000 Metern am aussichtsreichen Südabfall des Toten Gebirges. Der Bad Mitterndorfer Gastronom Emmerich Oberascher erkannte sehr früh (Winter 1905/06) die Zeichen der Zeit und setzte sich viele Jahre unermüdlich für die Belange des Skisports im steirischen Salzkammergut ein. Vom Semmering holte er den berühmten Skipionier Mathias Zdarsky, der seine „Lilienfelder" Skilauftechnik propagierte, aus München erschien der Kaukasus- und Pamirforscher Willi Rickmer-Rickmers (dessen Namen seitdem eine Scharte zwischen Weißer Wand und Planka Mira trägt), der für die Anfänge des Militärskilaufs so bedeutsame Oberst Georg Bilgeri stellte sich mit Kursen ein, aus Wien kamen u. a. der Alpenmaler Gustav Jahn und der Schriftsteller Otto Barth, kurzum: die Tauplitz war damals „in." 1911 organisierte Oberascher in Mitterndorf die ersten internationalen Skiwettkämpfe, darunter die fünften österreichischen Staatsmeisterschaften in der nordischen Kombination (Sprunglauf und Langlauf bzw. „Dauerlauf", wie man damals auch sagte). Die nordischen Disziplinen werden auch heute noch, oder besser: wieder gepflegt. Die besten Langläufer Österreichs besuchen seit Jahren die in 1600 Meter Höhe ideal gelegenen Trainingslager auf der Tauplitzalm, und auf der Riesenflugschanze am Kulm zu Füßen des Grimming stellte Altmeister Sepp („Bubi") Bradl 1951 mit 115 Metern den damaligen österreichischen Weiten-Hausrekord auf.

Für die modernen Pistenfans ist die Tauplitz vielleicht um eine Nuance zu zahm: zwar bietet die Hauptabfahrt vom Lawinenstein (1900 Meter) hinunter zum Ort Tauplitz (900 Meter) volle 1000 Höhenmeter, aber dazwischen liegen kleine Gegensteigungen und lange Schußstrecken. Wer jedoch nicht täglich nach möglichst vielen Abfahrts-Höhenmetern trachtet, sondern mit Frau und Kindern an den zahlreichen kurzen Schleppliften in absolut sicherer Schneelage glücklich sein kann, für den bietet die liebe alte Tauplitzalm alles, was das Skifahrerherz begehrt: im Tiefschnee reihum aufgefädelte Unterkunftsstätten von der ehemaligen Alm bis zum Nobelhotel mit Hallenbad und Sauna, einen Supermarkt für Selbstverpfleger, bequeme Zugangsmöglichkeiten per Sessellift (4,2 Kilometer lang!) vom Ort Tauplitz oder per Mautstraße von Mitterndorf aus und schließlich die beruhigende Gewißheit, jederzeit aus dem Pistentrubel ausreißen zu können in die strenge Einsamkeit des Toten Gebirges. Nach einer zünftigen Skitour zum Großen Tragl, 2184 Meter, mit Abfahrt zum Steirersee oder durch das südliche Öderntal sieht der gestreßte Linzer, Wiener oder Grazer Wintersportgast die Welt wieder mit ganz anderen Augen an.

Die Tauplitzalm, das älteste Pistenzentrum im Toten Gebirge.

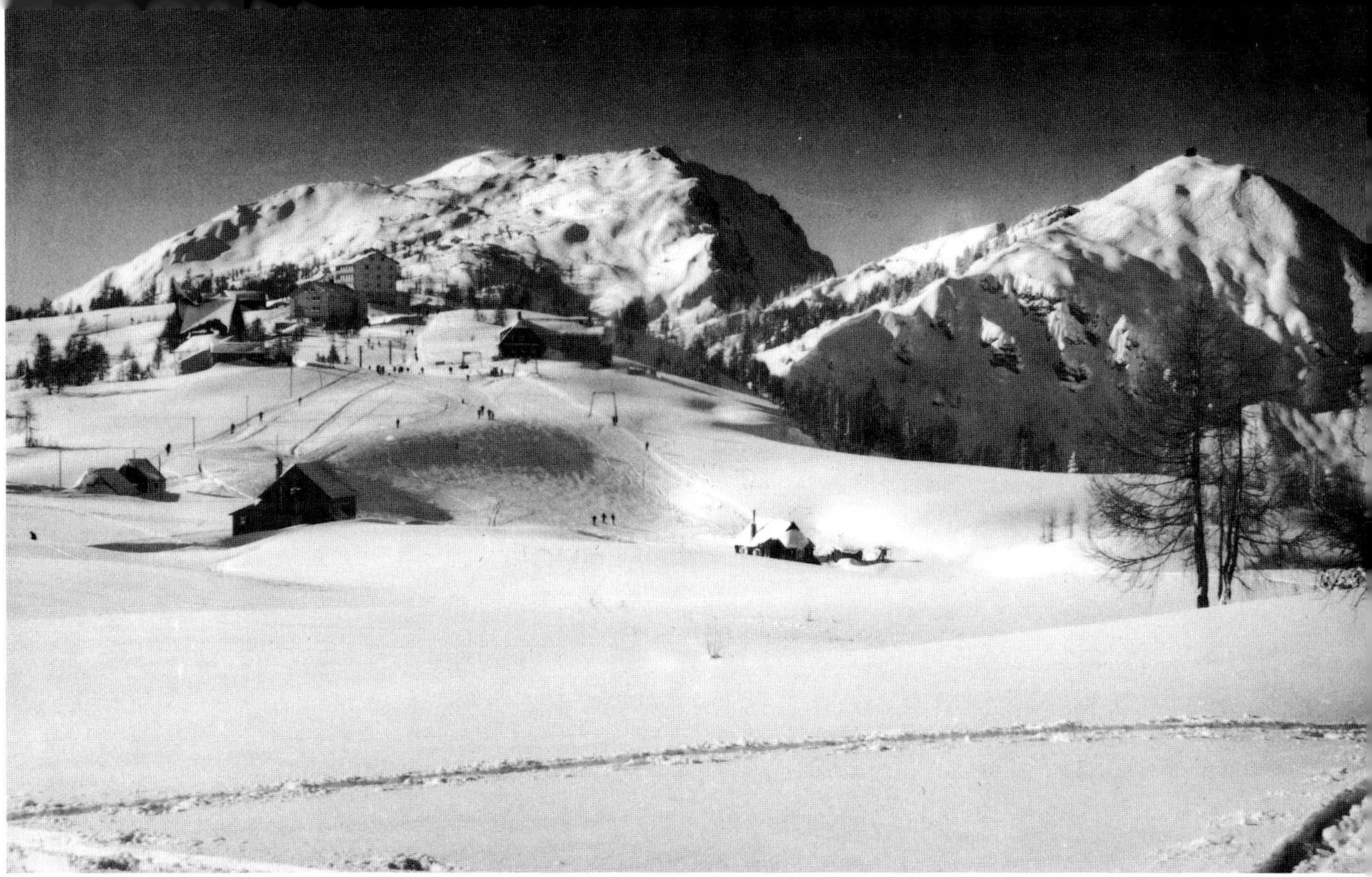

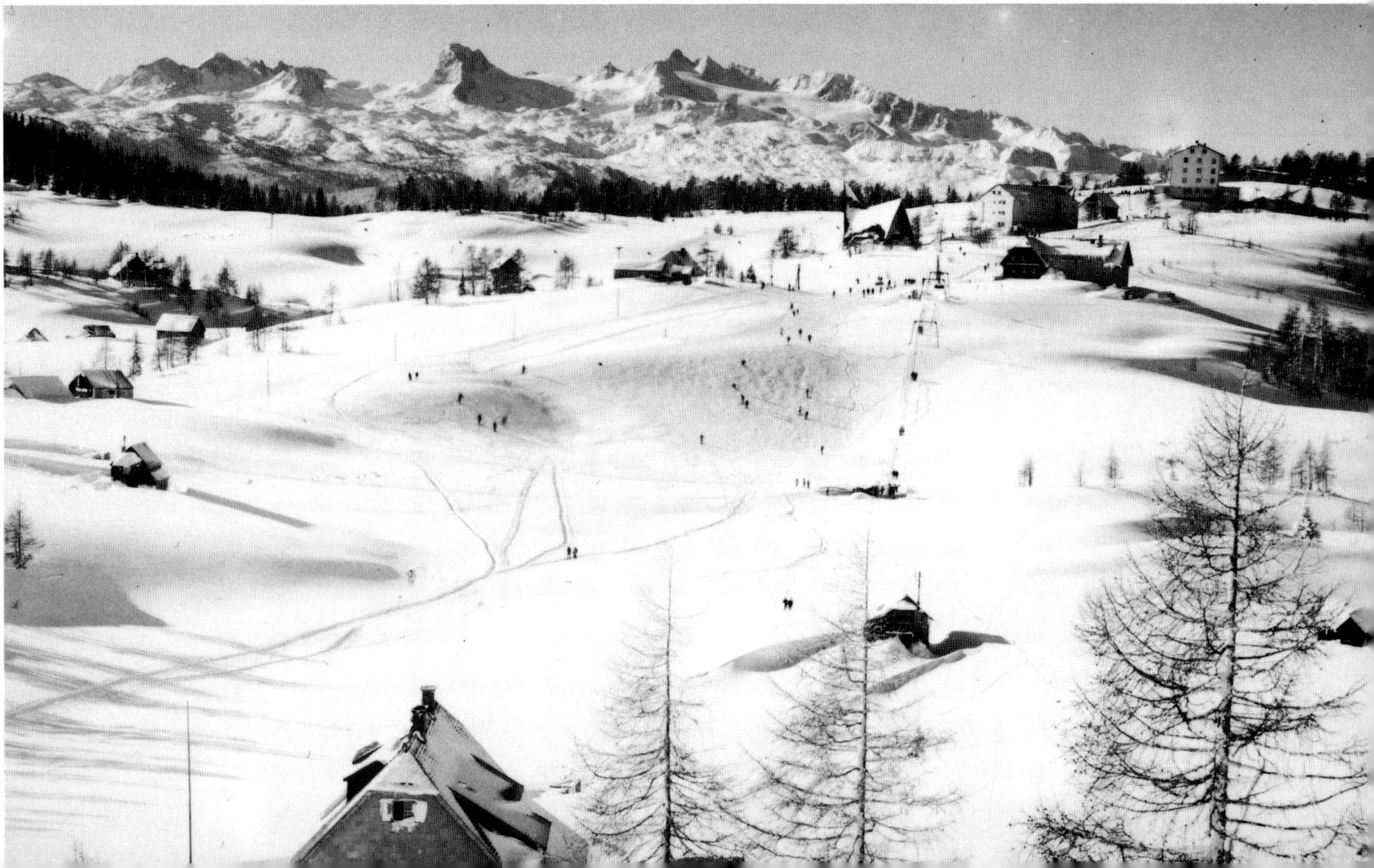

Pistenzentrum Hinterstoder

Das Stodertal darf ohne Übertreibung als eines der schönsten und vor allem vielseitigsten Kalkalpentäler bezeichnet werden. Nicht von ungefähr wurde es schon im frühen 19. Jahrhundert für den Alpinismus entdeckt und seitdem entsprechend frequentiert. Erstaunlicherweise übersah man aber jahrzehntelang die großartigen Wintersportmöglichkeiten, die hier bis nach dem zweiten Weltkrieg ungenutzt schlummerten.

Das große Erwachen begann erst vor etwa zwanzig Jahren mit dem Bau des Sessellifts auf die Hutterer Höß. Seither erlebte Hinterstoder auch als Wintersportzentrum einen kometenhaften Aufstieg, der es mit Recht in die vorderste Reihe der oberösterreichischen Skiorte schnellen ließ. Nach meiner bescheidenen Meinung gibt es zwischen Salzburg und Wien kaum einen Platz, welcher in so vollkommener Weise alle natürlichen Anforderungen an ein winterliches Idealgelände erfüllt wie gerade die Hutterer Höß: Schneereichtum durch die Stauwirkung des Priel- und Stoderkammes, Schneesicherheit in den Hochlagen von Ende November bis April, beste Schneequalität durch rein nordseitig abfallende Hänge, Hangneigung in allen Variationen zwischen 20 und 40 Grad, dabei absolute Lawinensicherheit durch schütteren Waldbestand während der gesamten Abfahrtsstrecken über einen Höhenunterschied von stolzen 1236 Metern, die ohne jede Gegensteigung oder langweilige Flachstrecken durchfahren werden können. Hinzu kommt die relative Nähe zu den Ballungszentren Linz, Wels und Steyr sowie zur Westautobahn, die Hinterstoder auch als Wochenendziel für Wien, Salzburg oder Passau interessant macht. Der ebene Talboden erlaubte – endlich! – die Anlage eines riesigen Parkplatzes für mehrere hundert PKW und Busse, und seit zwei Jahren gibt es sogar eine ständig geräumte Mautstraße bis zur Mittelstation Hutterer Böden auf rund 1400 Metern Höhe.

Die Hutterer Böden scheiden als weitläufige, sonnige Hangterrasse das Pistengebiet in einen variantenreichen oberen und einen vorbildlich als Talabfahrt ausgebauten unteren Teil. Bis hierher baggern zwei Doppelsessellifte nahezu ohne Wartezeiten die schneehungrigen Massen aus dem Tal (600 Meter), die sich dann entweder der zweiten Sektion des Sessellifts oder sechs Schleppliften anvertrauen können. Von der Bergstation Hutterer Höß (1823 Meter) aus führen insgesamt sieben verschiedene Pisten über jeweils 400 Meter Höhenunterschied zurück zu den Böden, angefangen bei der supersteilen „Studenten-" bis hin zur gemütlichen „Familienabfahrt", die dafür ein Höchstmaß an Aussicht auf die prächtigen Gipfel des Priel- und Stoderkammes ermöglicht. Einen besonderen Leckerbissen für Tiefschneefahrer vermitteln die lichten Lärchenwälder, die zwischen den einzelnen Abfahrtsstrecken belassen wurden und so einen wilden Naturslalom ermöglichen.

Wen das Pistentreiben irgendwann langweilt, der kann sich bereits im Hochwinter vom Lift aus in abenteuerliche Tourenabfahrten wie Heutal, Brunntal oder Rottal stürzen. Die dankbarste Skitour von der Höß aus wird allerdings erst im Firn des späten Frühjahrs möglich, nämlich der supersteile, jedoch angenehm breite Elmplan zwischen Schrockenberg und Pyhrnerkampl.

In allerjüngster Zeit wurden die Hutterer Böden auch von den Langläufern entdeckt. Eine maschinell präparierte Loipe als knapp drei Kilometer langer Rundkurs zwischen Berghotel und Landesjugendheim schafft einen bescheidenen Anfang. Es ist zu hoffen, daß bald auch das Prachtgelände am Kühboden (rund 1500 Meter) und ebenso das aussichtsreiche, wellige Hößplateau zwischen 1800 und 1900 Metern bis hinter zu den Schafkögeln für den Langlauf voll erschlossen werden. Sollte Ihnen auf der Höß gelegentlich zuviel Betrieb sein, dann besuchen Sie doch einmal die „Dependance" von Hinterstoder, die landschaftlich einmalig schöne Bärenalm! Ein Sessellift und zwei schnelle Schlepper garantieren auch dort für einen äußerst kurzweiligen Skitag.

Flugaufnahme der Pistenlandschaft auf der Hutterer Höß. Oben die Hutterer Almen, darunter Wertungs-, Standard- und Familienabfahrt.

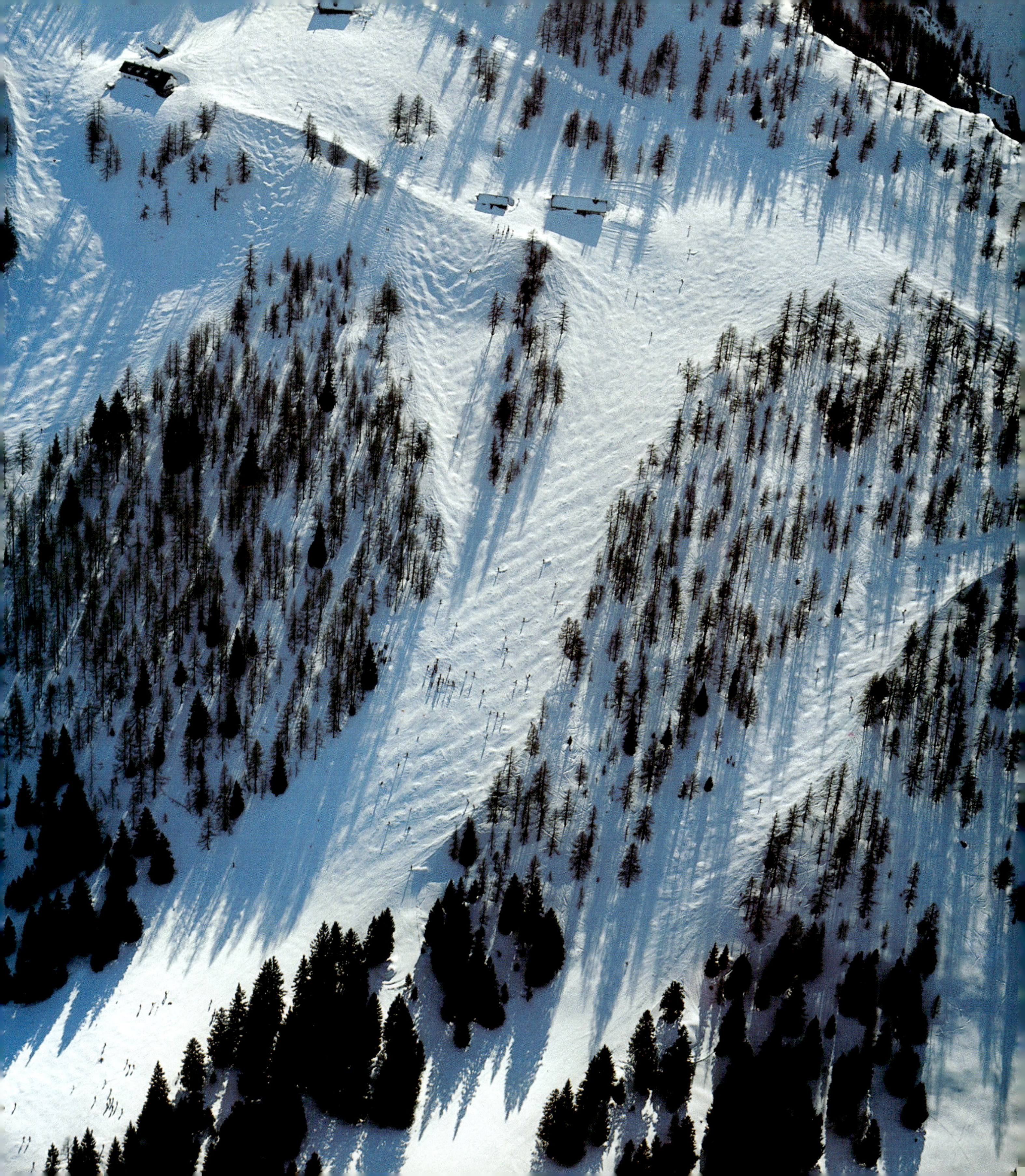

Pistenzentrum Wurzeralm

Das Skigebiet auf der Wurzeralm bei Spital am Pyhrn gehört an sich zu den am frühesten besuchten Tummelplätzen der oberösterreichischen und hier insbesondere der Linzer Skienthusiasten. Einer der Hauptgründe dafür dürfte in der außerordentlich günstigen Eisenbahnverbindung zu suchen sein: zwischen den beiden großen Weltkriegen verkehrten auf der Pyhrnbahnstrecke vorzugsweise an den Wochenenden Sportsonderzüge bis ins Ennstal. Mit ihnen konnte man sehr bequem nach Spital am Pyhrn, später sogar bis zur eigens eingerichteten Haltestelle „Linzerhaus" am Nordeingang des Bosrucktunnels fahren, von wo aus der zweistündige Aufstieg für damalige Verhältnisse (und damalige Kondition!) einen Katzensprung darstellte.

Nach Archivunterlagen der ÖAV-Sektion Linz pachtete der „Linzer Ski- und Rodelklub" bereits 1905 eine geeignete Almhütte auf dem romantischen Teichboden unterhalb von Warscheneck, Roter Wand und Stubwieswipfel, die als Vorläuferin der 1921 übernommenen Wurzeralmskihütte gelten muß. 1932 errichteten die Linzer Alpenvereinsleute ihre erste eigene, mit 40 Betten und 66 Lagern bereits sehr ansehnliche „Linzerhütte" auf der Wurzeralm, die schließlich anläßlich der Erbauung der Kleinkabinenbahn 1963 nochmals beträchtlich erweitert und in „Linzerhaus" umbenannt wurde.

Die Wurzeralm war somit seit eh und je fest in Linzer Hand und ist es als eines der Arbeitsgebiete der größten oberösterreichischen Alpenvereinssektion (rund 11.000 Mitglieder) auch heute noch. Kein Wunder also, wenn sich hier sogar das Land Oberösterreich als Hauptgesellschafter der wohl gegenwärtig modernsten technischen Aufstiegshilfe weit und breit engagiert: eine drei Kilometer lange Standseilbahn wird die bisherige Kleinkabinenbahn mit ihren während der Stoßzeiten unerträglichen Wartezeiten ablösen und die Skifahrer in wenigen Minuten von 800 auf 1400 Meter Seehöhe bringen. Hand in Hand damit geht die Verbreiterung der Hauptabfahrt über die verträumten Gammeringalmen und durch den Gipsgraben vor sich; ebenso ist eine direkte Steilabfahrt unmittelbar von der Bergstation weg projektiert.

Wer noch höher hinaus will, kann seit 1972 mit dem Frauenkar-Doppelsessellift vom westlichen Ende des Teichelbodens (1400 Meter) aus neben dem auffallend geschichteten Ramesch hinaufschweben auf 1863 Meter Starthöhe, wo er bereits die Hand anlegen kann an den felsigen Gipfelaufbau des Warschenecks. Hier oben öffnet sich eine großartige Schau über das Ennstal hinweg auf die Tauern, das Gesäuse und das Sengsengebirge ebenso wie auf Bosruck und Pyhrgas. Die Pisten der Wurzeralm liegen offen unter uns und machen nach der rasanten Abfahrt die Wahl schwer, ob man sich unten gleich vom Hahnlgrabenlift wieder hinaufziehen lassen soll zum Start in die Gammering oder lieber nochmals das Frauenkar genießt.

Die neue Standseilbahn auf die Wurzeralm läßt im übrigen eine Vision aufkommen, die im Garstnertal bereits heute ernsthaft diskutiert wird: eine Skischaukel hinüber nach Norden in den Großraum um die Dümlerhütte und hinab nach Roßleiten bzw. Windischgarsten. Eines steht jedenfalls heute schon fest: Auf der Wurzeralm hat die Zukunft bereits begonnen!

Die Wurzeralm von der Bergstation des Frauenkarliftes aus. Aus der Tiefe grüßen Linzerhaus und die Westwand des Stubwieswipfels.

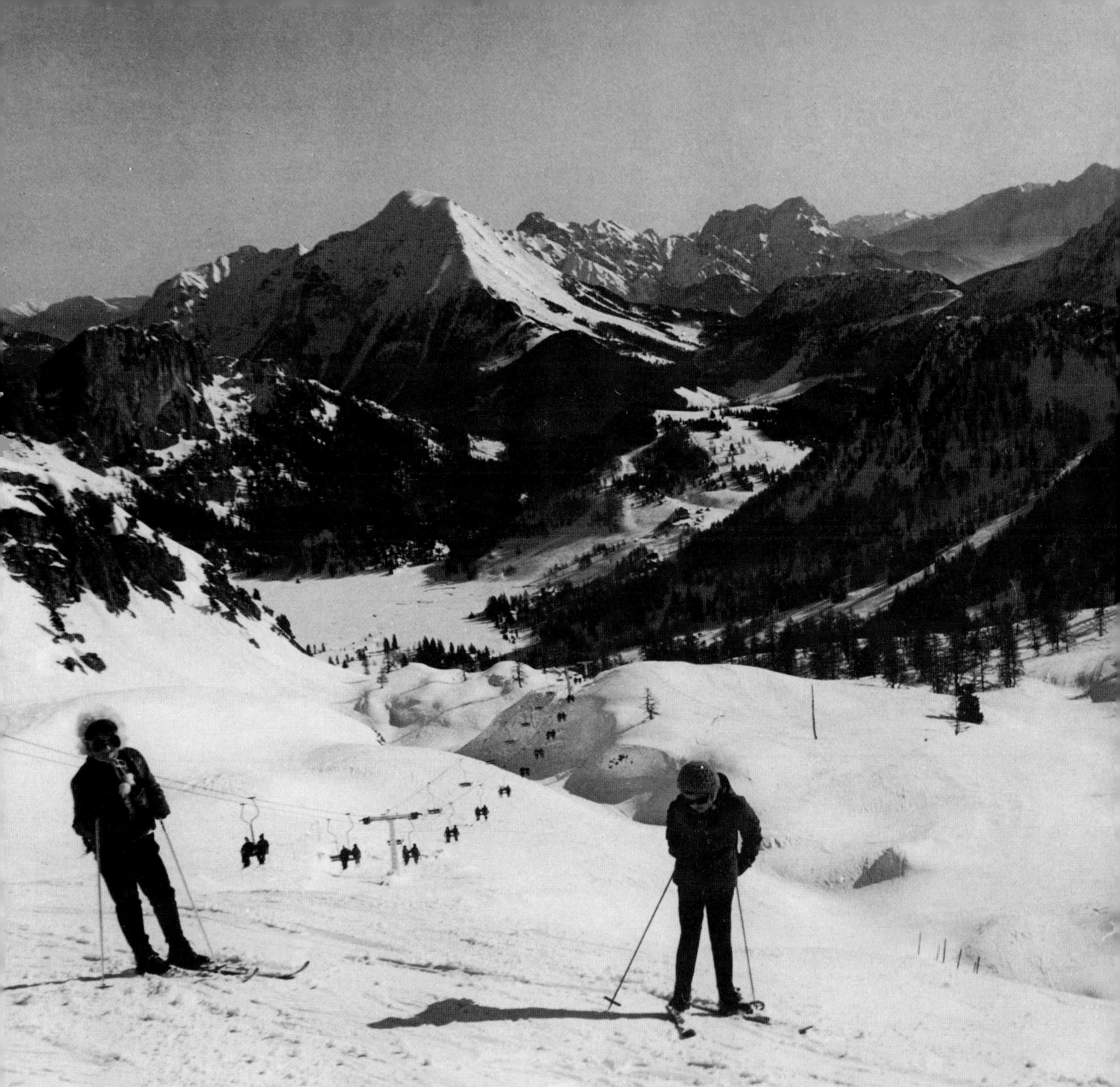

Pistenzentrum Loser/Altaussee

Noch vor wenigen Jahren galt der Loser, mit 1838 Metern der Hausberg des Ausseer Landes, im Winter als verstecktes Tourenziel einiger unentwegter Tiefschneefahrer. Zwar bot die ganzjährig bewirtschaftete Loserhütte der Alpenvereinssektion Bad Aussee seit jeher angenehmen Aufenthalt, aber wer wollte schon im Winter geschlagene fünf Stunden durch tiefen Schnee von Altaussee aus hinaufhatschen bis zum Gipfel? Freilich, die Abfahrt über volle 1100 Höhenmeter hatte weit und breit kein Gegenstück: in der Gipfelregion weite, freie Mulden bis zur Hütte, dann ein schnelles Schußstück zur Augstalm und schließlich durch Waldschneisen und über die Stellwiesen hinunter zum Augstbach, von wo die Spur neben der Straße gemächlich hinauslief nach Altaussee – das war absolutes Skivergnügen für einen lieben langen Wintertag. Dabei hatte man durchaus noch Muße, zwischen Steigen und Abfahren das erhabene Bild des gegenüberliegenden Dachsteingebirges in sich aufzunehmen und es als das großartigste Panorama des ganzen Ausseer Landes tief im Herzen zu behalten, als ständigen Lockruf und Trost für die grauen Tage in der nebelverhangenen Stadt.

Inzwischen hat sich hier einiges geändert. Komfortable Busse bringen das buntgemischte Skifahrervolk über die neugebaute „Salzkammergut-Panoramastraße" bis zum Augstsee auf 1643 Meter Höhe, von wo tadellos präparierte Pistenteppiche zum Loserfenster und Sommersitz leiten. Wer wirklich ein schlechtes Gewissen bekommen sollte bei soviel käuflicher Aufstiegshilfe, darf auch noch zu Fuß vom Hochanger hinüberschlendern zum Losergipfel, aber die Zeit dafür wird ihm dann natürlich auf der Piste fehlen, zumal wenn man die familienfreundliche Standardabfahrt ins Tal mehrmals am Tag genießen möchte. Und wer möchte das nicht? Schließlich hat man ja bezahlt. Im späten Frühjahr freilich wird das große Pistenvergnügen etwas getrübt, denn die rein sonnseitigen Hänge der Loserabfahrt apern ziemlich bald aus, wodurch der Bauschutt der neuen Straße schonungslos offenbart wird. Nun, Loserstraße hin, Loserstraße her, wem es vorrangig ums Skifahren geht, der hat bei der Weekend-Anreise durchs Trauntal einmal mehr die Qual der Wahl: Bad Goisern, Krippenstein mit Dachstein-Skiautobahn, Gosaukamm, Tauplitz oder Loser? Der Autor meint, daß die Pistenregion Loser, obwohl zuletzt entstanden, durchaus nicht an letzter Stelle in Betracht kommt. Derzeit sind noch einige Liftbügel frei – also, worauf warten Sie noch?

Das jüngste Pistengebiet des Toten Gebirges: die sonnigen Hänge um den Augstsee und Loser mit herrlicher Aussicht zum Dachstein.

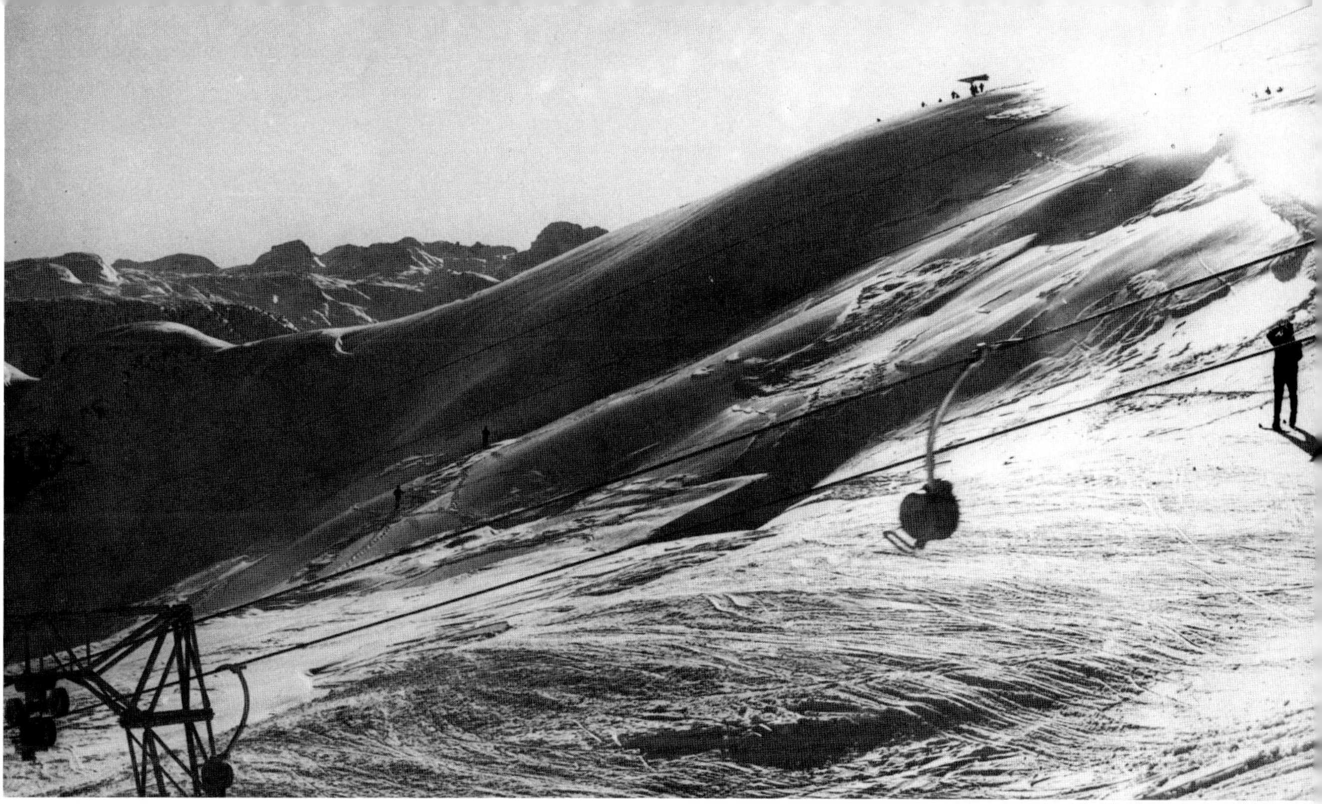

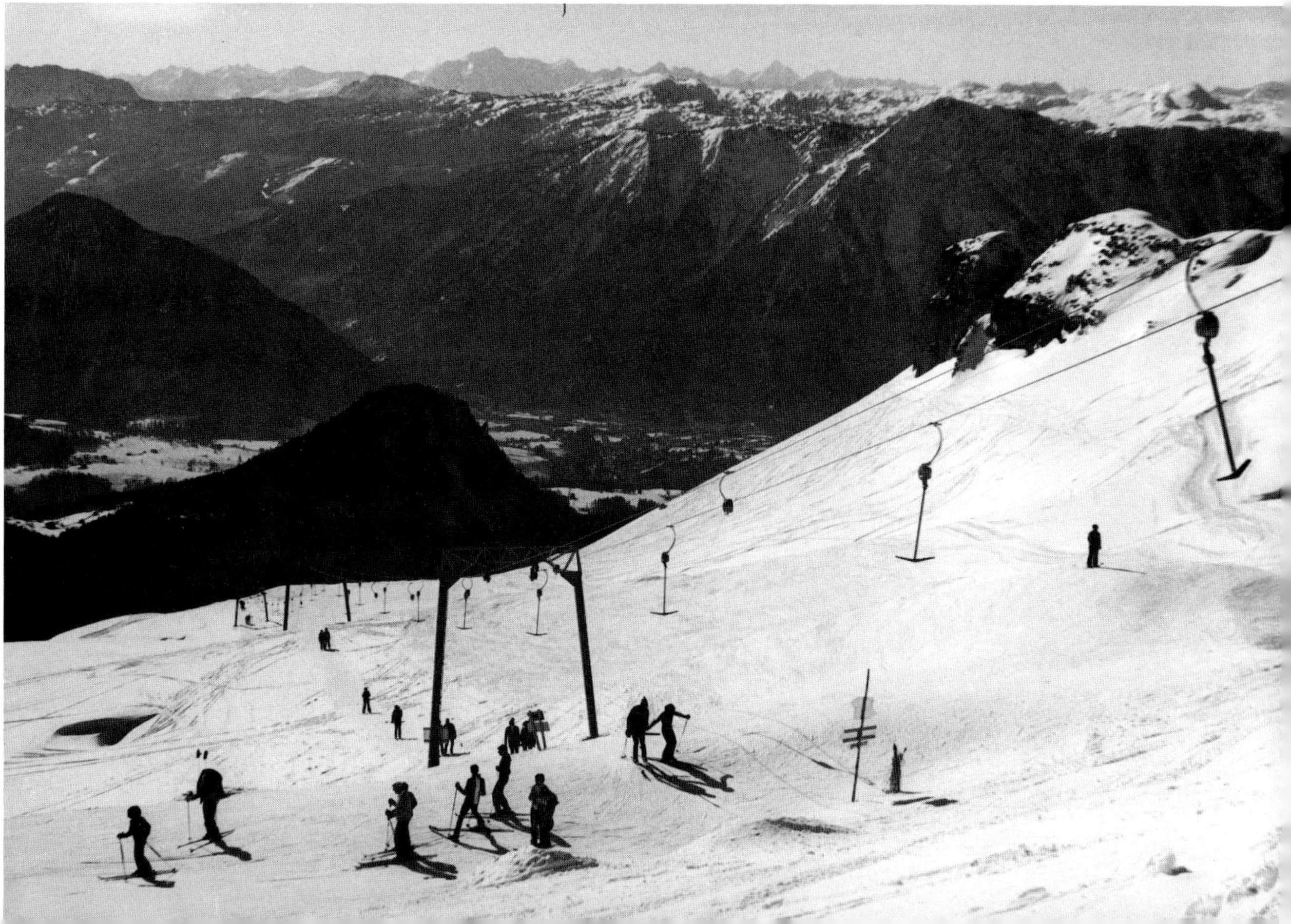

Skitouren im Toten Gebirge

Pistenskilauf ist wunderschön (insbesondere, wenn man auf der Piste genügend Platz hat), die Krönung des Skifahrens aber ist und bleibt die Hochtour. Die Tage auf der Piste zerflattern in der Erinnerung häufig zu einem zwar wohlschmeckenden, aber letztlich doch einförmigen Surrogat. Wie tief und unauslöschlich prägen sich dagegen Skitouren in unser Gedächtnis (und unser Herz) ein! Noch nach Jahren schwärmen meine Freunde von gemeinsam erlebten Abenteuern im Tiefschnee, die Piste dagegen ist so schnell vergessen, wie man auf ihr zu Tal saust.

Wenn Sie als eingefleischter Pistenhirsch noch nie mit Steigfellen unter den Bretteln auf Tour waren, dann kennen Sie bisher nur das halbe Skivergnügen. Falls Sie auch die andere (und wie ich meine: die bessere) Hälfte kennenlernen wollen, dann versuchen Sie im Kreise erfahrener Kameraden doch einmal eine der nachstehend aufgeführten zehn besonders schönen Skitouren im Toten Gebirge! Ich wette schon heute, daß Sie danach die restlichen neun (und viele weitere!) ebenfalls machen möchten.

Beginnen wir mit dem skifreundlichen Ausseer Land:

1. Schönberg (Wildenkogel), Hauptgipfel des westlichen Toten Gebirges. Aufstieg von der Ischler Hütte durch das Wildkar, Abfahrt wie Aufstieg.
2. Sandling-Umfahrung: Altaussee – Lupitsch – Vordere Sandlingalm – Ausseer Sandlingalm – Steinberg – Altaussee.
3. Widerkar: Vom Appelhaus zum Sattel zwischen Widerkarkogel und Hinterem Bruderkogel, Abfahrt durchs Widerkar und rechtshaltend zur Zimitzalm, dann zum Ladner am Grundlsee.

Von der Tauplitzalm aus bieten sich an:

4. Großes Tragl mit Abfahrt entlang der Aufstiegsspur zum Steyrersee oder
5. Geisterwaldabfahrt (südliches Öderntal): Vom Großen Tragl zum Traglhals, dann südwestlich zum Haderboden – Gaßlrücken – Langkar – Geisterwald – Ödernalm.

Skitouren aus dem Stodertal:

6. Prielumfahrung: Prielschutzhaus – Klinserscharte – Großer Priel – Fleischbanksattel – Welserhütte – Arzlochscharte – Obere Sallmeralm (verfallen) – Forststraße zur Polsterlucke.
7. Dietlhölle vom Dietlgut aus, Abfahrt wie Aufstieg.
8. Sigistal: über Baumschlagerreit und Poppenalm zur Sigistalhöhe, Abfahrt wie Aufstieg.
9. Warscheneck: Aufstieg über Zellerhütte, Lagersberg, Arbesboden, Abfahrt wie Aufstieg.

Vom Almtal aus:

10. Schermbergabfahrt: Eine rassige, allerdings nur im Spätwinter bei gutem Firn mögliche Skitour. Aufstieg Hetzau – Almtalerhaus (bis hierher Zufahrtsmöglichkeit mit PKW) – Grundmauern – Welserhütte – Fleischbänke – Nordflanke des Sauzahn – Schermberg. Abfahrt wie Aufstieg.

Auf dem oberen Teilstück dieser Abfahrt führt die alpine Gilde ,,D' Schermbergler" seit 1934, neuerdings in Verbindung mit dem Skiklub Wels, alljährlich gegen Ende April/Anfang Mai einen Riesentorlauf, den ,,Dipl.-Ing.-Alfred-Peterstorfer-Gedächtnislauf", mit rund 600 Metern Höhenunterschied durch. Diese offen ausgeschriebene Konkurrenz ist in ihrer Art (keinerlei mechanische Aufstiegshilfen, Gesamtaufstieg für die Läufer 1600 Höhenmeter!) das letzte und als solches traditionsreichste Skirennen im gesamten Ostalpenraum.

Im Aufstieg von der Tauplitzalm zu den Tragln, einer beliebten Skitour auf die Hochfläche des Toten Gebirges.

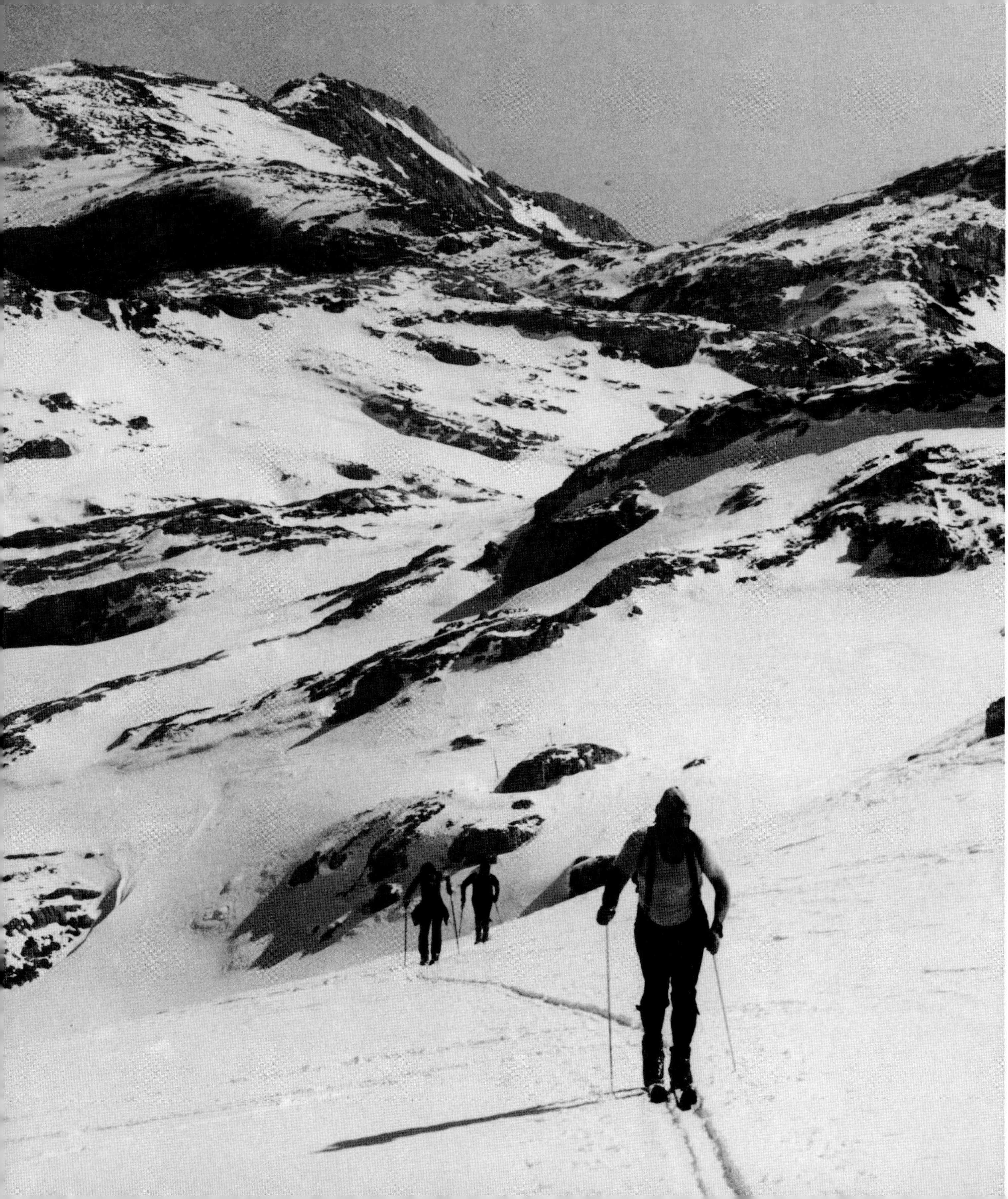

In der Länge liegt die Würze!
Die großen Skidurchquerungen im Toten Gebirge

Kaum eine andere Gebirgsgruppe der Ostalpen eignet sich so gut für tagelange Skidurchquerungen wie das Tote Gebirge. Die skitouristischen Feinschmecker Oberösterreichs und der Steiermark sehen in ihnen gewissermaßen die „Spezialität des Hauses". Der größte Reiz dieser Leckerbissen besteht bislang darin, daß man (noch!) nicht wie bei vielen anderen „hohen Routen" in langen Skifahrerschlangen abgespeist wird, sondern noble Exklusivität genießt. Freilich können plötzlich einfallende Nebel, eine unzulängliche Ausrüstung oder mangelhafte Vorbereitung die Plateauüberschreitungen schnell zu einem schwer verdaulichen Brocken werden lassen: zu groß sind die Entfernungen von der nächsten bewirtschafteten Hütte, zu selten sichere Fluchtwege aus 1500 bis 2000 Meter Seehöhe hinunter in bewohnte Täler.

Skitechnisch leicht, bestechen die Plateaudurchquerungen vorrangig durch Großzügigkeit in der Routenwahl, Länge, Einsamkeit und nicht zuletzt durch das Erlebnis einer großartigen Landschaft, die unter Schnee und Eis begraben, arktische Dimensionen erreicht. Der Ski erhält wieder seine uralte, primäre Funktion als reines Fortbewegungsmittel in einer archaischen Terra incognita, deren Gesamteindruck als unzugängliches, unerschlossenes, wahrhaft totes Gebirge durch sporadische Stangenmarkierungen eher verstärkt als gemildert wird.

Der Neuling möge mit der „Direttissima" Prielschutzhaus – Temelbergsattel – Hetzkogelsattel – Pühringerhütte – Ochsenkar – Grundlsee beginnen. Er befindet sich dabei auf der historischen Route der Skipioniere, von der Gregor Goldbacher im Jahre 1906 schrieb: „Eine der großartigsten, aber auch anstrengendsten Touren. Erst einmal ausgeführt. Genaueste Terrainkenntnis notwendig."

Bedeutend anspruchsvoller gestaltet sich bereits der Übergang von der Tauplitz zur Pühringerhütte über das Zentralplateau mit der Fortsetzung zur Wildenseehütte und zum Loser. In der skitouristischen Glanzzeit der zwanziger Jahre galt die Tour Tauplitz – Großer Priel und zurück in einem Tag mit 45 Kilometern Streckenlänge und 2500 Metern Höhenunterschied einschließlich Gegensteigungen als Nonplusultra im Toten Gebirge, wozu der Grazer Robert Hüttig 1927 meinte:

„Jedenfalls ist diese Fahrt, besonders weil jeglicher Zwischenstützpunkt fehlt, eine der großartigsten in den Nordalpen, denn sie führt durch ein Gelände, wie es keine zweite Gebirgsgruppe aufzuweisen hat."

Vollständigkeitsfanatiker haben heutzutage die Möglichkeit, von Windischgarsten im Osten bis Bad Ischl im Westen das Tote Gebirge auf Skiern zu durchqueren, wofür Dr. Gerhard Troyer, Linz, in einem außerordentlich informativen Beitrag zum Alpenvereinsjahrbuch 1971 eine Gesamtstrecke von rund 110 Kilometern errechnete. Mit dem „Skiführer Totes Gebirge" der Gebrüder Dr. Gernot und Gisbert Rabeder, den drei Blättern der Alpenvereinskarte, AV-Schlüssel für Winterräume sowie Proviant für vier bis sieben Tage im Rucksack wird diese Super-Durchquerung im März oder April zu einem Gang wie auf einem anderen Stern.

Im einsamen Skirevier um den Angerkogel in der südlichen Warscheneckgruppe, das man bei der großen Ost-West-Durchquerung von der Wurzeralm aus berührt.

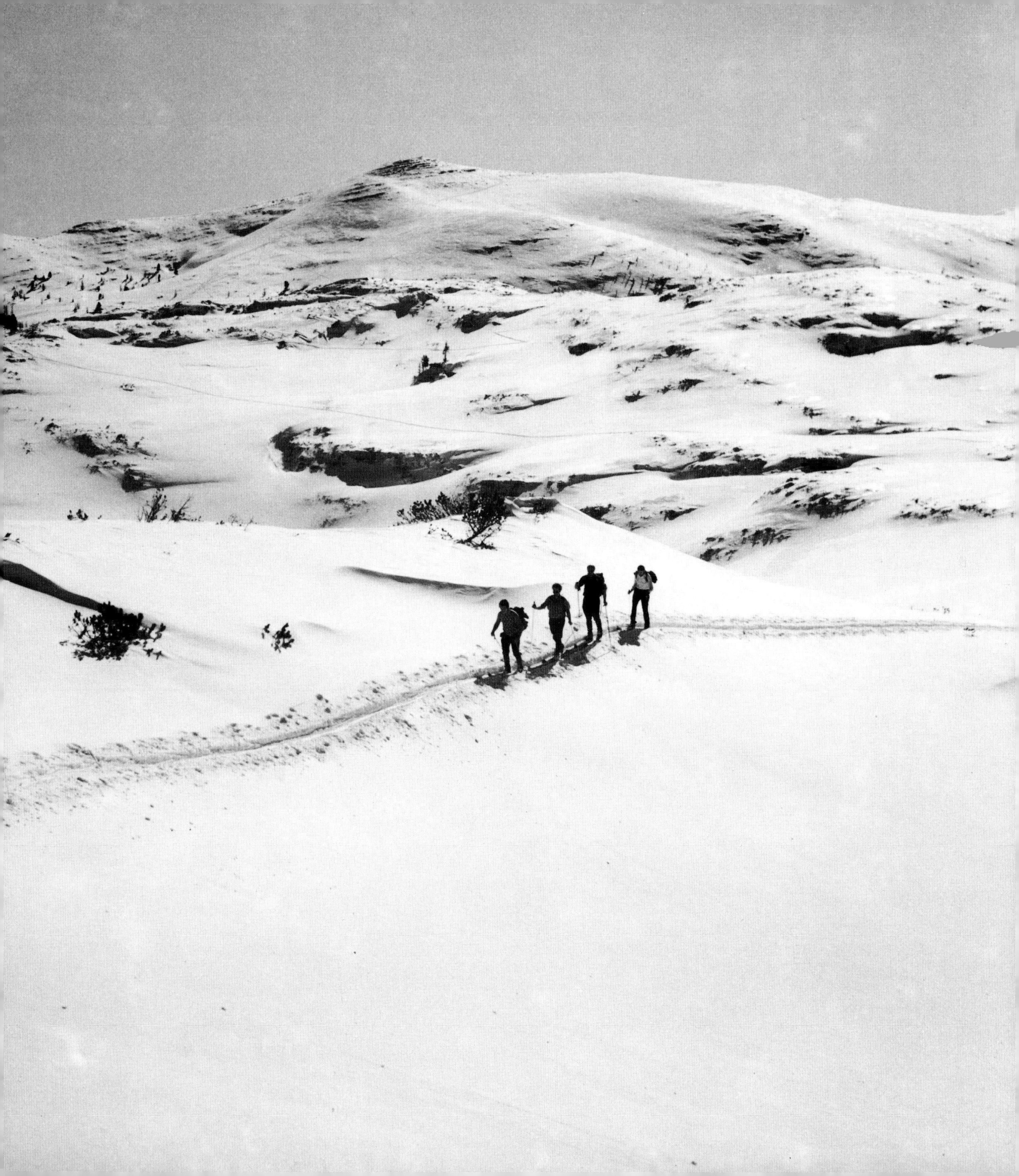

Drei Generationen schwärmen vom Loigistal

Der Großvater war ein narrischer Mensch (zumindest behaupteten das die Leute), als er vor dem ersten Weltkrieg mit seinen Freunden vom Steyrer Skiklub „Telemark" auf den Damberg, die Dirn und den Schoberstein marschierte. Für vollkommen übergeschnappt galt er, nachdem er einmal mitten im Winter mit der Steyrtal-Schmalspurbahn nach Klaus gefahren war, dort in die Pyhrnbahn umstieg und diese bei der Station Pießling verließ, um zum Wirtshaus Schoiswohl am Fuße des Warschenecks zu pilgern. Anderntags wühlte er sich durch hüfthohen Pulverschnee das Untere Loigistal hinauf, um auf der Scharte zwischen Roßarsch und Torstein einen Blick in die grandiose Plateaulandschaft unter dem Hochmölbing zu werfen. Für größere Ziele reichte die Zeit nicht aus, wollte er am gleichen Tag in Pießling wieder den Zug zur Rückfahrt erwischen. Von diesem Skiabenteuer schwärmt Großvater heute noch.

Der Vater fuhr mit einer Gruppe junger Leute, darunter etlichen feschen Skihaserln, vor dem zweiten Weltkrieg ebenfalls mit der Steyrtalbahn bis Klaus, stieg dort in die Pyhrnbahn um, verließ diese aber im Gegensatz zum Großvater nicht in Pießling, sondern erst in Spital, nahm ein Mietauto bis zum Pflegerteich unterm Pyhrnpaß und stieg bei einbrechender Dunkelheit, die romantische Wirkung auf die begleitenden Damen wohl berechnend, in anderthalb Stunden hinauf zur damaligen Linzerhütte auf der Wurzeralm. Er galt keineswegs mehr als narrisch, marschierte anderntags mit Klebefellen an den bereits stahlkantenbewehrten Brettln im Kreise vieler Gleichgesinnter am Eisernen Bergl vorbei zur Scharte „Zwischenwänden" und erreichte dort das bereits vom Großvater erforschte Skiterrain. Wie dieser mußte man sich jedoch beeilen, den Zug in Pießling nicht zu verpassen. Von dieser Tour schwärmen die Eltern (!) heute noch.

Der Sohn fuhr mit dem Auto zur Talstation der Wurzeralmseilbahn, erkämpfte mit List und Tücke einen Parkplatz, stand geschlagene zwei Stunden in der Schlange, bevor er mit Mini-Gondeln zu Maxi-Preisen zu einem sehr großen und sehr komfortablen Linzerhaus gebaggert wurde, ließ sich vom Frauenkarlift nochmals höhertragen und versuchte endlich ganze 200 Höhenmeter unterhalb des Startpunkts ins Loigistal mit steifgefrorenen Fingern seine Schnallfelle anzubringen. „Der ist ja narrisch", sagten die Pisten-Jetter, als er in Richtung Eisernes Bergl davonschlich. Am Roßarsch stimmte der Kreislauf langsam wieder, im Loigistal taute er vollends auf, aber beim Wirtshaus Schoiswohl unten an der Straße war leider zugesperrt. Als größtes Problem entpuppte sich am Schluß die Rückkehr zum Auto bei der Wurzeralmbahn. Trotzdem schwärmt auch der Sohn vom Loigistal noch. Wovon werden seine Kinder schwärmen?

Blick in das Untere Loigistal vom Aufstieg zum Warscheneck auf der Route über die Zellerhütte und den Lagersberg.

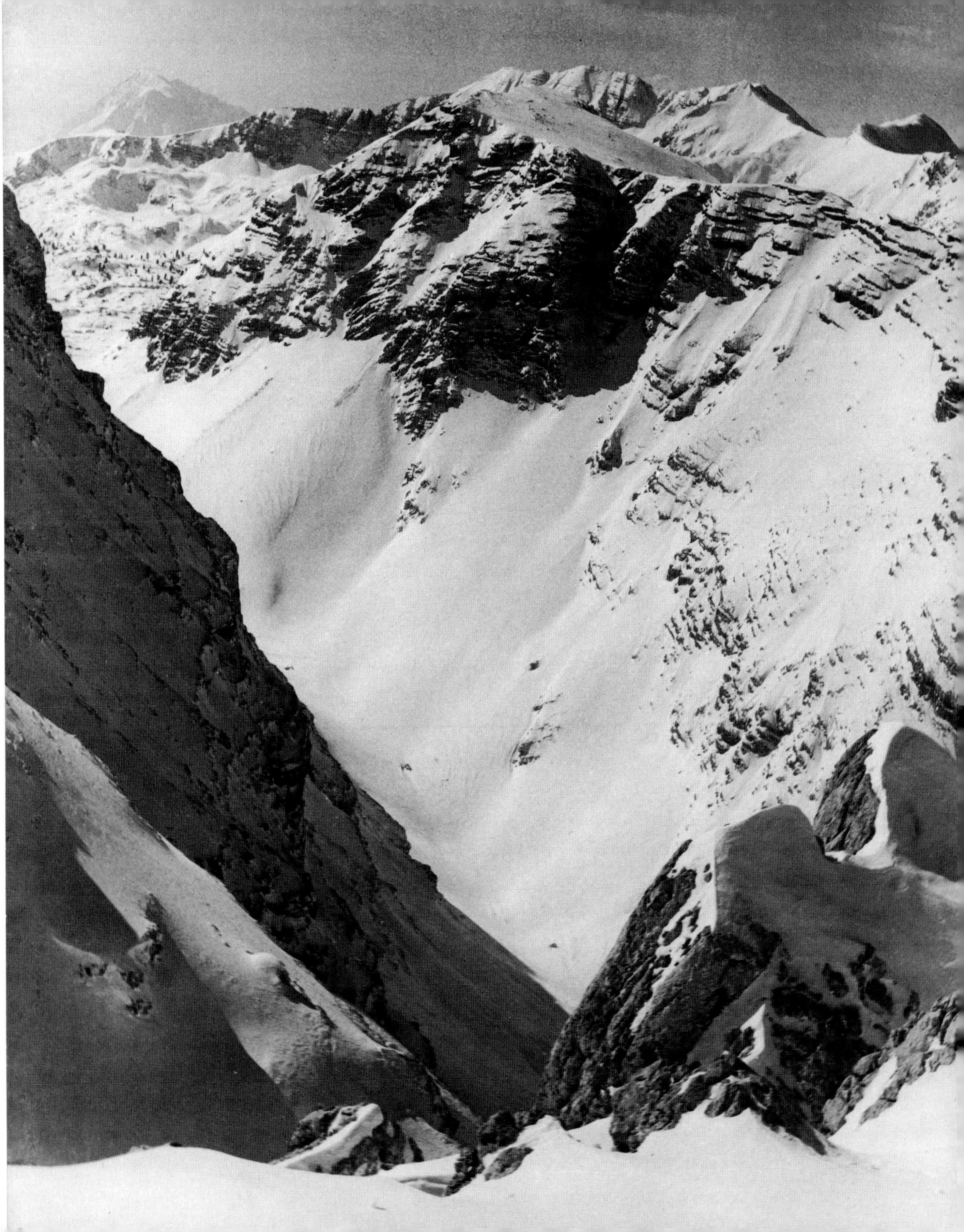

Geheimtip für Tiefschneefahrer – die Wilde

Man braucht sich nicht zu wundern, daß die Wilde erst in den allerletzten Jahren als ideale Tiefschneeabfahrt ins Gerede kam: von den Loigistalbesuchern sprichwörtlich links liegen gelassen und den Pistenfans auf der Hutterer Höß eine wenig einladende, arg zerfurchte Westflanke offenbarend, hat die Wilde (abgeleitet von Wildalmleiten) ihre nordseitig abfallenden Traumhänge zudem hinter einem dichten Waldgürtel versteckt, der sie vom Tal aus absolut uninteressant erscheinen läßt. Als wir 1975 erstmals von Hinterstoder aus über den Wartegger zu ihr aufstiegen, wollte wahrlich keiner glauben, daß man da irgendwo mit Genuß wieder herunterfahren könne. Dichter, steiler Wald, keine einzige alte Spur, unglaubliche Mengen Pulverschnee zwischen den knorrigen Lärchen, das konnte ja heiter werden! Nach dreistündigem Geraufe mit Unterholz und Gräben erreichten wir endlich die verfallene Wildalm, 1616 Meter, deren Dachschindeln kaum erkennbar aus dem Schnee lugten. Der Wald blieb zurück und unsere Augen wurden größer und größer: unberührtes, ideal geneigtes und weitgehend lawinensicheres Gelände tat sich vor uns auf. Wir stiegen und stiegen, bis wir plötzlich ins Rottal hinunterschauen konnten und auf einer wenig ausgeprägten Rückfallkuppe standen, die wir sogleich zum Gipfel, 1881 Meter, erkoren.

Die Abfahrt bis zur Wildalm gestaltete sich wie im Bilderbuch: Nicht zu steil, nicht zu flach, phantastischer Schnee und nirgends eine Skispur – außer den unserigen natürlich, die wir rückblickend kritisch verglichen. Das nebenstehende Bild sagt mehr als viele Worte. Und dann das Furioso durch den waldigen Steilgraben hinab zur Steyrsbergerreit, 1193 Meter! Wider Erwarten blieb keiner in einer Lärche hängen, überall fand sich ein unvermuteter Durchschlupf, ein Naturslalom par excellence! Nach einem letzten, harmlosen Waldstück erreichten wir endlich die schleppliftverzierten Bauernwiesen beim Scheiblberger und schwangen und schossen gar hinunter bis zur Straße nach Vorderstoder, überrascht und glücklich wie die Kinder an Weihnachten. Seitdem gehen wir recht oft auf die Wilde, die sich inzwischen ganz zahm gibt. Ein neues Forststräßchen von Vorderstoder aus erspart dabei das Bezwingen der Urwälder überm Wartegger.

Das herrliche Tourengelände auf der Wildalmleiten zwischen Loigistal und Hutterer Höß, am besten zu erreichen von Vorderstoder aus.

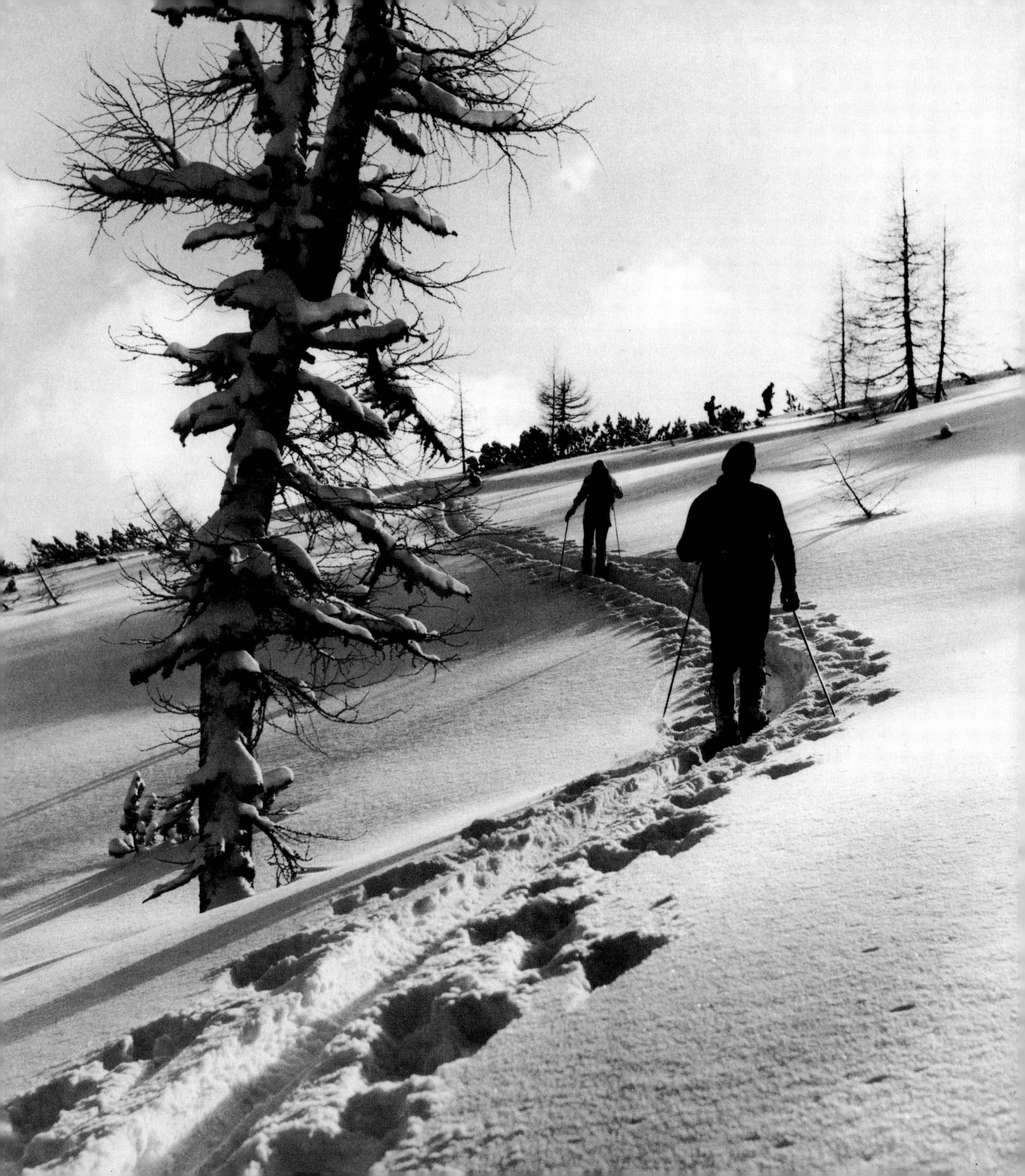

Die Dietlhölle – Steilabfahrt für Teufelskerle

Wenn nach den Osterfeiertagen die arg strapazierten Pistenteppiche am Loser, der Tauplitz, Wurzeralm oder Hutterer Höß häßliche braune Flecken zeigen, wenn das Millionenheer der Liftritter und Skihaserl die zerschundenen, stumpfkantigen Brettl in den Keller verbannt und ans Baden denkt, dann beginnt für die alpinen Steilhangfahrer erst die beste Zeit. Es kommen die Wochenenden der verwegenen Abfahrten durch schmale Rinnen, über einsame Geröllhalden mit Lawinenresten und schließlich durch Latschengassen oder Wald, bis man irgendwo auf 1000 Meter Höhe zwischen Schneerosen und Petergstamm die Steine unterm Belag knirschen hört. Die berühmteste dieser Spätwinterabfahrten im Toten Gebirge stellt nach einhelliger Meinung die Dietlhölle dar.

Die einheimischen Kenner, und dazu zählen durchaus auch die bergsteigenden Skifahrer bzw. skifahrenden Bergsteiger aus Linz, Wels und Steyr, absolvieren die Dietlhölle als raffinierte Halbtagstour, indem sie zu nächtlicher Stunde auf aperen, menschenleeren Straßen durchs Stodertal anreisen, um vom Alpengasthof Dietlgut, 660 Meter, in der ersten Morgendämmerung mit Kleinstrucksack und aufgeschnallten Kurzskiern am Höllbach entlang zur Jagdhütte Dietlalm, 820 Meter, zu wandern. Bis hier herunter reicht meist noch der Schnee, doch ist er in aller Frühe beinhart gefroren, und so geht man nach Möglichkeit im Aufstieg alles zu Fuß, also ohne Felle.

Hat man das Buchenwäldchen im hintersten Talkessel glücklich durchkämpft, steht man vor den Ausläufern der riesigen Lawine, die alljährlich linkerhand, aus der Ostwand des Hochkastens kommend, den Roten Sand meterhoch verschüttet. Wehe dem, der sich hier nach Neuschneefällen oder zu warmen Nächten hereinwagt! Eine gute halbe Stunde steigt man außerordentlich steil und mühsam zwischen gewaltigen Lawinenknollen durch die Gefahrenzone, bis man auf zirka 1200 Meter den nördlichen Grabenrand und damit sicheres Gelände erreicht. Hier wäre ein idealer Platz für die erste Jause. Wir bewundern die Spitzmauer mit ihrem Südostgrat, den kecken Ostrawitz, die blanken Felspartien des Meisenbergs und schließlich die herrlichen Schneemulden, die schattseitig in wechselnder Steilheit entlang der gewaltigen Nordostwand des Großen Hochkastens vor uns hinaufziehen zu den Dietlbüheln. Bald bleiben die letzten, einzeln stehenden Lärchen unter uns und wir steigen je nach Kondition kerzengerade oder in weiten Serpentinen hinauf zum Start auf genau 2000 Meter Höhe. Vom Auto weg sind wir bei guten Verhältnissen und einer häufig vorhandenen Trampelspur unserer Vorgänger kaum länger als drei Stunden aufgestiegen und können jetzt in Ruhe warten, bis der Schnee auffirnt. Durch die ostseitige Hangrichtung ist es meist schon gegen 10 Uhr soweit.

Wir trennen uns von der herrlichen Aussicht hier heroben und jagen hinein in die kaum verspurten Hänge, die wir uns schon beim Aufstieg genau angeschaut haben. Die Rinnen und Mulden sind bei aller Steilheit doch so breit, daß auch etwas ängstliche Skidamen genügend Platz zum Schwingen finden. Die schwierigsten Passagen ergeben sich erst weit unten im eingangs erwähnten Lawinengraben, wo eingebackene Felsbrocken und harte Eisbuckel die müden Beine strapazieren. Oft gelingt es, sich über die letzten Firnzungen mit den Skiern am südlichen Waldrand durchzuschwindeln bis zur Dietlalm. Nach einer knappen halben Stunde Rückmarsch kommen wir gerade recht zum Mittagessen beim Dietlgut an und können von dort, im großen Garten in der Sonne sitzend, nochmals stolz auf die 1200 Höhenmeter unserer Steilabfahrt durch die Dietlhölle zurückblicken.

Supergenießer steigen nach diesem Skiabenteuer in den auf dem Autodach mitgeführten Wildwasserkajak und lassen sich unmittelbar vom Gasthof weg auf der Steyr talauswärts schaukeln oder springen zumindest in eines der vorgewärmten Freibäder der Umgebung.

Die Dietlhölle zwischen Spitzmauer und Großem Hochkasten, eine der berühmtesten Frühjahrsabfahrten im Toten Gebirge.

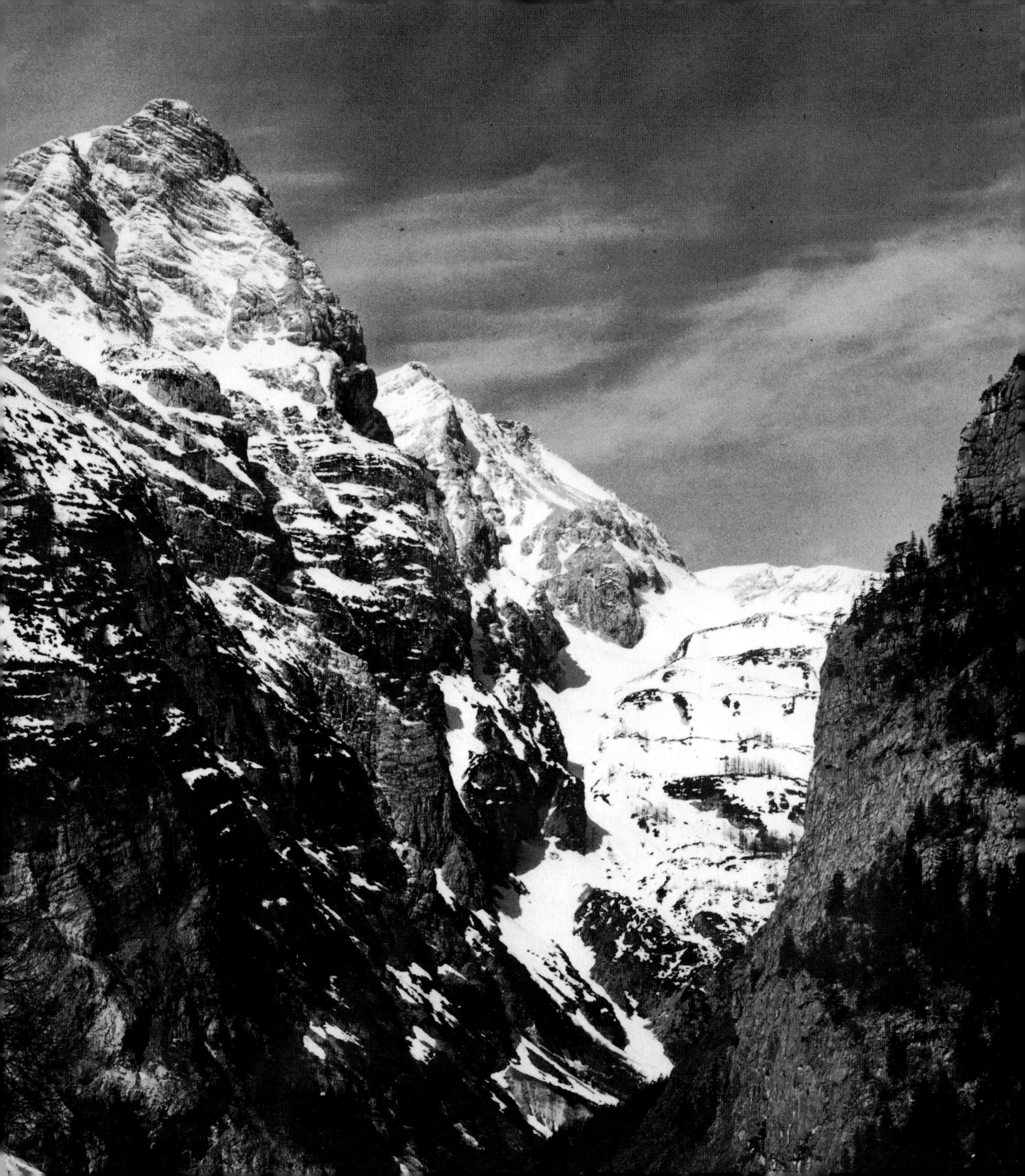

Sigistalabfahrt – eine Verlobungstour abseits der Piste

"Ins Sigistal gehen wir natürlich auch mit", sagten unsere Frauen noch immer, wenn diese prächtige Skiabfahrt im hintersten Stodertal auf dem Programm stand. Die meisten sonstigen Skitouren im Stoderkamm lösen bei den "Dirndln" selten ein derartiges Echo aus, denn diese Touren sind allesamt steil, alpin, anstrengend und eigentlich nur eine Angelegenheit für "ausg'wachsene Mannsbilder". Auch das Sigistal mit seinen fünf bis sechs Stunden Aufstiegsdauer vom immer geräumten Parkplatz der Bärenalm-Seilbahn aus wäre an sich nicht der Prototyp einer sogenannten Damentour, aber irgend etwas scheint hier das schwache Geschlecht mit unwiderstehlicher Gewalt anzuziehen. Vielleicht ist es eine unbewußte Assoziation mit dem Sigismund, der ja auch so schön ist und nichts dafür kann, vielleicht sind es die üppigen Schneerosenfelder im lockeren Laubwaldgürtel hinter der Baumschlagerreit oder das winterlich verträumte Rast- und Verlobungsplätzchen auf der Veranda des Jagdhauses an der ehemaligen Poppenalm, kurz und gut, wir haben das Sigistal bisher immer in gemischter Besetzung erlebt und wollen es auch weiterhin so halten.

Die Tour beginnt am Ende der Stodertalstraße mit einer romantischen Winterwanderung durch herrlichen Hochwald, vorbei an der Wildfütterung der Baumschlagerreit und von da weg langsam ansteigend auf breitem Forstweg zur ehemaligen Poppenalm, zirka zwei Stunden. Kurze Zeit danach hört bei einer kleinen Lichtung auf rund 1100 Meter die Gemütlichkeit schlagartig auf: es gilt, durch steilen Wald rechtshaltend das unterste Sigistal zu erreichen. Eine gefährliche Lawinenbahn aus der riesigen Karwanne des Gamsspitz kann hier nach Neuschneefällen für unangenehmste Überraschungen sorgen! Im Sigistal selbst geht es dann zügig über freie Steilhänge empor, bis man nach weiteren zwei Stunden auf rund 1700 Metern eine aussichtsreiche Schwelle erreicht hat. Kurz vorher passiert man einen tiefen, meist zugewehten Dolinenschacht, auf den man unbedingt achten sollte! Die Südostwand des Brieglersberges und der Nordwestpfeiler des Gamsspitz laden während einer verdienten Rast die skifahrenden Kletterer zum vorbereitenden Studium sommerlicher Felspläne ein, und man kann an den abgeblasenen, haushohen Dachsteinkalkblöcken der Karschwelle vorsorglich seine Fingerkraft testen. Sollte ein Mädchen – aus welchen Gründen auch immer – schwach geworden sein, darf es mit entsprechendem männlichem Schutz hier im Windschatten der Felsblöcke warten, während die Unverwüstlichen die letzten 250 Höhenmeter zur Scharte an der Sigistalhöh', 1942 Meter, ansteigen. Von dort öffnet sich ein umfassender Blick hinunter zur Tauplitz und über das menschenleere Zentralplateau, an dessen Südostrand man nun steht.

Bei frühlingshaft aperem Gelände lohnt es sich durchaus, ohne Ski in zwanzig Minuten noch den Grubstein, 2015 Meter, mitzunehmen, dann aber lockt die rassige Abfahrt, die bis zur Baumschlagerreit volle 1300 Höhenmeter bringt. Man hält sich dabei am besten an die Aufstiegsspur, die nur nach der Poppenalm östlich verlassen wird, um über das freie Prachtgelände des riesigen Poppensandes hinabzuschwingen. Die letzten flachen zwei Kilometer zurück zum Auto stören bei einer 90-Grad-Tourenbindung und etwas Langlauftechnik nicht im mindesten.

Wintermärchen beim romantischen Zugang zum Sigistal durch das hinterste Stodertal.

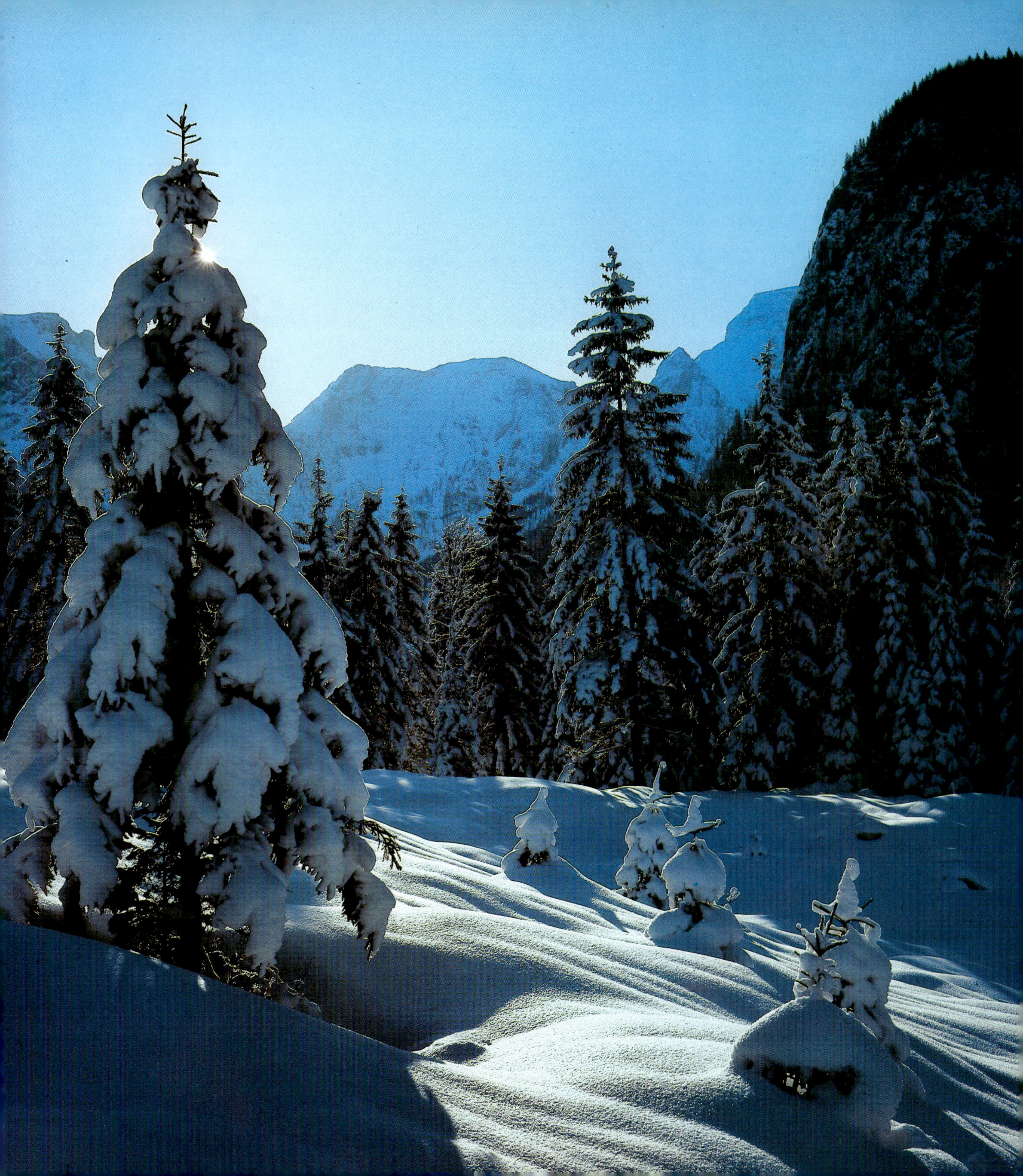

Ski-Leckerbissen für Extreme

„Man kann alles übertreiben", sagen die einen, von „Leckerbissen" schwärmen die anderen. Freilich, komplizierte Abseilmanöver als Intermezzi auf Skitouren sind nicht unbedingt jedermanns Geschmack, und auf schmalen, abschüssigen Bändern quer durch lotrechte Wände in Steilkare einzufahren oder sich zumindest darüber hinunterzuzittern, grenzt irgendwo an Tollkühnheit. Und dennoch: solche Skitouren gibt es im Toten Gebirge – und sie werden gemacht. Insbesondere, seit die Zwillingsbrüder Dr. Gernot und Gisbert Rabeder in ihrem 1970 im Oberösterreichischen Landesverlag Linz erschienenen „Skiführer Totes Gebirge" den Schleier der Geheimhaltung solcher Extremtouren gelüftet haben. Mit exakten Beschreibungen und einer von den Kletterern übernommenen sechsstufigen Schwierigkeitsskala ist den „Rabeder-Buam" eine bahnbrechende Neuerung in der seit den dreißiger Jahren stagnierenden Skiführerliteratur gelungen, die sie inzwischen auch um das Dachsteingebirge und den Gosaukamm bereichert haben (Skiführer Dachsteingebirge, Linz 1976). Zu den Paradebeispielen für „Ski extrem" im Toten Gebirge zählen Schobertal, das südliche und nördliche Wassertal sowie die Hungerau.

Ausgangspunkt für die drei erstgenannten, im Stoderkamm liegenden Steilabfahrten ist die wohlbekannte Baumschlagerreit, 720 Meter, die im späten Frühjahr meist schon mit dem Auto erreicht werden kann. Zu dieser Jahreszeit, nämlich im April und Mai, häufig noch bis in den Juni hinein, sind die schweren Grundlawinen abgegangen und haben Felsabbrüche, Karrenklüfte und alles grobe Geröll meterhoch mit weichen Linien zugedeckt. Die starke Frühlingssonne zaubert im Wechsel mit klaren, kalten Nächten auf den Höhen den herrlichsten Firn, während die schattseitigen Hochkare den feinsten Pulverschnee konservieren. Nur noch ganz wenige Unentwegte sind jetzt mit den Skiern unterwegs, aber welch großartige, alpine Unternehmungen eröffnen sich ihnen! Zu keiner anderen Jahreszeit gelangt man eleganter auf den entlegensten Gipfel des Toten Gebirges, den 2287 Meter hohen Hebenkas, mit seiner 1600-Meter-Prachtabfahrt durch das nördliche Wassertal! Jetzt endlich hat man die Möglichkeit, den ungeheuren, schon von der Hutterer Höß aus auffallenden Plattenschuß in der Nordostflanke des Großen Kraxenbergs, 2198 Meter, zu befahren, falls man sich nicht vom gleichen Gipfel aus für das Schobertal mit seiner eindrucksvollen Abseilstelle entscheidet. Wer schließlich das Höchste wagen will, der erkundige sich nach der einsamen Hungerau im Prielkamm! Am besten hält man sich dort an die Devise des Südtirolers Heini Holzer, der bekanntlich alle seine Steilabfahrten zuerst im Aufstieg beging. Andernfalls wäre es in der Hungerau durchaus möglich, daß man vor lauter Einsamkeit (und Abbrüchen!) nicht mehr ins Tal hinunterfindet...

Abseilstelle bei der Skiabfahrt durch das Schobertal.

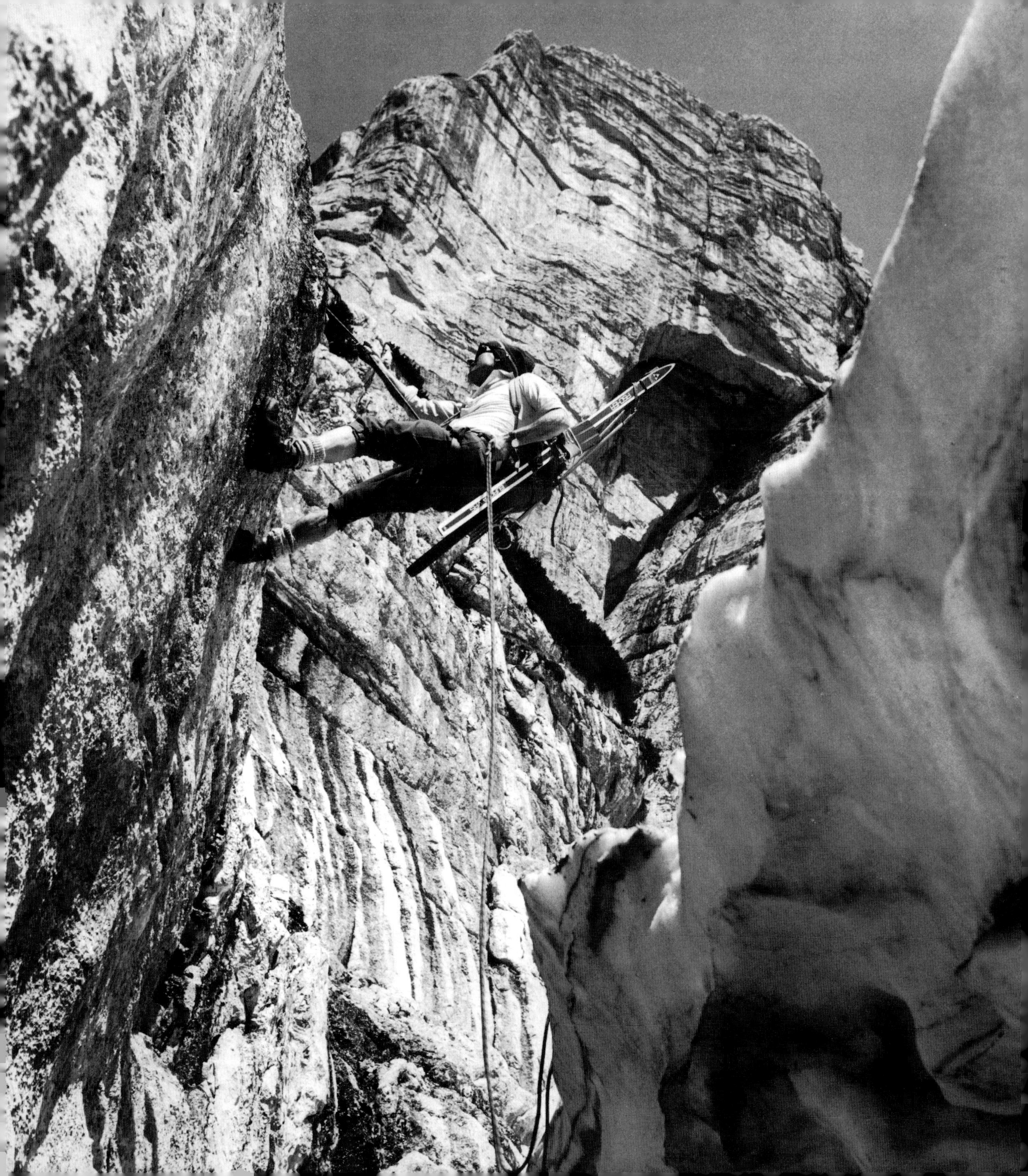

Firngleiter verlängern das Skivergnügen

Im Frühjahr, wenn der Tag von Woche zu Woche länger wird, werden die Skier immer kürzer. Man steigt vom traditionellen Alpinski um auf den Kompaktski, auf den Kurzski und schließlich auf die Firngleiter oder „Figln", wie man in Oberösterreich sagt. Firngleiter gibt es in Längen von 65 bis zu 120 Zentimetern aus Holz, Metall oder Kunststoff und in jedem Fall mit einer problemlosen Bindung, in die jeder Bergstiefel paßt.

Um Pfingsten herum kann man dann häufig Burschen und Mädchen treffen, die zwar schon die sommerliche Kletterausrüstung im Rucksack schleppen, aber beim Abstieg vom Berg mit den Figln kunstvoll geschnörkelte Wedelgirlanden in die noch schneegefüllten Steilrinnen der Hochregion zeichnen. Freilich muß der Schnee dazu entsprechend weich, d. h. aufgefirnt sein, sonst gibt es böse Stürze.

Genußvolle Firngleiterabfahrten bedürfen einer sorgfältigen Auswahl der Tour. Am dankbarsten erscheinen Kombinationen von Aufstiegen über die meist schon frühzeitig aperen Felsgrate mit anschließenden Abfahrten in Trogtälern, Mulden oder Rinnen, wo sich der Schnee schattseitig oft bis in den Sommer hinein hält.

Als Musterbeispiele derartiger Unternehmungen im Toten Gebirge, verbrämt mit Klettertouren in den unteren Schwierigkeitsgraden, seien angeführt:

1. Warscheneck, 2388 Meter, mit Aufstieg über den Südostgrat (I) und Abfahrt durch das Glöcklkar nach Roßleiten.
2. Elmplan mit Schrocken, 2289 Meter. Aufstieg von der Hutterer Höß über den Schrockengrat (I) und Abfahrt über den Elmplan ins Obere Rottal.
3. Großer Priel, 2515 Meter, mit Kletterei über den Südgrat (II bis III) und Abfahrt durchs Kühkar und über den Kühplan.
4. Brotfall, 2380 Meter, mit Kletterei über den Südgrat (II bis III) und Abfahrt wie beim Priel oder südwestlich zu Punkt 1845 Meter der AV-Karte mit Rückweg über Klinserscharte.
5. Temelberg, 2327 Meter, mit Aufstieg und Abfahrt durch die Ostwandrinne, die man aus der Weitgrube erreicht.
6. Kleiner Hochkasten, 2349 Meter, mit Kletterei über den Ostgrat (II) und Abfahrt durchs Prentnerkar, wobei man unbedingt auf zirka 1500 Meter Höhe oberhalb der Scheißmauer nach Süden queren sollte.
7. Überschreitung der beiden Hochkasten: Aus dem Prentnerkar mit Kletterei über den Ostgrat (II) auf den Kleinen Hochkasten, 2349 Meter, anschließend etwa 150 Höhenmeter Abfahrt nach Nordwesten und Aufstieg zum Großen Hochkasten, 2388 Meter. Abstieg über den Bösenbühel und Abfahrt durch die Dietlhölle.
8. Schermberg, 2396 Meter, mit Kletterei über den Nordostgrat (II) und Abfahrt über die Fleischbänke zur Welserhütte.
9. Rotgschirr, 2270 Meter, mit Aufstieg über den Südgrat (I +) und Abfahrt vom oberen Ostgrat nach Südosten ins Schneetal.
10. Zwölferkogel, 2102 Meter, mit Aufstieg aus der Grieskarscharte (bei idealen Verhältnissen auch Ostwand, II, eine Stelle IV) und Abfahrt durch das Grieskar zum Almsee.

Die genannten Touren stellen ausnahmslos großzügige alpine Unternehmungen dar, die ausschließlich bestens trainierten und erfahrenen Bergsteigern bzw. Firngleiterspezialisten vorbehalten bleiben! Wer die Figln als Selbstzweck und nur zum reinen Vergnügen verwenden will, der suche sich im riesigen Kühkar oberhalb des Prielschutzhauses einen geeigneten Hang nach Belieben! Doch auch hier gilt bereits als oberstes Gebot: Keinesfalls auf Hartschnee abfahren, die Tour könnte sonst leicht zur letzten werden!

Die Ostwandrinne am Temelberg, bei guten Verhältnissen ein Leckerbissen für Firngleiterspezialisten.

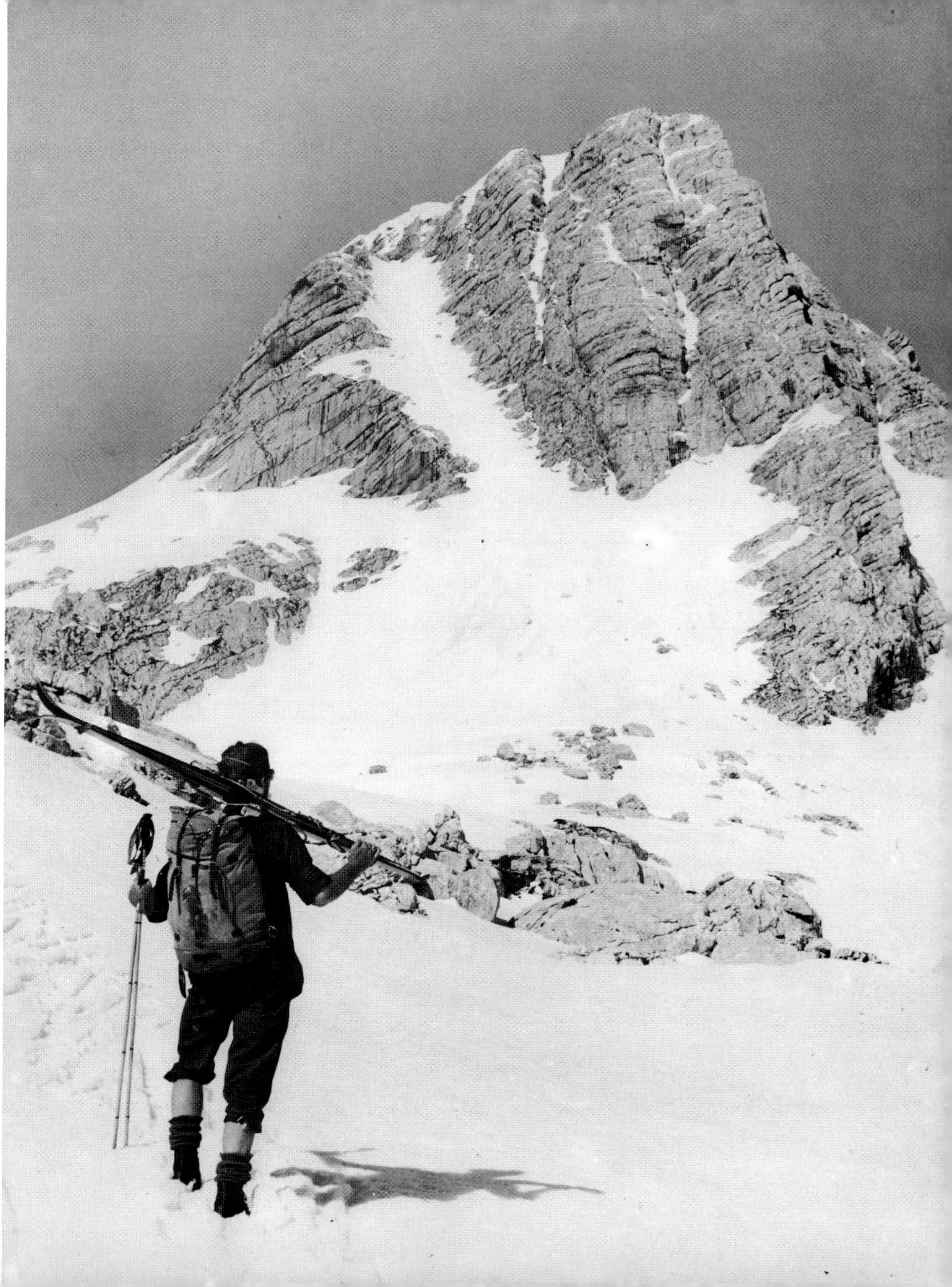

Windischgarsten lockt die Langläufer

LLL – seit gut zehn Jahren weiß es in Bayern und in der Schweiz jedes Kind: Langläufer leben länger! Die Eltern dieser Kinder trimmen sich auf maschinell gepflegten Loipen oder nehmen zu Tausenden an Volksskilangläufen wie etwa in Oberammergau über Strecken von 45 bis zu 90 Kilometern teil. Die geschäftstüchtigen Tiroler haben inzwischen ebenfalls die anrollende Langlaufwelle erkannt und schwimmen kräftig auf ihr mit. In Oberösterreich dagegen begegnet man vielerorts noch einer gewissen Skepsis gegenüber dieser natürlichsten und nach einhelliger Meinung der Sportärzte gesündesten Art des Skilaufens. Typisch für die bisherige Einstellung war folgendes kleine Erlebnis zu Weihnachten 1976: Wir wollten uns auf dem Damberg bei Steyr nach der genauen Lage einer Loipe erkundigen, die der in der alten Eisenstadt als Bergsteiger und Skifahrer bestens bekannte, inzwischen pensionierte Sportartikelhändler Max G. angelegt haben sollte. Ein darüber befragter Spaziergänger antwortete uns höchst erstaunt: ,,Wos, a Loipn, da woaß i nix; ja is der Max vülleicht scho soweit owakumma (= heruntergekommen)?"

Die Windischgarstener dagegen halten inzwischen ziemlich viel vom Langlauf und pflegen diesen Trend mustergültig. Man kann dort auf neun verschiedenen, bestens präparierten Loipen mit einer Gesamtlänge von rund 70 Kilometern inmitten einer prachtvollen Landschaft beschaulich Skiwandern oder sich sportlich ambitioniert Kondition für den beruflichen Alltag verschaffen. Im Hochwinter schnallt man gleich am Ortsrand die schmalen Brettl an, mit dem fortschreitenden Frühjahr steigt man dann im ,,Etagen-Langlauf" dem Schnee nach bis auf 1000 Meter Seehöhe, wo man auf der Schattseite am Langfirst über dem Hengstpaß noch zu Ostern mit Genuß laufen kann.

Seit 1976 richtet der WSV Windischgarsten jeweils im Jänner den ,,Pyhrnlauf" als Volksskilanglauf mit Rennläuferklasse aus und fördert damit den Breitensport in ähnlicher Weise, wie es im Westen des Toten Gebirges der WSV Sparkasse Bad Ischl mit seinem seit 1971 durchgeführten ,,Salzkammergut-Ski-Marathon" versucht. Als rennsportliches Zentrum gilt im übrigen seit vielen Jahren Bad Goisern.

Unser nebenstehendes Bild entstand auf der Veichltal-Loipe, die in einem zehn Kilometer langen Rundkurs mit Start und Ziel in Windischgarsten alles bietet, wovon Langläufer träumen: eine weitgehend unverfälschte Landschaft mit Bauernwiesen, mostobstumstandenen Gehöften, dazwischen die echt nordisch anmutende Idylle um den Moosbauernteich, Fichten- und Birkenwäldchen, Flachstücke, kurze scharfe Steigungen und sanfte, langgezogene Abfahrten! Warscheneck, Pyhrgas, das Sengsengebirge mit dem Hohen Nock, ja Spitzmauer und Großer Priel grüßen den Langläufer rundherum und bilden die hochalpine Kulisse dieser Traumloipe, die von Jahr zu Jahr stärker frequentiert wird. Ist man dann, je nach Kondition, eine oder gar fünf Runden gelaufen, stellt man die Ski beim Islingbauer oder beim Patzl neben dem rauchenden Misthaufen an die Stadelwand und drückt innen in der Gaststube den dampfenden Rücken fest auf die bacherlwarmen grünen Kacheln des riesigen, holzbeheizten Ofens. Der vom Bauern noch selbstgepreßte Most und eine gehörige Portion ,,Surbratl" mit viel Knoblauch drinnen krönen das Langlauf-Erlebnis Veichltal und garantieren mehr als die schönsten Prospekte dafür, daß man im nächsten Winter unbedingt wieder hinkommen wird.

Familien-Langlauf auf der maschinell präparierten Loipe im Veichltal bei Windischgarsten. Im Hintergrund grüßt der Kasberg.

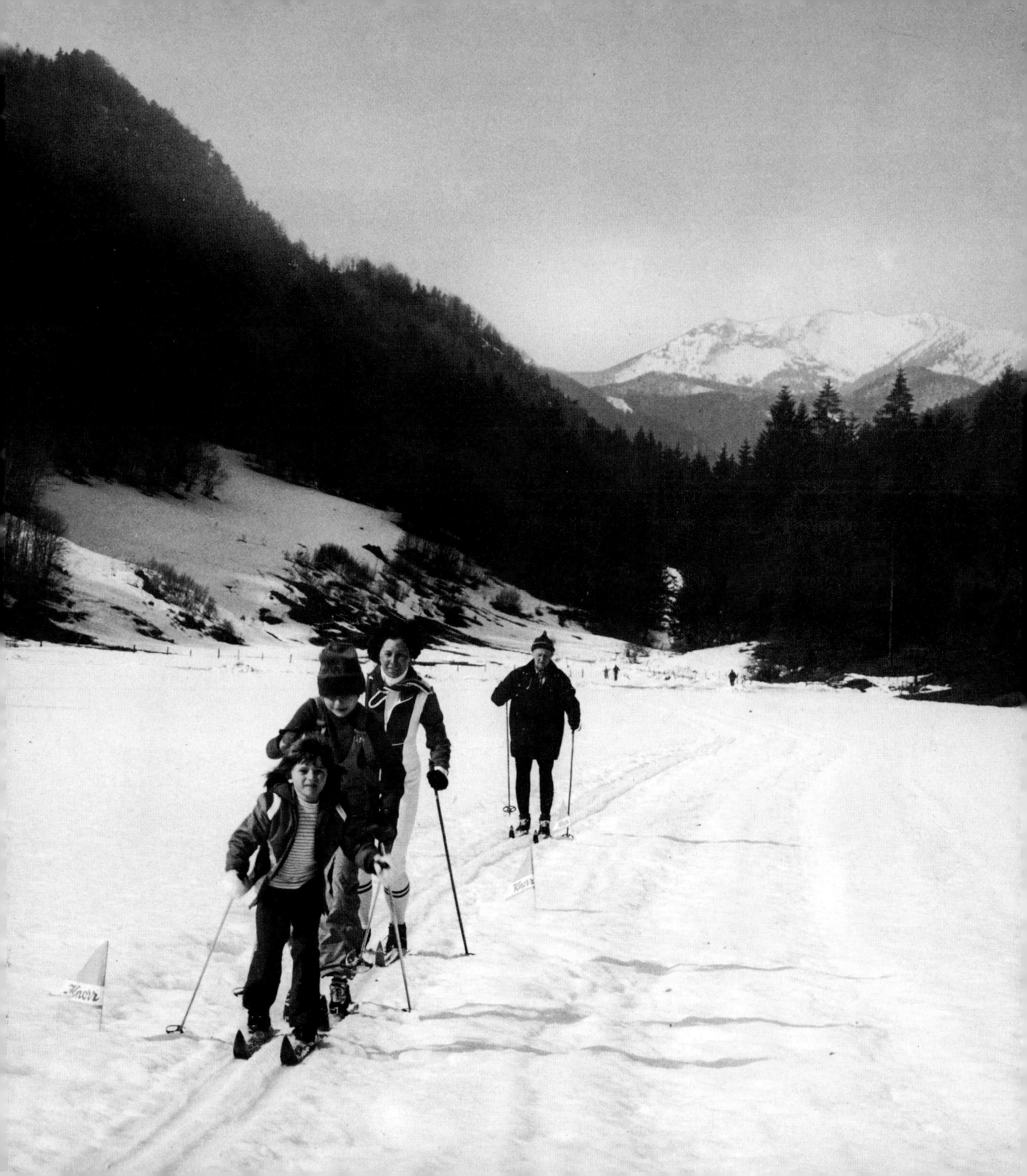
Knorr

Am Kühboden berühren sich die Extreme

„Les extrêmes se touchent", sagen die feinsinnigen Franzosen – die Extreme berühren sich. Ein für jedermann sichtbarer Berührungspunkt skiläuferischer Extreme liegt auf rund 1500 Meter Seehöhe am westlichen Ende der Hutterer Böden oberhalb von Hinterstoder und trägt den – nicht ganz so feinsinnigen – Namen „Kühboden".

Viele Jahre lang sind wir am Kühboden buchstäblich vorbeigerast, wie magnetisch festgehalten auf dem wohlpräparierten Pistenteppich, der uns in Windeseile ins Tal trug, auf daß wir in ebensolcher Eile mit dem Sessellift wieder hinaufschwebten zum Startpunkt neuerlichen Hinabschießens. Zweimal, fünfmal, zehnmal am Tag – oder hat es der Freund gar elfmal geschafft? Geiz und Gier, der törichte Zwang der Tagesliftkarte, sie hielten uns gefangen wie Akkordarbeiter, bis wir mit sinkender Sonne erschöpft in die Autositze sanken und noch auf der Heimfahrt wie besessen unseren „Profit" ausrechneten. Wie hätten wir es wagen können, nur für eine halbe Stunde aus diesem autosuggerierten Zwang auszubrechen? Man hätte uns dies sicher als Schwäche ausgelegt, vielleicht gar mit dem Finger auf uns gezeigt: „Schaut hin, die sind fix und fertig, die können nicht mehr..."

So trieben wir es jahrelang, bis wir ihn eines Tages im Vorbeiflitzen bemerkten: den Mann, der mit lächerlich leichten Skiern in harmonischen Bewegungen eine schmale Spur durch den glitzernden Tiefschnee zwischen den einzeln stehenden knorrigen Bergfichten zog. Gelegentlich blieb er sogar stehen, blinzelte in die Sonne und schien durchaus Zeit zu haben für alles, was um ihn war. Da standen wir plötzlich trotz wadenhoher Jetstiefel und Safety-Spoiler auf unseren Super-Competition-Firebirds unsicher in der bis 130 Kilopond geeichten Automatic-Bindung und verstanden die Welt nicht mehr.

Inzwischen verstehen wir sie wieder. Wir flitzen durchaus noch auf dem Pistenteppich, aber anschließend nehmen wir die Langlaufski und gehen in die Loipe zwischen den knorrigen Bergfichten auf dem Kühboden. Wir haben zurückgefunden zum Ursprung des Gleitens im Schnee und genießen diese Entdeckung. Und falls die Knochen irgendwann einmal morsch werden, zu morsch für die harte Piste, dann freuen wir uns umso mehr am Life-time-sport Skilanglauf, der uns zu wahrhaft „Lebenslänglichen" macht. Die Gäste des komfortablen Recreation-Centers auf der Höß beweisen es jedem, der daran zweifelt.

Langlauf ist auf dem Höß-Plateau bei Hinterstoder noch bis ins späte Frühjahr hinein möglich.

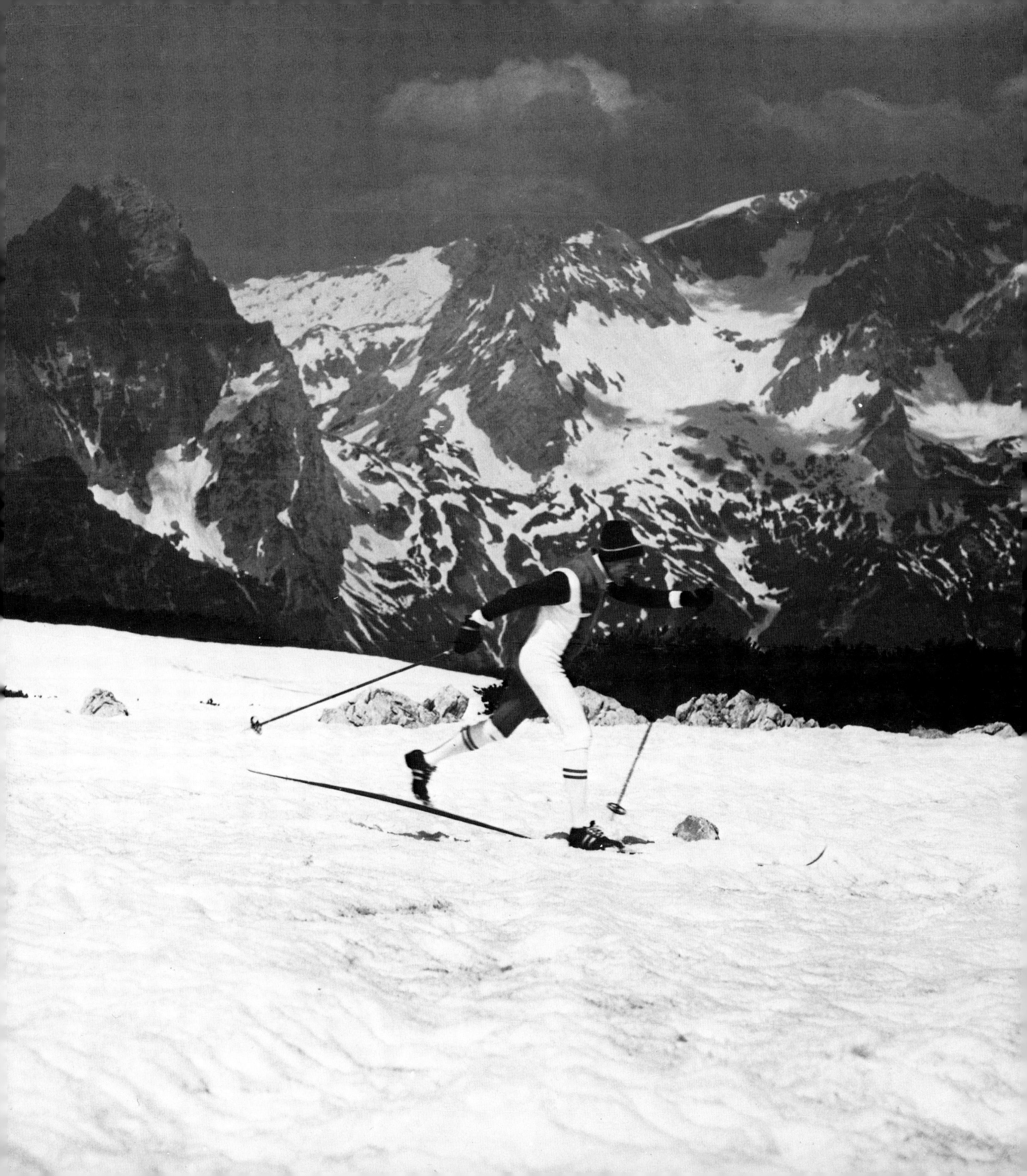

Geschwindigkeit ist keine Hexerei –
Plateauüberquerungen mit Langlaufskiern

Als gegen Ende der sechziger Jahre der in Skandinavien seit jeher liebevoll gepflegte Skilanglauf auch in Mitteleuropa zu einer erstaunlichen Volkssportbewegung anschwoll, waren es weniger die Pistenfans, sondern vorzugsweise Kletterer und Wildwasserfahrer, die dieser Renaissance des Skiwanderns die kräftigsten Impulse verliehen. Heute trifft man bei den großen alpenländischen Skilanglauf-Veranstaltungen wie Koasalauf, König-Ludwig-Lauf, Marcialonga oder Engadiner Skimarathon überraschend viele Spitzenalpinisten, die im Skilanglauf ein ideales Konditionstraining sehen. Wen wundert es da, wenn 1971 der steirische Berg- und Skiführer Klaus Hoi und sein Linzer Berufskollege Robert Kittl mit drei weiteren Kameraden eine Alpendurchquerung auf Langlaufskiern demonstrierten, bei der sie in 40 Tagen 1917 Kilometer bergauf und bergab mit einem Gesamthöhenunterschied von 80.000 Metern zurücklegten? Mit dieser großartigen Leistung bewiesen die fünf die volle Tauglichkeit der Langlaufskier für bestimmte hochalpine Unternehmungen und fanden rasch Nachfolger, wenn auch in kleinerem Rahmen.

Der 1975 im Montblanc-Gebiet tödlich verunglückte Wiener Hans Chval-Kremslehner, zwei Jahrzehnte lang einer der hervorragendsten und vielseitigsten Alpinisten Österreichs, war vermutlich der erste, als er am Ostersonntag 1974 in Begleitung seiner Frau die klassische Durchquerung des Toten Gebirges von der Tauplitzalm über die Pühringerhütte bis zum Loser mit superschmalen Langlaufbrettln unternahm. Die beiden starteten um 5.30 Uhr auf der Tauplitz, erreichten bereits um 10 Uhr die Pühringerhütte und gegen 13 Uhr das Appelhaus. „Eigentlich wollten wir noch am selben Tag bis zur Loserhütte laufen. Uns gefällt es aber hier so gut, daß wir uns nicht losreißen können." Sie benötigten dann am Ostermontag nochmals ganze 2 1/2 Stunden vom Appelhaus zur Loserhütte, was einer Gesamtzeit von zehn Stunden für etwa 36 Kilometer Streckenlänge entspricht. Und so beurteilte Hans Kremslehner seine „LL-Erstbefahrung": „Diese Riesenüberschreitung ist keine Bummelei auf gepflegter Loipe, keine Jausentour! Dafür schenkt sie aber dem bergerfahrenen Läufer einmaliges Erleben in einer apokalyptischen Einsamkeit und Größe."

Kremslehners Beispiel hat inzwischen Schule gemacht: zu Ostern 1976 durchlief der Salzburger Michael Heymans mit sieben über die „Alpenvereins-Mitteilungen" eingeladenen Gefährten im Alter von 22 bis 64 Jahren die gleiche Strecke in anderthalb Tagen.

In den kommenden Jahren dürfte sich hier aller Voraussicht nach ein reger Langlaufverkehr entwickeln. Pessimisten sollten aber deswegen nicht gleich zu schimpfen beginnen: im Toten Gebirge finden viele, viele Leute Platz, ohne sich auf die Füße bzw. Skier zu treten! Wer's nicht glaubt, der gehe hin und versuche desgleichen!

Dolinen sind die „Gletscherspalten" des Toten Gebirges. Sie können den Skifahrern bei der Durchquerung sehr gefährlich werden!

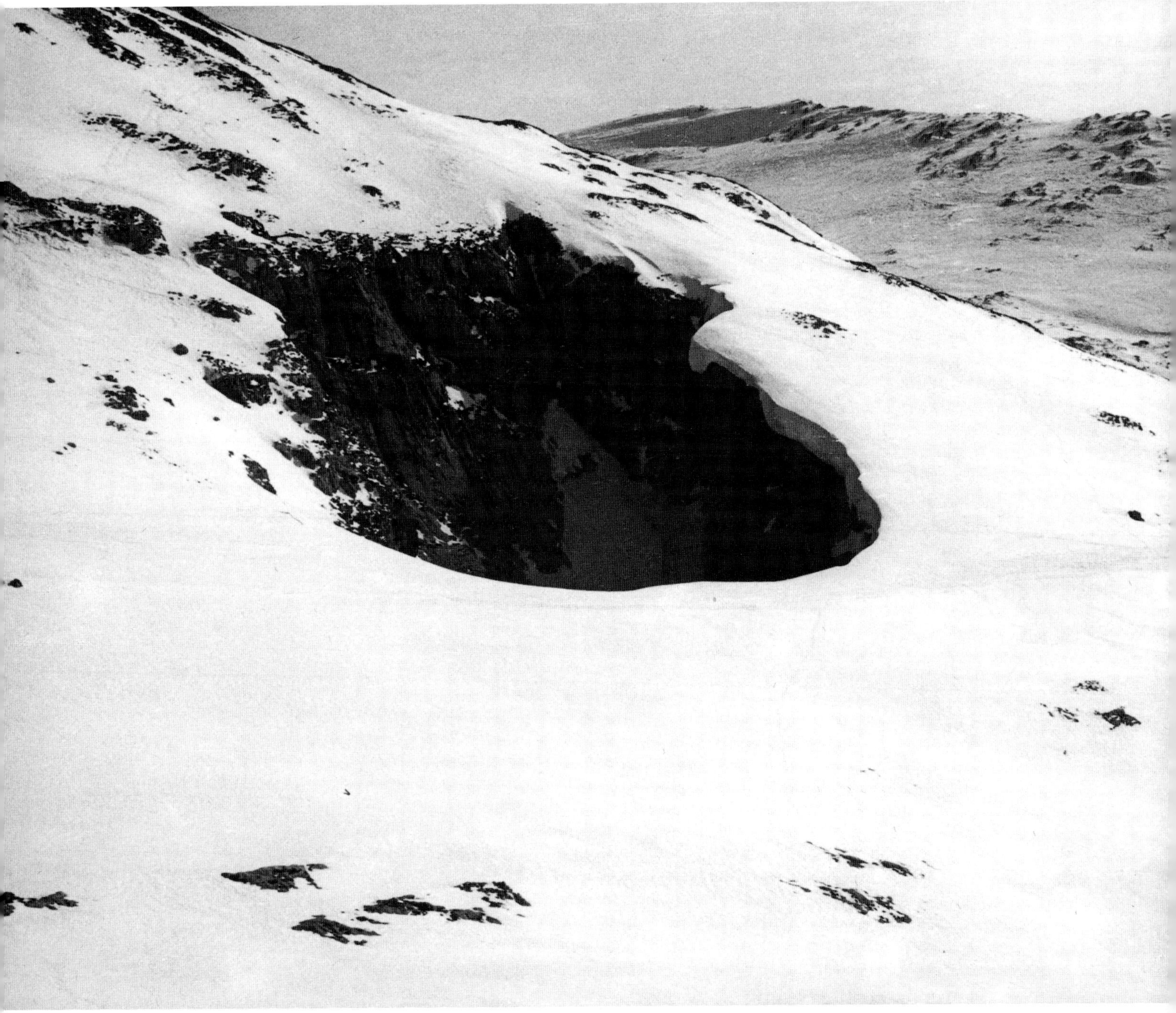

Die Erschließer

Unter „Erschließer" eines Berges oder einer ganzen Berggruppe versteht man üblicherweise Leute, die zumeist als erste bestimmte Touren ausgeführt und anderen Leuten davon berichtet haben. Leider erscheinen darunter selten die vielen, vielen Unbekannten, die als Führer, Träger, Wegebauer oder freiwillige Helfer bei der Errichtung von Schutzhütten und Markierungen ebenso mitwirkten, die Berge für andere zu erschließen, d. h. zugänglich zu machen. Wir sollten, so meine ich, jedenfalls auf allen unseren Wegen im Gebirge an diese Menschen denken, denen wir als alpine Epigonen soviel verdanken, auch wenn ihre Namen längst vergessen sind.

Im letzten Kapitel dieses Buches seien nochmals einige der Bergsteiger vorgestellt, deren Namen unvergänglich mit dem Toten Gebirge verbunden bleiben. Es ist eine subjektive Auswahl, die weder werten will noch irgendeinen Anspruch auf Vollständigkeit erhebt.

Das „alpine Geschichtsbewußtsein" beginnt im Toten Gebirge mit den Touren des Erzherzogs Johann von Österreich im Jahre 1810. Ihm folgt in der Mitte des 19. Jahrhunderts der Alpenforscher Friedrich Simony mit seinen Söhnen Arthur und Oskar. Der Nestor des Österreichischen Alpenvereins, Dr. Anton von Ruthner, muß wohl als nächster genannt werden, warb er doch bereits um 1870 mit beredten Worten ebenso wie kurz nach ihm Pater Gottfried Hauenschild und der Wiener Hofwappenmaler Karl von Krahl für Hinterstoder, den Großen Priel und das Warscheneck. Die erste umfassende, aus mehrjähriger eigener Begehung erworbene Darstellung des Toten Gebirges stammt von dem Geologen Georg Geyer (1878), den ich für den bedeutendsten Erschließer neben Sepp Huber halte. Für die Jahrhundertwende sind der Windischgarstener Apotheker Emil Zeller und der Lehrer Max Dümler zu nennen. Aus der folgenden Zeit bis zum ersten Weltkrieg verdienen Ing. Hans Reinl, Hallstatt, Emmerich Oberascher, Bad Mitterndorf, und Prof. Gregor Goldbacher, Steyr, als Skipioniere, Dr. Paul Preuß, Altaussee, Dr. Fritz Benesch, Wien, und insbesondere Robert Damberger, Linz, als Bergsteiger Erwähnung. In dieser Zeit begann bereits das Wirken des in unserem Jahrhundert für das Tote Gebirge bedeutendsten Mannes: Sepp Huber. Gebürtig in Enns, ließ sich Huber nach kurzen Aufenthalten in Kirchdorf, Bad Ischl und Gmunden 1906 endgültig in Wels nieder und wurde von da aus auf zahllosen Touren der Mann mit dem wohl umfassendsten Wissen vom Toten Gebirge, aber auch mit den meisten Taten im Hütten- und Wegebau sowie als Autor des ersten Bergsteigerführers für das gesamte Gebiet. In den dreißiger Jahren begegnen uns als Erstbegeher zahlreicher schwerer Felsfahrten Sepp Eitzenberger und Valentin Strauß aus Steyr, Sepp Lichtenegger aus Bad Goisern sowie die Welser Max Zechmann, Leo Huber und Max Rösler. Wenn auch weniger als Neutourenerschließer, so doch als unermüdlicher Künder und begeisterter Freund des Toten Gebirges muß schließlich Sepp Wallner, Linz, genannt werden, der 1975 am Prielschutzhaus verstarb.

Obere Reihe:

Erzherzog Johann von Österreich, 1782–1859

Friedrich Simony, 1813–1896

Georg Geyer, 1857–1936

Mittlere Reihe:

Robert Damberger, 1881–1924

Gregor Goldbacher, 1875–1950

Sepp Huber, 1871–1952

Untere Reihe:

Valentin Strauß, 1908–1942 (vermißt)

Sepp Eitzenberger, 1906–1966

Sepp Wallner, 1909–1975

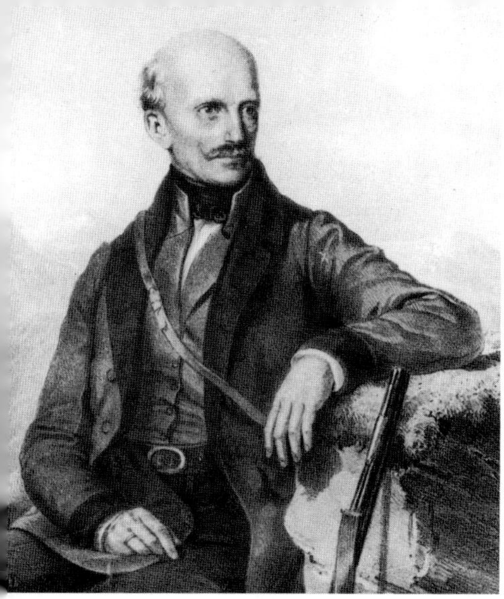
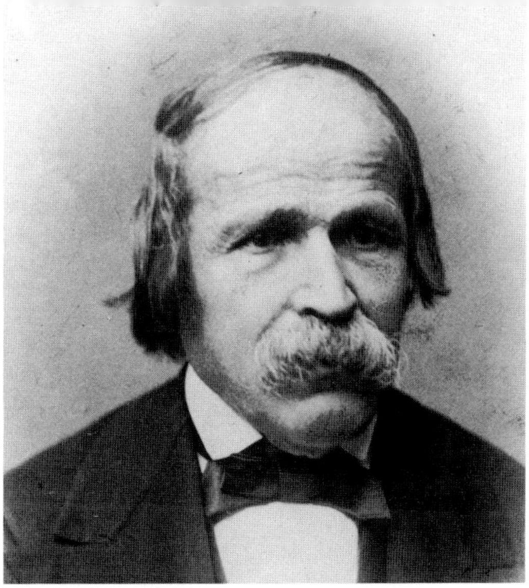
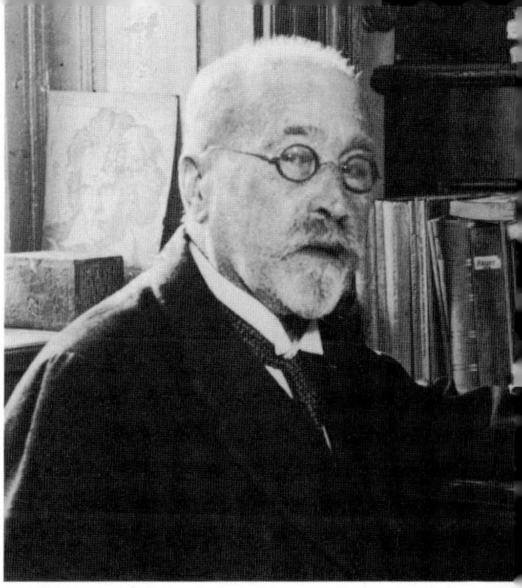
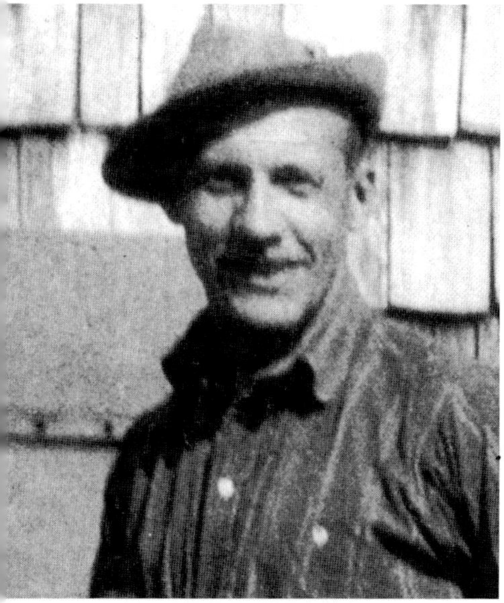
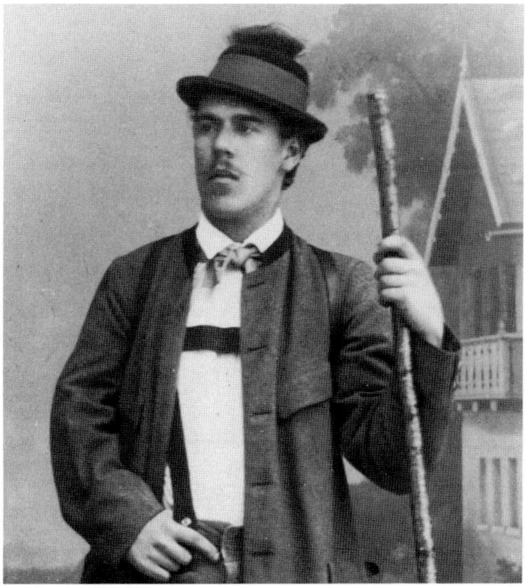
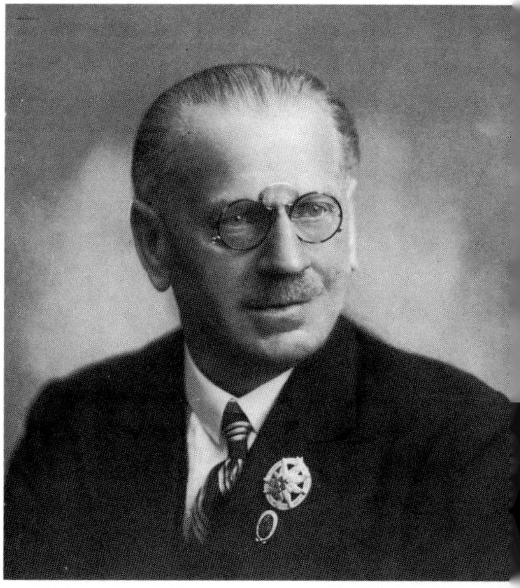
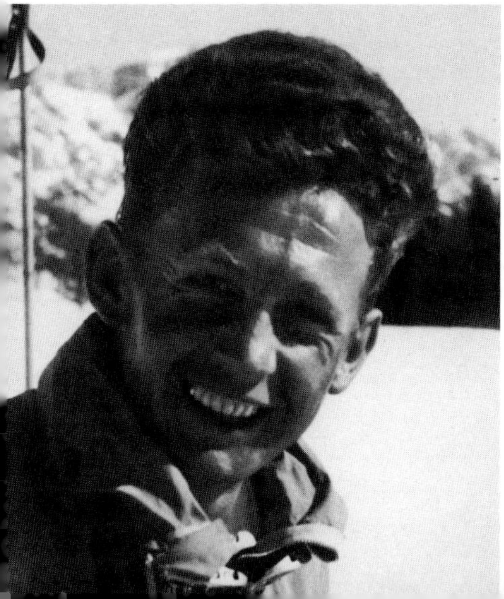
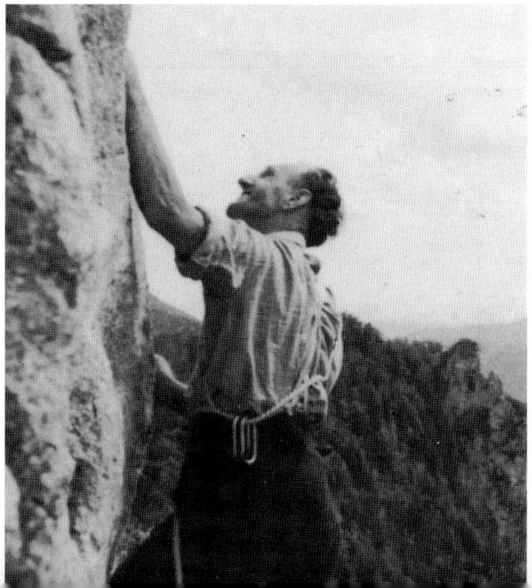
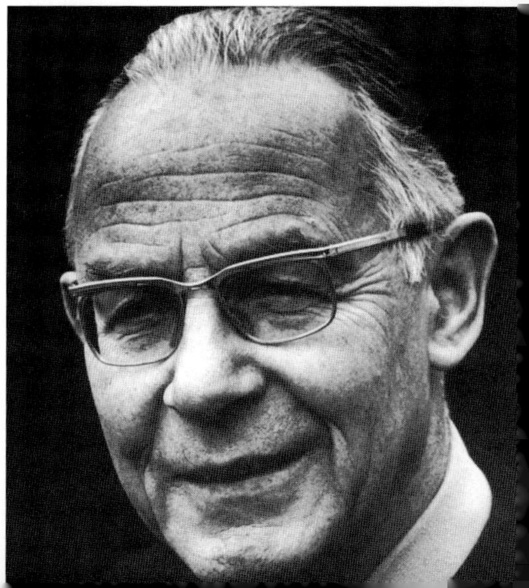

Bergführerverzeichnis

Geprüfte und von der oö. Landesregierung autorisierte Berg- und Skiführer des Verbandes der österreichischen Berg- und Skiführer, Sektion OÖ.

Adamec Karl
  Haiden 103, 4820 Bad Ischl
Aschauer Walter
  Lahn 103, 4830 Hallstatt
Auinger Alfred
  Pyhrnstraße 53, 4563 Micheldorf, Tel. (0 75 82) 30 59
Breitenbaumer Franz
  4580 Windischgarsten 266
Brunner Wolfgang
  4824 Gosau 574, Tel. (0 61 36) 233
Eder Gerwin
  4573 Hinterstoder 140, Tel. (0 75 64) 218
Edlinger Ernst
  Querweg 2, 4663 Laakirchen
Egger Hans, Hptm.
  Braitnerstraße 73, 2500 Baden, Tel. (0 22 52) 39 1 14
Gamsjäger Gustav
  4824 Gosau 465, Tel. (0 61 36) 210
Gassner Hans
  St. Lorenz 194, 5310 Mondsee
Götz Reinhold
  4580 Windischgarsten
Greger Ernst
  Koppenstraße 7, 4831 Obertraun
Gressenbauer Gustav
  Weberstraße 20, 4560 Kirchdorf, Tel. (0 75 82) 29 73
Hauer Hans
  Traunsteinstraße 313, 4824 Gmunden, Tel. (0 76 12) 29 8 05
Hauser Hans
  4562 Steinbach a. Zbg. 95
Hochreiter Bernhard
  Leisenhofstraße 6, 4020 Linz, Tel. (0 73 2) 33 81 53
Imitzer Alfred
  Oberweng 37, 4582 Spital am Pyhrn, Tel. (0 75 63) 366
Indrich Alois
  Stelzhamerstraße 84, 4400 Steyr, Tel. (0 72 52) 71 60 14
Kerschbaumsteiner L.
  4464 Kleinreifling 177
Kittl Robert
  Stadlerstraße 1, 4020 Linz, Tel. (0 73 2) 42 95 48
Klein Martin
  Herakhstraße 16, 4810 Gmunden
Koblmüller Eduard, Dipl.-Ing.
  Gruberstraße 47, 4020 Linz, Tel. (0 73 2) 20 62 33
Krenn Hermann
  Jainzendorfstraße 1, 4820 Bad Ischl, Tel. (0 61 32) 28 8 03
Mandl Otto
  Gosaumühlstraße 91, 4830 Hallstatt
Mauracher Oskar
  Starhemberg 4, 4680 Haag am Hausruck, Tel. (0 77 32) 611
Mayr Siegfried
  Floraweg 1, 4523 Neuzeug, Tel. (0 72 59) 608
Mittendorfer Siegfried
  Gosaumühlstraße 71, 4830 Hallstatt
Moosbrugger Josef
  Stambach 62, 4822 Bad Goisern
Müllegger Johann
  Kaltenbach 2, 4820 Bad Ischl
Neuhuber Karl jun.
  AV-Haus Feuerkogel, 4802 Ebensee, Tel. (0 61 33) 477
Patzl Siegfried
  4582 Spital am Pyhrn 246
Pilz Hans
  Volksfeststraße 4, 4020 Linz, Tel. (0 73 2) 25 64 53
Rafanowitsch Nikolaus
  Traunsteinstraße 315, 4810 Gmunden, Tel. (0 76 12) 29 8 03
Ramsebner Herbert
  4580 Windischgarsten 191, Tel. (0 75 62) 81 97
Retschitzegger Wolfgang
  4580 Windischgarsten 214, Tel. (0 75 62) 464
Rieser Herbert
  4580 Windischgarsten 65, Tel. (0 75 62) 259
Rosifka Anton
  Kaltenbach 291, 4821 Lauffen, Tel. (0 61 32) 40 8 73, Simonyhütte am Dachstein

Rossbach Ewald
  Schlühslmayrstraße 81, 4400 Steyr, Tel. (0 72 52) 26 84 und 47 86
Sager Adolf
  Mitterstoder 3, 4574 Vorderstoder
Six Franz
  Grasberg 151, 4814 Neukirchen
Spielbüchler Franz
  4824 Gosau 482
Tiefenbacher Hans
  4580 Windischgarsten 342, Tel. (0 75 62) 549
Wallner Franz
  Sulzbach 36, 4821 Lauffen
Weber Karl
  Luitholdstraße 5, 5310 Mondsee
Wiesauer Gustl
  Eichenweg 12, 5351 Aigen-Voglhub, Tel. (0 61 32) 32 87
Winklmayr Eduard
  Schlühslmayrstraße 87, 4400 Steyr, Tel. (0 72 52) 57 43
Winterauer Ferdinand
  Reitern 23, 4823 Steeg
Zach Rudolf
  Lindenstraße 3, 4810 Gmunden, Tel. (0 76 12) 25 0 22
Zopf Alois
  4822 Bad Goisern 327

Berg- und Skiführeranwärter:

Friedhuber Rudolf
  Ziehbergstraße 91, 4052 Ansfelden
Hummenberger Alois
  Grabenstraße 13, 4150 Rohrbach, Tel. (0 72 89) 83 1 53

Der Berg- und Skiführer darf im alpinen Gefahrengelände höchstens sechs Personen gleichzeitig führen.
Die Höhe des dem Berg- und Skiführer zustehenden Entgeltes für die von ihm bei Bergfahrten erbrachten Dienste ist in einem Tarif geregelt. Der genehmigte Tarif für Halbtagstouren beträgt S 600.– und S 900.– für Ganztagstouren. Für Touren über den Schwierigkeitsgrad III und für die Mitnahme mehrerer Personen ist mit Zuschlägen zu rechnen.
Die Berg- und Skiführer sind nicht an ihren Standort gebunden. Immer mehr Gäste bevorzugen die Führer für hochalpine Skitouren.

Die Schutzhütten im Toten Gebirge

Infolge der sich häufig ändernden Bewirtschaftungszeiten, Pächteranschriften und dgl. mehr soll hier nur ein gestraffter Überblick über die Bergsteigerunterkünfte im Toten Gebirge gegeben werden. Nähere Einzelheiten entnehme man dem jährlich neu aufgelegten „Taschenbuch für Alpenvereinsmitglieder".

1. Hütten im westlichen Toten Gebirge

Albert-Appel-Haus, 1638 m, ÖTV Wien, 86 Schlafplätze, 3½ Std. von Grundlsee.

Ebenseer Hochkogelhütte, 1558 m, TVN Ebensee, 55 Schlafplätze, 4 Std. von Steinkogel.

Hütteneck, 1240 m, privat, 30 Schlafplätze, 1 Std. vom Predigtstuhl-Sessellift aus.

Ischler Hütte, 1368 m, ÖAV Bad Ischl, 54 Schlafplätze, 2½ Std. von der Rettenbachalm.

Lambacher Hütte, 1432 m, ÖAV Lambach, 54 Schlafplätze, 1½ Std. von Lupitsch.

Loserhütte, 1497 m, ÖAV Bad Aussee, 70 Schlafplätze, Mautstraße.

Rinnerhütte, 1473 m, Bergsteigerbund Ebensee, 47 Schlafplätze, 3 Std. vom Offensee.

Wildenseehütte, 1521 m, ÖAV Bad Aussee, 16 Schlafplätze, 4½ Std. von Altaussee.

2. Hütten in der Priel-Gruppe und auf der Tauplitzalm

Almtalerhaus, 714 m, ÖAV Wels, 84 Schlafplätze, Zufahrt mit PKW erlaubt.

Hollhaus, 1595 m, ÖAV S. Austria Wien, 62 Schlafplätze, Mautstraße von Mitterndorf oder Sessellift von Tauplitz.

Leistalmhütte, 1648 m, ÖAV Linz, 20 Schlafplätze, 1½ Std. von Tauplitzalm.

Linzer Tauplitzhaus, 1645 m, ÖAV Linz, 96 Schlafplätze, Mautstraße von Mitterndorf oder Sessellift von Tauplitz.

Priel-Schutzhaus, 1422 m, ÖAV TK Linz, 140 Schlafplätze, 2½ Std. von Hinterstoder.

Pühringerhütte, 1638 m, ÖAV Wels, 86 Schlafplätze, 3½ Std. von Gößl.

Steirerseehütte, 1550 m, TVN, 14 Schlafplätze, ½ Std. vom Parkplatz der Tauplitzalmstraße.

Tauplitzhaus, 1620 m, TVN, 90 Schlafplätze, ¼ Std. vom Parkplatz der Tauplitzalmstraße.

Welser Hütte, 1740 m, ÖAV Wels, 145 Schlafplätze, 3 Std. vom Almtaler Haus.

3. Hütten in der Warscheneck-Gruppe

Dümlerhütte, 1523 m, ÖAV TK Linz, 110 Schlafplätze, 2 Std. vom Gleinkersee.

Hintereggalm, 1200 m, privat, 10 Schlafplätze, 2 Std. von Liezen.

Hochmölbinghütte, 1720 m, ÖTK Wien, 74 Schlafplätze, 3 Std. von Weißenbach.

Hößhaus, 1400 m, privat, 29 Schlafplätze, Mautstraße oder Mittelstation Sessellift.

Liezener Hütte, 1767 m, ÖAV Liezen, 30 Schlafplätze, 3 Std. von Weißenbach.

Linzerhaus, 1380 m, ÖAV Linz, 134 Schlafplätze, Zufahrt mit Wurzeralm-Standseilbahn.

Spechtenseehütte, 1046 m, ÖAV Stainach, 30 Schlafplätze, Straße von Klachau oder Wörschach.

Wurzeralm, 1400 m, TVN, 15 Schlafplätze, Zufahrt mit Wurzeralm-Standseilbahn.

Zellerhütte, 1566 m, ÖAV Windischgarsten, 80 Schlafplätze, 1½ Std. vom Schafferteich.

Literaturhinweise

1. Aktuelle Führer (Sommer und Winter)

Krenmayr Ludwig, Alpenvereinsführer Totes Gebirge, 2. Auflage, München 1974.

Rabeder Gernot und Gisbert, Skiführer Totes Gebirge, 2. Auflage, Linz 1977.

2. Aktuelle Karten

Alpenvereinskarte Totes Gebirge 1:25.000, insgesamt 3 Blätter: 1. Totes Gebirge West, Schönberg (Wildenkogel), 1967, 2. Totes Gebirge Mitte, Großer Priel – Tauplitz, 1971, 3. Totes Gebirge Ost, Warscheneck-Gruppe, 1974 (alle Blätter ohne Skirouten).

Freytag-&-Berndt-Wanderkarte 1:100.000, Blatt 8 Östliches Salzkammergut (Totes Gebirge), Blatt 5 Unteres Ennstal, Blatt 6 Ennstaler Alpen (Gesäuse).

Freytag-&-Berndt-Kanusportkarte 1:100.000 mit Wildwasserführer, Blatt 8 Östliches Salzkammergut (Totes Gebirge), Blatt 5 Unteres Ennstal, Blatt 6 Ennstaler Alpen (Gesäuse).

Österreichische Karte 1:50.000 mit Wegmarkierungen, Blatt 66 Gmunden, Blatt 67 Grünau im Almtal, Blatt 68 Kirchdorf an der Krems, Blatt 96 Bad Ischl.

Kompaß-Wanderkarte 1:50.000, Blatt 20 Südliches Salzkammergut, Blatt 68 Mitterndorf – Tauplitzalm, Blatt 69 Hinterstoder – Windischgarsten.

3. Sonstige alpine Spezialführer

a) Sommerführer

Huber Sepp, Führer durch das Tote Gebirge, 1. Auflage, Wien 1926, und 2. Auflage, Wels 1948.

Krenmayr Ludwig, 80 Jahre Sektion Wels – Führer durch das Arbeitsgebiet der Sektion Wels des ÖAV im Toten Gebirge mit den wichtigsten Kletterfahrten, Wels 1962.

Moriggl Josef, Von Hütte zu Hütte, Bd. 6, Leipzig 1914.

Purtscheller – Heß – Barth, Der Hochtourist in den Ostalpen, Bd. III, 5. Auflage, Leipzig 1927.

Strauß Valentin und Wallner Sepp, Kletter- und Wanderführer durch die Prielgruppe, Linz 1947.

b) Winterführer

Biendl Hans und Radio-Radiis Alfred, Schifahrten in den Ostalpen, Bd. II der 1. Auflage, Wien 1906, und Bd. I der 2. Auflage, Wien 1922.

Krenmayr Ludwig, Skiführer für das Gebiet der Pühringerhütte im Toten Gebirge, Wels 1961.

Loderbauer Hannes, Skifahren in Oberösterreich, Linz 1964.

Reinl Hans, Skiführer durch das Salzkammergut, 1. Auflage, Hallein 1914, und 2. Auflage, Wien 1925.

Resch Karl und Fürböck Hans, Illustrierter Skiführer durch das steirische Salzkammergut, Salzburg 1930.

4. Gebietsbezogene Wanderführer allgemeiner Art

Albert F. und Hromatka A., 500 Sonntagsskifahrten vom Wienerwald bis Zell am See, Wien 1933.

A. N. Gerhofer (Pseudonym für Angerhofer), Hinterstoder mit dem Stoderthale, o. J. (Linz 1891).

Angerhofer Josef, Führer durch das Stodergebiet, Kirchdorf 1897.

Angerhofer Josef, Das Stodertal, Hinterstoder und das Tote Gebirge, Linz 1906.

Angerhofer Robert, Hinterstoder und seine Berge, Linz 1949.

Brieger Theodor, Pyhrnbahngebiet, Stoder- und Steyrtal im Sommer und Winter, Wels 1949.

Brieger Theodor, Reiseführer durch das Ausseer Land im Sommer und Winter, Wels 1949.

Brosch Franz, Reise- und Wanderführer durch Oberösterreich und das Steirische Salzkammergut, Wien und Leipzig 1924.

End Willi, Wienerwald und Salzkammergut, München 1969.

Frischauf J., Gebirgsführer Steiermark, Kärnten, Krain und die angrenzenden Teile von Oesterreich, Salzburg, Tirol, 2. Auflage, Graz 1874.

Kunnert Heinrich, Das Ennstal und seine Berge mit Ausseer Land und Paltental, Bad Ischl 1949.

Landesfremdenverkehrsamt für Steiermark, Das Ennstal und das Ausseer Land, 4. Auflage, Graz 1949/50.

Loderbauer Hannes, Wandern und Bergsteigen in Oberösterreich, 6. Auflage, Linz 1976.

ÖTC, Führer durch Windischgarsten und Umgebung, 2. Auflage, Wien 1888.

Schaubach Adolph, Die deutschen Alpen, Bd. 3, 2. Auflage, Jena 1865.

Schroeckinger J., Reisegefährte durch Oberösterreichs Gebirgsland, Linz 1867.

Schultes J., Reisen durch Oberösterreich in den Jahren 1794, 1795, 1802, 1803, 1804 und 1808, Tübingen 1809 (2 Teile).

Steiner Johann, Der Reisegefährte durch die Österreichische Schweiz oder das obderennsische Salzkammergut, Linz 1820.

Trautwein Theodor, Ostalpen, Bd. 3, München 1925 (letzte Auflage).

Unger J. C., Reise durch oberösterreichische und steyrische Gebirgsgegenden, Wien 1803.
Vierthaler F. M., Meine Wanderungen durch Salzburg, Berchtesgaden und Österreich, Wien 1816.
Weidmann F. C., Führer nach und um Ischl, Wien 1849.

5. Größere monographische Abhandlungen

Benesch Fritz, Aus dem Toten Gebirge, Z DÖAV 1912.
Geyer Georg, Das Todte Gebirge. Eine monographische Abhandlung. JB. ÖTK IX, 1878, S. 1–200.
Geyer Georg, Das Tote Gebirge. Ein Bild aus den nördlichen Kalkalpen. Z DÖAV 1887.
Geyer Georg, Das Todte Gebirge, in: Richter Eduard, Die Erschließung der Ostalpen, Bd. I, Berlin 1893.
Huber Sepp, Das Almtal und die Nordseite des Toten Gebirges, Z DÖAV 1923.
Hüttig Robert, Winter im Toten Gebirge, Z DÖAV 1926 und 1927.
Krenmayr Ludwig, Das Tote Gebirge, Jb. ÖAV 1967.
Walcher Ferdinand, Der Loserstock bei Aussee, Jb. des Steir. Gebirgsvereins, Bd. III/1875, S. 112–133.
Wallner Sepp, Das Stodertal und seine Berge, Jb. ÖAV 1956.
Wallner Sepp, Im Warscheneck, Jb. ÖAV 1963.
Wissmann, Hermann v., Der Warscheneckstock, Z DÖAV 1924.
Simony Friedrich, Charakterbilder aus den österreichischen Alpen, Teil II: Das todte Gebirge, Gotha 1862.
Simony Friedrich, Das todte Gebirge. Ein Bild aus den oberösterreichischen Alpen. Österr. Volks- und Wirtschaftskalender f. d. Jahr 1865, S. 57–65.

6. Gebietsbezogene Einzelwerke von alpinistischem Interesse

Fischer Hans, Dachstein und Salzkammergut, München 1930.
Goldbacher Gregor, Bergsteig'n und Almalöbn. Gedichte in oberösterreichischer Mundart. Steyr 1917.
Höpflinger Franz, Rund um den Grimming, Graz 1967.
Hollwöger F., Das Ausseer Land, Graz 1956.
Hüttenegger und Pfliger, Steirische Skigeschichte, Graz o. J. (1968).
Ilwof Franz, Aus Erzherzog Johanns Tagebuch. Eine Reise in Obersteiermark im Jahre 1810. Graz 1882.
Lehr Rudolf, Duell mit den Bergen, Linz 1975.
Mautner Konrad, Steyrerisches Rasplwerk, Graz o. J. (um 1910).
Mautner Konrad, Alte Lieder und Weisen aus dem Steyermärkischen Salzkammergute, Graz 1919.
Neuwirth Hubert, Glück auf Pisten, München 1964.
Noe Heinrich, Deutsches Alpenbuch, I. Bd., Salzkammergut, Oberbaiern und Algäu, Glogau o. J. (um 1890).
Rastl Albert, Ausseer Land mit Dachstein, 2. Auflage, Wels 1958.
Schwanda Hans, Skiglück vom Wienerwald bis zum Dachstein, Wien 1965.
Simony Friedrich, Das Dachsteingebiet, Wien 1895.
Weisse Fritz, Himmelsleitern – Wanderbilder aus den Ausseer Bergen, Graz 1926.

7. Beiträge in Jahrbüchern und Zeitschriften

a) Ältere Literatur bis zum Jahr 1919

Böhm, August v., Die alten Gletscher der Enns und Steyr. Jahrbuch der k. k. Geolog. Reichsanstalt Wien, Band XXXV, 1885, S. 429 ff.
Csillagh, L. E. v., Vom Priel zum Dachstein. Jb. d. Steir. Gebirgsvereins, Bd. III/1875, S. 101 ff.
Frischauf J., Hoch-Mölbing im Todten Gebirge, Jb. des Steir. Gebirgsvereins, 1. Jahrgang, 1873, S. 63 ff.
Gemeiner Richard, Übergang über das Todtengebirge, Jb. ÖTC VII, 1876, S. 91 ff.
Hauenschild Gottfried, Erinnerungen an das Warscheneck und seine Umgebung, Jb. ÖAV II, 1866, S. 182 ff.
Hauenschild Gottfried, Vom Priel auf die Spitzmauer, Jb. ÖAV IV, 1868, S. 118 ff.
Heindl, Entdeckungen auf dem Warscheneck-Plateau, Tourist, V, 1873.
Hinterberger Josef, Beiträge zur Charakteristik des oberösterreichischen Hochgebirges, in: XVIII. Bericht des Museums Francisco-Carolinum, Linz 1858, S. 65 ff.
Ilwof Franz, Erzherzog Johann und seine Beziehungen zu den Alpenländern, Z DÖAV 1882, S. 1–47.
Klotzberg Emmerich, Die Eröffnungsfeier der Schutzhütte am großen Priel, Jb. ÖTK VII, 1876, S. 127 ff.
Krahl Carl, Der Grosse Priel und dessen Schutzhöhle, Jb. ÖTC, Bd. VI/1875, S. 33 ff.
Lamberger J. M., Großer Priel, 2514 m, und erste Besteigung der Spitzmauer, 2446 m, direkt von der Klinserschlucht. Jb. ÖTK 1892, Bd. XII, S. 13 ff.
Pavich, A. v., Der Hochmölbing, Jb. ÖTK 1878, Bd. IX, S. 173 ff.
Peege E., Mitterndorf als Wintersportzentrale, in: Der Winter, V. Jg., 1911, Nr. 15.
Reinl Hans, Auf Schneeschuhen durchs Tote Gebirge, in: Der Winter, VI. JG., 1911, Nr. 5.
Reinl Hans, Das Tote Gebirge als Skitourengebiet, in: Jahrbuch des Wintersportes 1912/13.
Rickmers W. R., Durch das Tote Gebirge, in: Der Wintersport, Jg. II, Festnummer v. 28. 9. 1912.

Ruthner, A. v., Der Stoder und der Große Priel, Jb. ÖAV I, 1865, S. 323 ff.
Ruthner, Anton v., Das Kreuz auf der Spitze des Grossen Priel, Jb. ÖAV IV, 1868, S. 393.
Ruthner, Anton v., Aus Innerstoder, Jb. ÖAV V, 1869, S. 345 ff.
Ruthner, Anton v., Das Prielkreuz. – Von Aussee nach Innerstoder über den Salzsteig. Jb. ÖAV VI, 1870, S. 370 ff.
Ruthner, Anton v., Auf dem hohen Priel, Ausland, 1874, S. 601 ff.
Simony Friedrich, Das todte Gebirge, in: Wiener Zeitung v. 3. Mai 1846.
Simony Friedrich, Auf dem Prielgebirge, in: Faust, Zeitschrift für Kunst, Wissenschaft, Industrie und Unterhaltung (Wien), IV. Jahrgang, 1857, Nr. 15 und 16.
Simony Friedrich, Die erosierenden Kräfte im Alpenlande, Jb. ÖAV VII, 1871.
Simony Arthur und Oskar, Eine Besteigung der Spitzmauer, Jb. ÖAV 1873, Bd. IX, S. 39 ff.
Wallmann H., Schönberggrundschau. Dazu Panorama von F. Mühlbacher. Jb. ÖTC 1879, Bd. X, S. 39.

b) Jüngere Literatur ab 1920

Bednarik Edith, Abenteuer Raucherkarhöhle, Jb. ÖAV 1974, S. 43 ff.
Benischke Ralf, Höhlen und Höhlenforschung im Warscheneckgebirge, Jb. ÖAV 1974, S. 19 ff.
Ebers Edith, Die Felsbilderwelt in den Alpen, Jb. ÖAV 1971, S. 79 ff.
Finsterwalder Karl, Lebendes und erloschenes Volkstum in den Namen des Toten Gebirges, Jb. ÖAV 1967, S. 55 ff.
Finsterwalder Karl, Um Tauplitz und Mölbing. Namenkundliches vom Rande des Toten Gebirges, Jb. 1971, S. 13 ff.
Finsterwalder Rüdiger, Zur Karte des Toten Gebirges, Jb. ÖAV 1967, S. 33 ff.
Fritsch Erhard, Die Raucherkarhöhle, Jb. ÖAV 1967, S. 68 ff.
Fritsch Erhard, Die Höhlen des Toten Gebirges, ÖAV 1974, S. 22 ff.
Gatti Norbert, Die Tauplitz im Pulverschnee, Jb. ÖAV 1954.
Hanke Hans, Salzbergbau im Toten Gebirge, Jb. ÖAV 1967, S. 41 ff.
Herrmann Ernst, Von Hütte zu Hütte quer durch das Tote Gebirge, Jb. ÖAV 1971, S. 5 ff.
Kohl Hermann, Poljen und poljenartige Formen im Toten Gebirge, Jb. ÖAV 1971, S. 73 ff.
Krenmayr Erich, Der Schermberg, Jb. ÖAV 1971, S. 29 ff.
Krenmayr Ludwig, Das Tote Gebirge, Jb. ÖAV 1967, S. 7 ff.
Krenmayr Ludwig, Die Welser Hütte am Großen Priel, Jb. ÖAV 1971, S. 49 ff.
Krenmayr Ludwig, Sepp Huber – der letzte Erschließer des Toten Gebirges, Jb. ÖAV 1974, S. 44 ff.
Kusche Rudolf, Max Dümler und Emil Zeller, Jb. ÖAV 1974, S. 14 ff.
Kusche Rudolf, Der alte Pechötzer, Jb. ÖAV 1974, S. 17 ff.
Lipp Franz, Volkskundliches aus dem Toten Gebirge, Jb. ÖAV 1967, S. 45 ff.
Loderbauer Hannes, Rund um den Ramesch, Jb. ÖAV 1974, S. 8 ff.
Lohr-Schütz Liselotte, Traumabfahrt vom Angerkogel, Jb. ÖAV 1974, S. 7 ff.
Moser Roman, Kalktische im Toten Gebirge und im Dachsteingebiet, Jb. ÖAV 1967, S. 78 ff.
Müller Guido, Die Seen des Toten Gebirges, Jb. ÖAV 1974, S. 56 ff.
Pilz Hans, Schitouren um das Warscheneck, Jb. ÖAV 1974, S. 5 ff.
Scharfetter Hermann, Waldland im Toten Gebirge, Jb. ÖAV 1971, S. 43 ff.
Sittig Wolfgang, Erzherzog Johann als Bergsteiger, Jb. ÖAV 1959, S. 156 ff.
Stahrl Sepp, Kletterfahrten in Oberösterreichs Bergwelt, Jb. ÖAV 1966, S. 49 ff.
Stahrl Sepp, Der Hohe Sandling, Jb. ÖAV 1967, S. 20 ff.
Stahrl Sepp und Neubauer Erich, Die Trisselwand bei Altaussee, Jb. ÖAV 1967, S. 25 ff.
Toth-Sonns Werner, Das grün-weiße Paradies (Tauplitz), Jb. ÖAV 1971, S. 11 ff.
Toth-Sonns Werner, Frühjahrsschifahrten im Bereich der Welser Hütte, Jb. ÖAV 1971, S. 69 ff.
Troyer Gerhard, Die große Überquerung. Auf Schiern über die Hochfläche des Toten Gebirges. Jb. ÖAV 1971, S. 57 ff.
Wallner Sepp, 90 Jahre Spitzmauerfahrten – ein Beitrag zur Erschließungsgeschichte des Toten Gebirges. ÖAZ 1948, S. 146 ff.
Wallner Sepp, Im Warscheneck, Jb. ÖAV 1963, S. 55 ff.
Wallner Sepp, Im westlichen Toten Gebirge, ÖAV 1967, S. 13 ff.
Wallner Sepp, Der Große Priel, Jb. ÖAV 1971, S. 35 ff.
Wallner Sepp, Das erste Warscheneck-Schutzhaus jubiliert! 80 Jahre Dümlerhütte. Jb. ÖAV 1974, S. 10 ff.
Wallner Sepp, Die Spitzmauer, Jb. ÖAV 1974, S. 64 ff.
Wallner Sepp, Bergerlebnisse im Steilfels der Spitzmauer, Jb. ÖAV 1974, S. 69 ff.

Stichwortverzeichnis

Abtragung 20
Almdorf 13
Almleben 13, 38
Almlied 5
Almsee 17
Almtaler Haus 24
Almtaler Sonnenuhr 16, 17
Anekdoten 35
Angerhofer, J. 38
Angerkogel 65
Ausseer Land 3

Bad Aussee 8
Bad Mitterndorf 60
Bärenalm 61
Baiern 42
Bergführernachweis
im Anhang
Bergnamen 36
Bergrettung 34
Bergsturz 9
Bergunfälle 34
Besiedelung 42
Bischofberger, A. 7, 16
Blumen 39
Brauchtum 11
Brotfall 26, 58
Brotfallscharte 1

Compton, E. T. 29, 41

Damberger, R. 33, 75
Dietlbüheln 33
Dietlhölle 68
Dolinen 74
Drachenfliegen 45
Drei-Brüder-See 51
Durchquerungen 12, 65, 74

Ebenseer Fasching 11
Eislueg 37
Eiszeit 20
Eitzenberger, S. 30, 75
Elm 16
Elmsee 16
Extremklettern 49

Firngleitertouren 71
Frauenkar 62
Freigebirg 58

Geologie 18
Gewitter 52

Geyer, G. 2, 75
Gößl 5
Goldbacher, G. 39, 59, 75
Gotik 8
Grenzen 2
Grimming 56

Hauenschild, G. 25
Hinterstoder 38, 42, 61
Höhlen 37
Hochkasten, Gr. 33
Hochmölbing 53
Holzbringung 10
Huber, Sepp 14, 21, 75
Huber-Steig 14
Hütteneckalm 3
Hüttenverzeichnis im Anhang
Hutterer Höß 53, 61, 73

Johann, Erzherzog 1, 15, 23, 75

Kajakflüsse 40
Kammwanderung 53
Karstphänomen 19
Karsttische 20
Kinderbergsteigen 48
Kindertouren 48
Kittl, R. 16
Klettervorschläge 31
Kreuz 1
Kreuzspitze 53
Kühplan 25

Lage 2
Langeder 25
Lichtenegger, S. 9
Linzer Weg 22
Literaturverzeichnis
im Anhang
Loigistal 66
Loser 6, 63
Ludwig, Erzherzog 25
Luftrettung 34

Mauern 29
Mautner, K. 5
Meisenberg 32

Niederhofen 56

Ödsee, Gr. 21
Offensee 12
Orogenese 18

Ostrawitz 32

Panorama 4
Pießling-Ursprung 35
Pistenzentren 60, 61, 62, 63
Plochl, A. 6
Preuß, P. 7
Priel, Gr. 21, 23, 24, 25, 26, 38, 41
Prielgruppe 14, 23
Prielkamm 27
Priel, Kl. 27, 28
Prielüberschreitung 27
Pühringerhütte 16
Pürgg 56
Purtscheller, L. 23
Pyhrnerkampl 52
Pyhrnpaß 46

Rabeder 26, 70
Rabenstein 1
Ramesch 47
Rasplwerk 5
Raucherkarhöhle 37
Reformation 55
Reinl, H. 7
Ridler, F. 46
Ring 12
Rinnerkogel 12
Röll 14, 17
Römer 42, 46
Roßleiten 44
Rotgschirr 14, 18
Ruthner, A. v. 3, 24, 75

Sagen 43
Salinen 9
Salzofen 16
Salzofenhöhle 37
Salzsteig 55
Sandling 9
Sarstein 4
Schermberg 21
Schermbergler 22
Schermbergrennen 64
Schichtung 18
Schiederweiher 23
Schobertal 70
Schönberg 12
Schosser, A. 17
Schrocken 53
Schwarzensee 55
Schwierigkeitsbewertung 49
Seen 51

Sensenhammer 44
Sigistal 69
Simony, F. 1, 4, 75
Skidurchquerung 65, 74
Skierschließung 59, 60
Ski extrem 70
Skilanglauf 72, 73
Skitourenvorschläge 64
Slawen 42
Spital a. P. 46
Spitzmäuerl 48
Spitzmauer 29, 30, 31, 32, 38
Stahrl, S. 7
Steinadler 32
Steinzeichnungen 50
Stifter, A. 17
Steyrfluß 40
Stockerkapelle 42

Stoderkamm 27
Stodertal 3, 38, 42
Strauß, V. 30, 75
Stubwieswipfel 62
Sturzhahn 49, 57

Tanz 13
Tauplitzalm 57, 60
Temelberg 71
Tragln 64
Trift 10
Trisselwand 7

Unfallverhütung 34

Veichltalloipe 72
Vorderstoder 42, 43

Waldmüller, F. 3
Wallner, S. 29, 75
Wandervorschläge 12
Warscheneck 47
Wessely, V. 33
Wetterbäume 52
Wildalmleiten 67
Wildenkogel 12
Wildensee 12
Wildenseealm 5, 13
Wildererunwesen 58
Wildwassersport 40
Windischgarsten 42, 45, 55, 72
Wurzeralm 50, 62, 66

Zentralplateau 58
Zirbe 54
Zwillingskogel 1

Bildnachweis

Vorderes Umschlagbild: Schiederweiher mit Spitzmauer und Großem Priel (Foto: Alfons van den Hove).
Hinteres Umschlagbild: Aufstieg auf die Wildalmleiten bei Vorderstoder (Foto: Walter Harather).
Die Übersichtsskizzen auf dem Vorsatz und zu Beitrag 2 zeichnete Herbert Friedl.

Farbbilder:
Dr. Lothar Beckel, Bad Ischl   1, 14, 61
Alfons van den Hove, Wels, † 1969   17, 21, 23, 32, 42, 69
Dr. Gerhart Prell, Neuburg a. d. Donau   29
Städtische Sammlungen Wien   3
Heiner Thaler, Steyr   37

Schwarzweißbilder:
Verkehrsverein Altaussee   63
Foto-Aschauer, Windischgarsten   35
Alois Dengg, Steyr   49, 57
Max Eiersebner, Linz   38, 41
Ernestine Eitzenberger, Steyr   75
Sepp Friedhuber, Haid   31
Hermann Goldbacher, Steyr   59, 75
Josef Grossauer, Wien   11
Walter Harather, Steyr   5, 6, 7, 12, 15, 16, 18, 19, 20, 27, 30, 33, 39, 40, 45, 47, 50, 52, 53, 54, 55, 56, 65, 67, 70
Dr. Ludwig Krenmayr, Wels   75 (Sepp Huber)
Robert Löbl, Bad Tölz   36
Adolf Mokrejs, Wien   22, 24, 26, 58, 66
Österreichische Nationalbibliothek Wien   75 (Erzherzog Johann, Friedrich Simony, Georg Geyer)
Hans Pilz, Linz   34, 62, 64, 74, 75 (Sepp Wallner)
Dr. Gerhart Prell, Neuburg a. d. Donau   28, 43, 48, 68, 72, 73
Gisbert Rabeder, Strobl   71
Albert Rastl, Bad Aussee   8, 9, 10, 51
Sektion Linz des Österr. Alpenvereins   75 (Robert Damberger)
Heimatsammlung Spital am Pyhrn   46
Marianne Strauß, Steyr   75
Verkehrsverein Tauplitz   60

Die Reproduktionen historischer Ansichten sowie die Zeichnungen von Edward Theodor Compton im Text stammen aus folgenden Quellen: Hugo von Bouvard, Zeichnungen, herausgegeben von Franz de Paul Schröckenfux, Roßleiten, 1923 (Bild 44); Enzian – Ein Gaudeamus für Bergsteiger, Leipzig 1876; Jahrbuch des Österreichischen Alpenvereins, 4. Band, 1868 (Bild 25); Alfred Marks, Oberösterreich in alten Ansichten, Linz o. J. (Bild 38); Heinrich Noe, Deutsches Alpenbuch, I. Band, Glogau o. J. (Bild 13); Friedrich Simony, Das Dachsteingebiet, Wien 1895 (Bild 4); Emil Zsigmondy, Im Hochgebirge, Leipzig 1889; Zeitschrift des D.u.Ö.A.V., Band 25, 1894.

Bücher zum Reisen, Wandern, Skibergsteigen

Kristian Sotriffer
Das Mühlviertel
3., erweiterte und verbesserte Auflage, 54 Seiten Text, 21 Farb- und 136 Schwarzweißbilder, farbiger Schutzumschlag, Leinen.

Kristian Sotriffer
Das Salzkammergut
2., erweiterte und verbesserte Auflage, 64 Seiten Text, 21 Farb- und 118 Schwarzweißbilder, farbiger Schutzumschlag, Leinen.

Rudolf Walter Litschel
Zwischen Hausruck und Enns
72 Seiten Text, 4 Farb- und 108 Schwarzweißbilder, farbiges Titelbild, Halbleinen.

Rudolf Walter Litschel
Land am Inn
in Bayern und Oberösterreich

2., erweiterte und verbesserte Auflage, 60 Seiten Text, 8 Farb- und 112 Schwarzweißbilder, farbiger Schutzumschlag, Leinen.

Herbert Herges/Johann Lenzenweger
Der Mühlviertler Mittellandweg
Weitwanderweg von Oberkappel bis Waldhausen
Herausgeber: Österr. Alpenverein, Sektion Oberösterreich

132 Seiten Text, 20 Schwarzweißbilder, farbiges Titelbild, Plastikschutzeinband, Format 12 x 17 cm.

Curt Pfeiffer
Senioren wandern
20 ausgewählte Wanderungen mit Skizzen

90 Seiten Text, 16 Bilder, Zeichnungen, farbiges Titelbild, Plastikschutzeinband, Format 12 x 17 cm.

Hertha und Friedrich Schober
Wanderungen im Mühlviertel
3., erweiterte Auflage, 248 Seiten, 48 Bilder, farbiges Titelbild, Halbleinen.

Rudolf Walter Litschel
Wanderungen zwischen Donau und Alpen
172 Seiten, 40 Bilder, 8 Karten, farbiges Titelbild, Halbleinen.

Gernot und Gisbert Rabeder
Skiführer Totes Gebirge
2., erweiterte und verbesserte Auflage, 204 Seiten Text, 16 Schwarzweißbilder, farbiges Titelbild, Halbleinen.

Gernot und Gisbert Rabeder
Skiführer Dachsteingebirge
195 Seiten Text, Skizzen, 24 Bildseiten, farbiges Titelbild, Halbleinen.

Hannes Loderbauer
Wandern und Bergsteigen in Oberösterreich
7., erweiterte und verbesserte Auflage, 180 Seiten, 64 Bilder, 8 Karten, farbiges Titelbild, Plastikschutzeinband.

Wolfgang Sperner
Ausflugsziele in Oberösterreich
4., erweiterte und verbesserte Auflage, 300 Seiten, 52 Schwarzweißbilder, farbiges Titelbild, Halbleinen.

Erhältlich in jeder Buchhandlung

Oberösterreichischer Landesverlag
A-4020 Linz, Landstraße 41

HÖLLENGEBIRGE

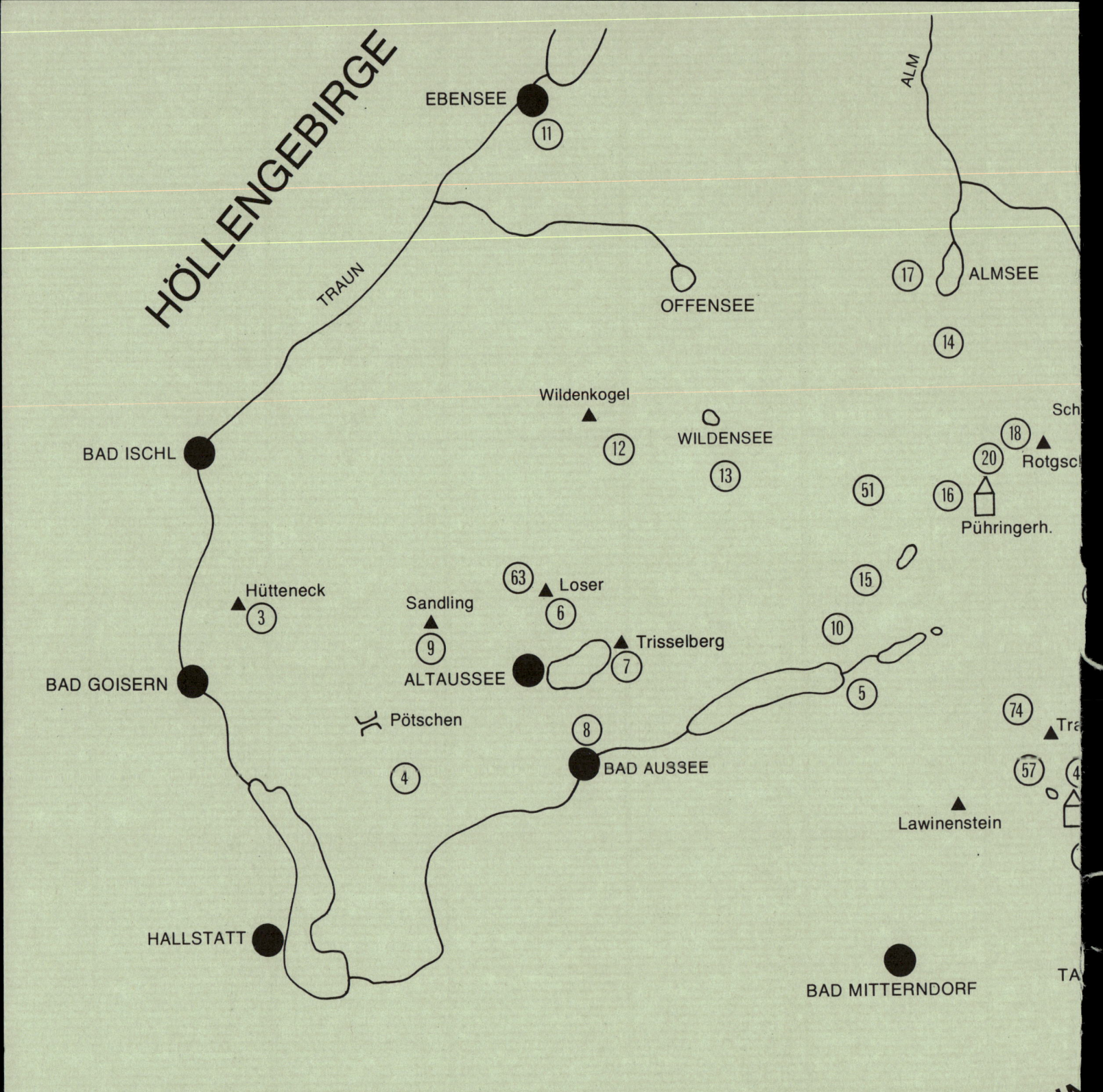

ALM

EBENSEE ⓛ⓵

TRAUN

OFFENSEE

⑰ ALMSEE

⑭

Wildenkogel ▲
⑫   ◯ WILDENSEE   Sch
         ⑬   ⑱ ▲
BAD ISCHL ●   ⑳ Rotgsc
                          ㊶ ⑯
                               Pühringerh.

Hütteneck   ㊅㊃   ⑮
▲ ③   Sandling Loser
              ▲ Loser
       ▲   ⑥   ⑩
BAD GOISERN ● ⑨ ▲ Trisselberg
            ALTAUSSEE ⑦   ⑤   ⑭
                                        ▲ Tra
     ⤫ Pötschen   ㊄
            ⑧   ▲
         ④ BAD AUSSEE ●
                                Lawinenstein ▲

HALLSTATT ●

                        BAD MITTERNDORF ●
                                              TA

DACHSTEIN   GRIMMI

Map

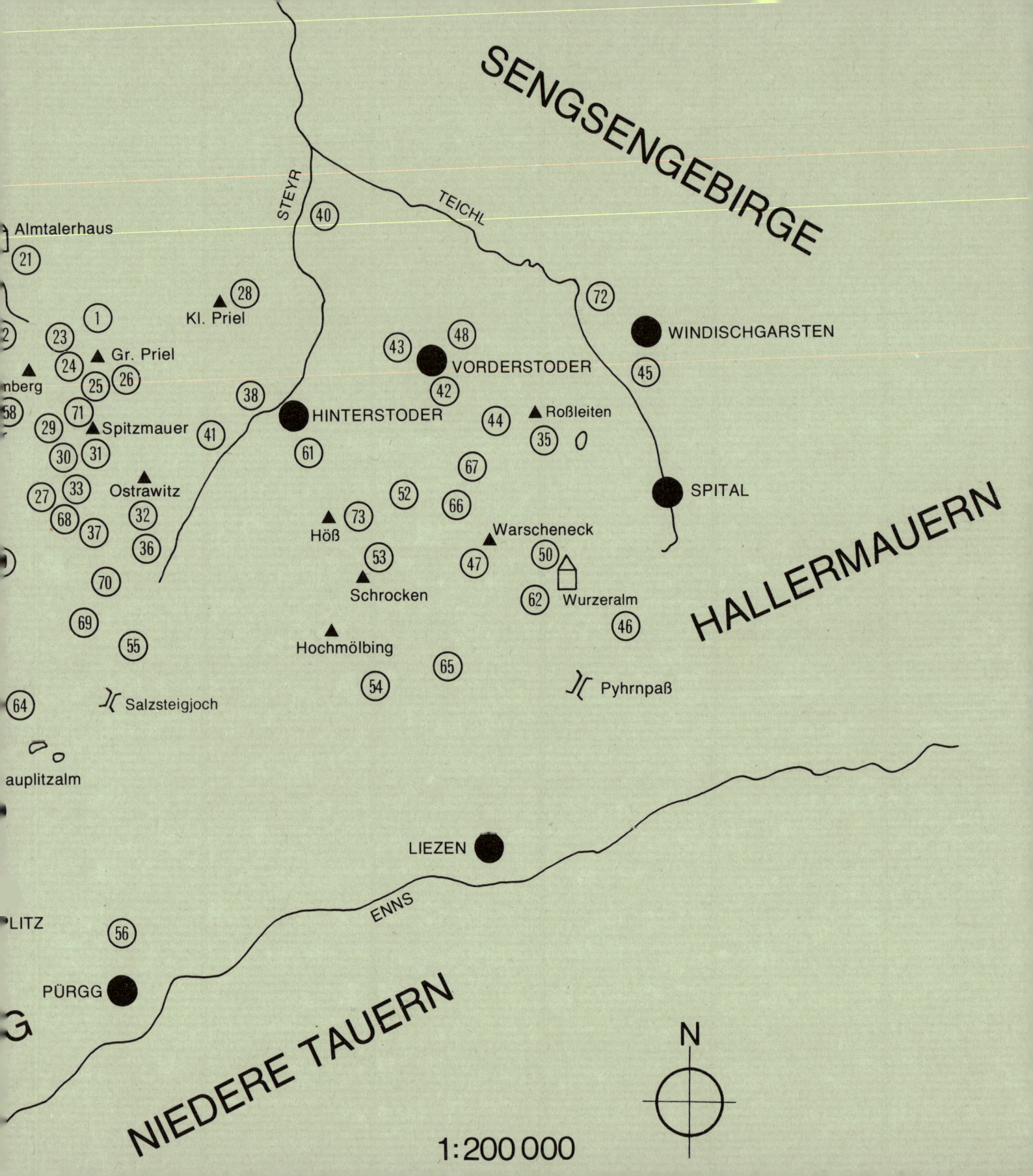

SENGSENGEBIRGE

HALLERMAUERN

NIEDERE TAUERN

Almtalerhaus ㉑

① ㊸ ㊽

㉓ Kl. Priel ㉘

㉔ ▲ Gr. Priel

㉕ ㉖ ㊳ ● HINTERSTODER ● VORDERSTODER ㊺ ● WINDISCHGARSTEN

㉙ ㊶ ㊷ ㊹ ▲ Roßleiten

⑱ ㉛ ㊱ ▲ Spitzmauer ㊳ ㉟

㉛ ㊱

㉗ ㉝ ▲ Ostrawitz ㊶ ㊷

㉜ ㊹ ㊻

㉘ ㊲ ㊱ ㊸ ▲ Höß ㊻ ㊼ Warscheneck

㊹ ▲ Schrocken ㊿

㉔ ㉙ ㉚ ▲ Hochmölbing ㊷ ㊹ △ Wurzeralm

㉚ ㊸ ㊹ ㊺)(Pyhrnpaß

㊽ ㉕)(Salzsteigjoch

auplitzalm

● LIEZEN

STEYR ㊵ TEICHL ㊲

ENNS

LITZ ㊺

● PÜRGG

N

1 : 200 000